2019 한국경제 대전망

2019 ECONOMIC ISSUES & TRENDS

2019 한국경제 대전망

이근·류덕현 외
경제추격연구소 지음

이근	김경술	김욱	오광진	정무섭
류덕현	김두얼 +	김형우	우경봉	정지현
송홍선	김병연	박규호	이강국 +	조성재
최영기 +	김석진	박재환	이정우	주성하
김주형	김세직	박지형	이필상	최준용
김호원	김소영	송원진 +	임지선	홍석철
김부용	김양팽	신원규	장종회	

21세기북스

『2019 한국경제 대전망』,
경제를 넘어 1년 후 한국의 미래를 보다

　　미래 연구는 미래 예측, 바람직한 미래 선택, 원하는 미래로 가기 위한 전략 제시라는 3단계로 이루어진다. 『2019 한국경제 대전망』은 미래 연구에선 초단기에 속하는 1년 후의 미래를 경제적 관점에서 조망한 연구서다.

　　기획재정부, 한국은행, 한국개발연구원(KDI), 민간 연구 기관들은 매년 다음 해의 주요 경제 변수에 대한 자체 전망치를 내어놓는다. 대개 경제성장률, 국제 수지, 실업률, 물가 상승률 등 대표적인 경제 변수들이 포함된다. 주요 변수를 전망하고 그에 입각해 재정 지출의 규모 등 정부 정책 기조를 설정한다. 1년 후에 대한 경제 전망서는 대개 이 틀을 벗어나지 않는다. 그러나 이것을 미래 연구라고 하지는 않는다. 하지만 이 책은 1년 후를 예측하면서도 다음과 같이 미래 연구의 특징을 잘 담고 있다.

　　첫째, 미래 연구는 예측 대상에 수학적 모델로 설명하기 어려운 영역을 포함해야 한다. 모델로 예측되는 미래는 해당 분야 전문가들의 영역이지 미래학의 영역이 아니다. 상대적으로 예측은 쉬운 반면 재미가 없다. 그런데 이번 『2019 한국경제 대전망』은 미중 관계, 북한 등 수학적으로 설명하기 어려운 다양한 주제를 포함하고 있다. 이 책을 재미있게 만드는 요인이다.

둘째, 미래의 다양한 모습에 대한 우리의 선택을 담고 있어야 한다. 기존의 경제 전망서는 예측치의 밴드를 보여줄 뿐, 그 안에서 우리가 선택할 여지를 남기지 않는다. 그러나 이 책은 미래가 우리의 선택이라는 입장을 견지한다. 복지 수준을 향상시키려면 국가 채무보다는 조세 부담률을 높이는 것이 타당하고 노동 개혁의 모델로 영국형, 네덜란드형, 독일형이 있다고 말한다. 우리가 미래를 결정할 수 있다고 생각하니 책에 더 몰입하게 된다.

셋째, 우리가 원하는 미래로 가기 위한 폭넓은 전략을 담고 있어야 한다. 기존의 경제 전망서도 정책 과제를 제시하기는 하나 경제성장률 등 특정 지표를 개선하기 위한 재정 규모 등 한정된 정책 수단에 그치는 경우가 많다. 실행 전략을 담는 경우는 더 드물다. 그러나 이 책은 미래를 개선하기 위한 경제 정책 방향은 물론, 외교·정치·기업에 대한 함의와 함께 실행 전략도 포함하고 있다. 책을 읽다 보면 '한국경제 대전망'이라는 제목임에도 경제학자의 시야를 넘어서는 '대한민국 대전망'을 읽는 충실감을 느끼게 된다.

한 저서에 참여하는 공저자가 많아질수록 다양한 개성을 즐기기는 좋으나 책 전체가 주는 일관성은 부족하기 쉽다. 그러나 『2019 한국경제 대전망』은 다르다. 한 명의 학자가 쏟아 놓은 식견들을 많은 점으로 표현한다면, 34명의 학자들이 찍어 놓은 점들을 한 발자국 떨어져 보니 멋진 한 폭의 점묘화가 보였다. 그리고 거기에는 내년 우리의 미래가 그려져 있다.

국회미래연구원장 박진

한국경제, 외화내빈에서 외우내환으로

『2018 한국경제 대전망』을 돌아보며

작년 이맘때 출간한 『2018 한국경제 대전망』은 당시 한국경제를 요약하는 키워드를 외화내빈外華內貧이라고 했다. 다시 말해 2017, 2018 두 해에 걸쳐 수출과 투자가 호조를 보이면서 2017년 경제성장률이 3%를 넘어 3.1%를 기록하는 등 외관상 지표는 좋았으나, 제조업 가동률은 70% 초반대로 추락하고 생산성은 OECD의 바닥 수준이며 그 좋은 수출도 소수 대기업 주도성이 심화되었다는 면에서 외화내빈이었다. 그러면 현 시점과 2019년의 키워드는 무엇인가. 우리는 이를 대외적 근심과 대내적 걱정, 즉 '외우내환外憂內患'이라고 하고자 한다. 이 책의 맨 앞부분인 'Part 1'의 각국 전망과 'Part 2'는 바로 이런 대외적 경제 불확실성과 리스크를 다룬다.

대외적 불확실성과 리스크의 증대

트럼프 등장 이후 미국과 일본 경제의 선전으로 덕을 보는가 했더니 『2017 한국경제 대전망』에서 던진 화두인 미중 갈등(즉 신흥 대국은 기존 강대국과 충돌한다는 투키디데스 함정)이 드디어 본격화화면서 미중 무역 분쟁으로 폭발하고 있고, 미국의 지속적 금리 인상이 신흥국에 발작적 위기를 촉발할 가능성이 커지면서, 세계적 보호주의와 10년 주기의 위기 가능성이 대두되고 있다. 즉, 한국의 통제 밖에 있는 대외 변수들이 너무나 좋지 않은 상황으로 전개되고 있다. 더구나 미중 무역 갈등은 과거 미일 통상 분쟁처럼 어느 한쪽의 결정적 양보로 단기간에 정리될 수 있는 성격의 것이 아니라 통상 분쟁 차원을 넘어 근본적으로 양 강대국 간의 패권(헤게모니) 경쟁이기에 최소 5년 이상 지속될 것으로 보이면서, 한국은 이런 차원의 대응이 필요하다. 일본은 기본적으로 미국 주도 세계 질서의 한 축이었기에 미국에 선뜻 양보했지만, 중국은 그렇지 않은 별도의 정치·군사 세력을 대표하는 비전형적 신흥 대국이기에 일본식의 양보는 불가능할 것이다.

그동안 미국은, 특히 오바마 정부는 중국에 대해 적극적 포섭 정책을 펴서 중국이 미국 주도의 자유무역 질서, 즉 WTO에 들어오게 함으로써 중국이 장기적으로 서방식의 시장경제 체제와 정치 체제로 움직여갈 것이라는 기대가 있었다. 그러나 이런 기대와는 반대로, 중국이 무역을 통해서 WTO 체제의 편익을 보면서 경제적 성과를 달성하고, 이것이 오히려 공산당 일당 독재 체제와 중국식 정부 통제하의 시장경제 체제를 강화하는 것에 당황을 넘어 전략 실패라는 인식이 커지고 있다. 더구나 미국 내에서는 중국산 저가의 물품 수입이 미국 기업들의 일자리를 많이 빼앗아갔다는 인식이 확산되었다. 그래서 그동안 중국의 부상을 쳐다만 보다가 이제는 도저히 안 되겠다고 칼을 뽑았고, 이런 정서는 트럼프 정권 차원을 넘어서는 것이기에 미중 갈등은 상당히 지속될 것으로 보인다. 반면에 중국이 내부적으로 선택한 대응 전략은 과거 마오쩌둥식 '지구전'이라고 알려지고 있다.

역사적으로 볼 때 선진국 간의 관세 전쟁은 종종 무력 충돌로 이어졌으며, 향후 실제 전쟁으로 비화되진 않더라도 본격적인 보호무역주의의 등장은 무역으로 먹고사는 한국으로서는 치명적인 타격이다. 더구나 한국 수출의 25% 정도를 받아주는 제1의 무역 상대국 중국이 무역 분쟁으로 타격을 받아서 그러지 않아도 나타나던 중국의 경제성장 감속 추세가 가속화되면, 한국경제에 대한 타격도 그만큼 장기적이라고 예상할 수 있다.

일단 현재를 기준으로 볼 때 향후 및 2019년에는 미국과 일본 공통적으로 경기 회복에 힘입어, 그동안 취해오던 팽창적 통화 정책이 끝나고 금리 인상 등 그 반대로 돌아서는 추세가 나타날 것으로 예상된다. 이는 신흥국과 한국경제에 불확실성을 증대시킨다. 즉, 미국 및 주요 유럽 국가의 금리 인상은 신흥국과 한국의 금리가 상대적으로 낮은 데에 따른 자본 유출 가능성 문제가 있는 반면, 국내 경제 침체 상황에서 한국의 금리를 높일 수도 없는 현재의 딜레마의 연속과 심화를 의미한다. 이것이 더 중요해지는 이유는 금융위기 10년 주기설 등 일부에서 2020년에 또 한 번의 금융위기가 어느 나라에선가 어떤 형태로든 발생할 것이라는 가능성을 이야기하고 있기 때문이다.

2018년까지 한미 금리 격차가 자본 유출로 현실화되지 않은 것은 한국의 무역 흑자 등 원화의 절상 가능성에 의한 환차익 예상이 금리 격차를 상쇄해주기 때문이다. 그런데 미국이 2018년 9월 말에 이어 12월에 또 금리를 올려서, 그 차이가 0.75%포인트를 넘어서 1%포인트까지 커지고, 그 외 돌발변수가 생긴다면 어떤 일이 벌어질지 아무도 장담할 수 없다. 실제로 2008년 글로벌 금융위기는 선진국 미국에서 돌발한 상황이지만, 아무 잘못 없는 한국에서 자본 유출이 발생해 환율이 달러당 1,500원까지 급상승했었다. 그런 의미에서 향후 및 2019년의 한국경제를 어떻게 잘 관리해나가는가가 참으로 중요하다고 하겠다.

▌우리 경제의 걱정들: 내환

한국경제는 또한 대내적으로 각종 '내환'에 직면하고 있다. 한국경제 내부의 걱정거리 즉, '내환'은 이 책의 Part 5와 Part 6 등 여러 곳에서 다루고 있으나 그 본질은 기본적으로 『2018 한국경제 대전망』에서 지적한 대로, 현 정부의 경제 정책의 두 바퀴의 한축인 소득주도 성장은 효과를 못 내고 오히려 고용 절벽, 자영업 붕괴 등 예상치 못한 부작용의 주범으로 비판받고 있는 가운데, 또 한 축인 혁신 성장도 아직 파괴력을 보여주지 못하고 있는 것이다.

단적으로 1년 전에 여러 기관에서 발표한 2018년 연평균 경제성장률 예상치는 대략 3%였으나, 실제는 그보다 많이 못 미친 2.7%에 머무르고, 2019년에는 더 하락한 2.5%라는 예상도 나오고 있어서 한동안 뜨거웠던 경기 전망 논쟁은 이제 침체 국면이라는 것이 중론이 되고 있다. 구체적으로 미래의 성장성을 보여주는 투자가 침체에서 추락으로 가고 있다. 즉, 2017년 14% 넘게 증가했던 투자가 2018년 하반기에는 -1.9%라는 감소로 돌아섰고 이런 감소 추세는 2019년에도 쉽게 회복되지 않을 것으로 예상된다. 반도체 등 소수 대기업 주도의 수출 외에 유일하게 증가세가 보이는 소비도 사실은 아동수당, 기초연금, 기초생활보장 등 공적이전에 의해서 유지되는 것이어서 그다지 견고한 추세라고 보기 어렵다.

이런 각종 내환의 자연스런 귀결은 『2018 한국경제 대전망』에서 짚었던 일본식 장기 불황으로 가는 것이 아닌가 하는 우려다. 당시 우리는 일본과의 한국의 희망적 차이는 우리 재정이 흑자이고 재정 여력이 있다는 것이고 이를 어떻게 잘 쓰느냐에 따라 한국경제가 다시 회복할 수 있다고 주장한 바 있다. 이번 『2019 한국경제 대전망』은 이를 받아서 그 회생 방안을 Part 3에서 구체적으로 다룬다. 즉, 한국이 유럽형 복지국가의 함정에 빠지지 않고 어떻게 하면 지속적 복지와 성장을 동시에 담보해낼 수 있는가에 대한 주옥같은 글들이 담겨 있다.

| 돌파구는 있는가: 재정 트릴레마와 복지국가의 함정

성장과 복지의 조화가 영원한 딜레마라면 이를 좀 더 상세히 들여다볼 수 있는 키워드는 재정 트릴레마Fiscal Trilemma다. 이는 복지 수준-조세 부담률-국가 채무라는 세 마리의 토끼를 동시에 잡을 수 없다는 명제다. 즉, 재정 트릴레마는 '높은 복지 수준-낮은 조세 부담률-낮은 국가 채무 비율'을 동시에 만족시키기는 불가능하며, 이 셋 중 둘을 만족시키면 다른 하나는 희생될 수밖에 없는 모순적 상황을 나타낸다. 가령, 스웨덴과 같이 높은 복지 수준을 누리면서 국가 채무 비율을 낮게 유지하려면 대폭의 조세 부담률의 상승이 불가피하며, 낮은 조세 부담률을 유지하면서 높은 복지 수준을 누리려면 일본과 같이 높은 국가 채무를 필요로 하는 상황이 바로 재정 트릴레마의 예라고 할 수 있는 것이다. 현재 한국은 '낮은 조세 부담률-낮은 국가 채무 비율' 등 재정 건전성은 유지했지만 복지 수준은 OECD에서 가장 낮은 수준이다. 따라서 복지 수준-조세 부담률-국가 채무의 세 가지 축 중 복지 수준 향상을 정책의 우선순위로 둔다면 국가 채무 증가 혹은 조세 부담률 증가는 필연적이라고 할 수 있다.

복지 수준을 올려야 하는 한국경제는 향후 스웨덴식이냐 일본식이냐의 선택의 기로에 놓여 있다. 그런데 원화가 국제 결제 통화가 아니고 외환위기 가능성을 고려하면 일본식 국가 채무 증대형은 피해야 할 선택으로 보이며, 스웨덴의 방식을 따라야 할 것 같은데 이 방향으로 가기 위해서는 몇 가지 전제적 재정 개혁이 필요하다. Part 3에서 제시하는 바인, 각종 보조금 제도 개혁 및 효율적 재정 지출 체제로의 개혁 없이는 높은 조세 부담은 정당화되기 어려울 것이다. 마찬가지로 한국은 건강보험 보장률은 62.6%로 OECD 평균인 80%보다 낮기에 이를 올리는 것이 바람직하지만, 이를 복지의 함정에 빠지지 않고 효율적으로 달성하는 방안을 모색해야 한다.

지속적 복지와 아울러 복지 비용을 창출할 지속적 성장도 중요한데, 각종 신성장 산업에 돈을 퍼붓기에 앞서, 유연안정성flexicurity을 담보할 노동 시장 개혁이 전제되어야 한다. 이것 없이는 일자리 창출과 고용률 제고는 불가능하며 3% 이상 성장도 불가능하다. Part 3의 맨 앞에서 다루는, 과거 유럽 국가들이 복지 함정을 어떻게 노동제도 개혁으로 벗어났는가 하는 문제는 우리에게 꼭 필요한 교훈을 주고 있다. 여기에도 영국형, 네덜란드형, 독일형이라는 세 가지 선택이 존재한다. 물론 어떤 절충형 조합도 가능하겠지만 핵심은 현재의 과다보호되는 대기업 중심의 1차 노동 시장과 과소보호되는 2차 노동 시장의 이중 구조를 타파해낼, 직무형 노동 시장으로의 개혁과 그 정착이다.

▎북한은 기회의 창인가

한국경제가 내우외환으로 어려운 사정이라면, 북한 개방과 남북 경협이 우리에게 기회의 창이 될 수 있을 것인가. Part 4에서는 이 주제를 다룬다. 북한에서의 자발적(당국 묵인하의) 시장화의 정도를 보나, 에너지 부분의 낙후성 등을 볼 때, 북한이 개혁개방을 선포하고 한국의 자금이 들어갈 때 북한경제의 회복은 시간문제일 것으로 보이고, 이는 한국경제와 기업에 새로운 기회임이 분명하다. 장기적으로 볼 때 군비 축소 등 분단 비용을 줄일 수 있고, 여러 투자 기회가 열리는 것이다. 그러나 Part 4의 첫 글에서 점검하듯이, 이런 시나리오로 가기에는 몇 가지 전제가 필요해 보인다.

북한은 과거 몇 차례의 핵과 미사일 실험을 한 끝에 핵 체제의 완성을 달성했고, 이에 따라 2018년 4월 사회주의경제 건설에 총력을 집중하는 경제 집중 노선을 천명했다. 즉, 핵의 완성으로 더 이상 핵개발을 할 필요가 없어졌기에 이제 경제로 전환한 것이고, 이러한 시점에 동계 올림픽 이후 한국과의 우호적 분위기 반전은 북한으로서도 일종의 기회의 창인 셈이다. 그런데 경제 중심 노선의 최대의 걸림돌인 미국 및 유럽 국가들의 경제 제재는 북한의 핵의 존재 때문이어서, 핵의 존재가 경제 성장을 어렵게 하는 일종의 북한식 딜레마라고 볼 수 있다. 즉, 관건은 비핵화 협상이 어떻게 풀리느냐인데, 그 결과가 모든 것을 결정한다고 볼 수 있다.

판단과 예상이 어려운 문제이지만, 어떤 경로를 통해서든 핵 협상이 타결되고, 경제 제재가 해제된다고 할 때 남은 과제는 북한이 어디까지 개방될 것인가이다. 일단 현재까지의 상황으로 보아서는, 북한이 베트남이나 중국 모델 수준의 과감한 개혁개방을 할지는 불확실한 상황이다. 다만, Part 4 첫 글에서 분석했듯이, 북한이 남한과 국제 사회에 제시할 경제협력안을 보면 김정은이 원하는 발전 모델이 무엇인지를 가늠할 수 있을 것이다.

현재까지 남북 경협안으로 거론되는 방안 중 대표적인 것은 다음과 같다. ① 전력과 에너지 지원, ② 관광, ③ 철도와 가스관 통과료 부과, ④ 철도와 도로의 건설, ⑤ 기존 방식으로 개성공단을 재개하고 확대(인력을 북한이 관리, 북한 내 경제와 전후방 연관 효과가 없음), ⑥ 개성공단과 유사한 복수의 특구 단지를 개발해 남한 및 외국과 경협, ⑦ 지역 제한 없이 외국인 직접 투자를 받음, ⑧ 북한 근로자의 남한 내 취업 허용 등 여덟 가지다. 만약 북한의 제안이 ①~⑤라면 북한의 개혁개방 의지는 약한 것으로 판단할 수 있을 것이며 ⑦, ⑧이라면 북한의 개혁개방 의지가 확실한 것으로 평가할 수 있다. ⑥은 그 중간으로 판단된다.

만약 ①~④의 방식만으로 경협이 이루어질 경우 북한은 사회주의 경제 유지 재건을 의도한다고 볼 수 있으며 그럴수록 북한이 중국, 베트남과 같이 개혁개방을 택할 가능성은 낮아진다. 현재로서 북한이 체제의 부담을 무릅쓰고 제안할 수 있는 최대치는 ⑥, 즉 복수의 특구 단지 개발까지로 보인다. 남한의 시각에서도 복수의 특구 개발안은 북한의 발전과 남북경제 통합을 고려할 때 추진할 가치가 있는 대안으로 보이나, 이것이 한국경제의 획기적인 돌파구라고 할 정도의 파괴력을 가지느냐는 별개의 문제다. 더구나 ① 전력과 에너지 지원, ④ 철도와 도로의 건설의 비용을 누가 어떻게 조달할 것인지도 남은 문제고, 집행도 시간이 걸리는 사안이어서 당장 파급 효과가 나지 않을 수도 있다.

실제로 2018년 9월 2차 남북 정상회담 이후, 마이크 폼페이오 Mike Pompeo 미국 국무장관은 비핵화 협상의 일정을 2021년까지로 멀리 잡았다. 즉, 북한이 원하는 순서는 군사적 긴장 완화와 '군축(군사력 축소)→경협(경제 협력)→비핵화'인 반면 미국이 원하는 순서는 '비핵화→경협→군축'으로 완전히 반대이기에 지루한 줄다리기가 이어질 수 있다. 그렇다면 당장 본격적 민간 차원의 경협이 대규모로 진행되기 어려울 수도 있다. 북한 효과가 당장 2019년에 나오기는 힘들다는 것이다. 그렇다면 2019년은 어떻게 활용되어야 하는가?

▌2019년 한국경제, 어떻게 대응할까

앞에서 한국경제가 처한 상황은 '외우내환'이라고 규정했는데, 대외적 불안 요인에 대해 어떻게 할 수 있는 여지가 적다면, 우리는 대내적 근심 요인에 집중해야 할 것이다. 그런데 우리가 과거 일본의 잃어버린 20년(구조조정 없이 저금리 돈 풀기)이나 유럽식의 복지국가 함정이라는 전철을 걷지 않으려면, 아직 재정 여력이 있고 정권의 지지도가 높을 때, 2019년을 보다 근본적 구조 개혁에 사용해야 할 것이다. 마침 집권당 대표도 10년, 20년의 장기집권을 생각하고 있다고 하니 이런 중장기 과제에 도전하는 것이 적절하다고 하겠다. 일본의 아베 총리 경우를 보면, 그 이전의 정권들이 못하던 구조 개혁을 과감히 하니 재선을 넘어 3선에 성공했다. 단기적인 땜질식 정책은 금방 밑천이 드러나서 오히려 부메랑이 되어 돌아오기 쉽다. 이 책에서는 그런 구조 개혁의 핵심이 유연 안정성 노동 개혁으로 복지와 성장의 딜레마를 해결하고, 재정 개혁으로 재정 트릴레마를 해결해야 한다고 제시했다.

2019년은 벌써 5년 정권의 중간 지점이다. 시간이 없다. Part 3에서 논했듯이 재정 확대라는 '쉬운 길'보다 재정 개혁이라는 '어려운 길'을 포함한 광범위한 구조 개혁의 비전을 보여주고 국민을 설득해야 한다. 기업 차원에서는 외우내환 상황에서 지적한, 미중 갈등 등 각종 리스크들이 장기적 성격임을 직시하고, 단기적 대응보다는 장기적 대응 방법을 모색해야 할 것이다. 또한 새 유망 비즈니스를 전에는 일본 등 선진국에서 찾았다면, 이제는 Part 7에서 예를 들었듯이 오히려 중국의 각종 신흥 기업들이 4차 산업혁명을 활용하는 비즈니스 모델들을 검토해보거나, 떠오르는 남방 시장을 개척해보는 것도 좋을 것이다. 다만, Part 2의 글에서 논했듯이 중국에서 정치적 권위주의의 강화가 외국 기업의 경영에까지 영향을 미치는 리스크가 증대함을 고려해야 할 것이다.

▎글을 마치며

앞서 몇 가지 핵심 주제들과 키워드들을 언급했지만, 이 책은

34명의 박사급 경제 전문가들이 참여하여 다양한 세부 주제들을 다루고 있다. 그런 연유에서 각 소주제에 대한 분석의 폭과 깊이 및 정치적 입장도 사실 다양하다. 그럼에도 불구하고, 아래 열거된 대표 저자들이 각기 다른 부분을 맡아서 해당 부분을 구성하는 원고들을 검토하고 피드백을 주고, 다시 수정을 하는 과정을 거침으로써 한 권의 책으로서의 통일성을 갖고자 노력했다.

또한 각 꼭지의 글은 개별 필자의 판단과 책임하에 출판되는 것이며, 이 프로젝트를 지원한 경제추격연구소의 공식적 견해가 아니라는 것도 밝힌다. 이 책이 2019년 한국경제의, 그리고 기업 및 개별 경제인들의 나아갈 방향을 설정하고 의사결정을 하는 데 조금이라도 도움이 되었으면 하는 바람이다. 책의 출판을 결정하고 제작에 애쓰신 21세기북스의 김영곤 사장, 박선영 대표, 이남경, 김은찬 씨에게 감사드린다.

2018년 10월
34명의 필자들을 대신하여,
이근, 류덕현, 송홍선, 최영기, 김주형, 김호원, 김부용

CONTENTS 2019 한국경제 대전망

PART 1

2019년 경제 전망
미국, 일본, 중국, 유럽, 한국

이 책의 첫 부분인 PART 1은 2018년 한국 및 주요국의 경제 현황을 평가하고 2019년을 전망하는 글들을 모았다.

여기서 우리의 관심사는 한국경제에 지대한 영향을 미치는 미국, 일본, 중국, 유럽 등 경제 상황을 판단하고 이것이 우리에게 주는 시사점을 찾아내는 것이다. 첫째 중요한 이슈는 금리 인상을 포함한 미국과 일본의 통화 정책 향방이고, 둘째는 미중 간의 무역 갈등과 중국경제의 대응이다. 미중 간의 갈등이라는 큰 변수가 어떻게 전개되느냐에 따라 세계경제 및 주요국 경제 상황이 크게 요동칠 것이기에 정확한 전망을 하기에는 참으로 어려운 점이 많다.

일단 현재를 기준으로 볼 때 향후 및 2019년에는 미국과 일본이 그동안 취해오던 팽창적 통화 정책이 끝나고 금리 인상 등 그 반대로 돌아서는 추세가 일정 정도 나타날 것이라는 예상이 있다. 이는 최근 미국과 일본의 경제 회복을 반영한 것이다. 한편 중국경제는 미중 무역 갈등, 급증하는 기업 부채 등 여러 요인으로 추가적 감속이 예상된다.

이 두 가지가 한국경제에 시사하는 바는 '불확실성의 증대'다.

즉, 주요 서방국의 금리 인상은 한국의 금리가 상대적으로 낮은
데 따른 자본 유출 가능성 문제가 있는 반면, 국내 경제 침체 상황
에서 금리를 높일 수도 없는 현재의 딜레마의 연속과 심화를 의미
한다. 이것이 더 중요해지는 이유는 금융위기 10년 주기설 등 일
부에서 2020년에 또 한 번의 금융위기가 어느 나라에선가, 어떤
형태로든 발생할 것이라는 가능성을 이야기하고 있기 때문이다.
그런 의미에서 향후 및 2019년의 한국경제를 어떻게 잘 관리해나
가는가가 참으로 중요하다고 하겠다.

▶▶ 이근

01 세계가 주목하는 미국의 경제 정책

┃ 미국의 금리는 계속해서 오를 것인가?

미국의 중앙은행인 연방준비위원회(연준)는 최근까지 꾸준히 금리를 인상해왔다. 2008년 9월 리먼브라더스의 파산 이후 금융위기가 깊어지자 그해 12월 벤 버냉키 의장의 주도하에 연준은 기준 금리인 연방기금금리ғғʀ 목표 구간을 0~0.25% 수준으로 내렸고, 그 후 오랜 기간 동안 금리를 더 이상 인하할 수 없는 상태 Zero-Lower-Bound에 놓이게 되었다. 이로 인해 수년 간 양적 완화 Quantitative Easing에 의존하는 비정상적인 통화 정책을 유지해왔다. 8년의 긴 시간이 흐른 후 경제의 견조한 성장세에 자신감을 회복한 연준은 2015년 12월 FFR 목표 구간을 금융위기 이후 처음으로 0.25%(25bp) 인상했다. 그 후 연준은 순차적으로 금리를 인상해 오고 있으며 양적 완화 정책으로 과도하게 늘어난 자산 규모를 줄이는 프로그램도 진행하고 있다. 실제로 연준은 2017년 세 번의 금리 인상을 단행했고, 2018년 역시 3월과 6월 두 번의 금리 인상을 통해 목표 구간을 8월 현재 1.75%~2%까지 끌어올렸다. 2018년 6월에 발표된 연준의 점도표dot plot에 의하면 2020년까지 약 여섯 차례의 추가 금리 인상이 있을 것으로 예측이 되고 있다.

최근 중국에 대한 무역 공세를 거세게 이어가고 있는 트럼프 대통령은 금리 인상에 따른 달러화 강세로 대중對中 관세 인상 효과가 반감될 것을 우려해 이러한 연준의 고금리 정책에 대해 공공연한 반대를 표한 바 있다. 하지만 중앙은행의 독립성이 상대적으로 잘 유지되고 있는 미국의 현실을 감안할 때, 경제 상황이 급격히 변하지 않는 한 연준이 정치권의 압력으로 그 정책 기조를 철회할 것으로 생각되지는 않는다. 더구나 이러한 보호주의 무역 정책이 11월 중간선거 이후 그 동력을 잃을 가능성도 없지 않다. 따라서 연준의 정책 기조가 정치적 영향으로 바뀔 가능성은 적은 것으로 보인다.

그렇다고 연준이 매파적 금리 정책을 마냥 지속해 이로 인해 미국경제의 성장세를 둔화시킬 것 같지도 않다. 연준의 설립 근거인 연방준비법에 의해 연준은 지속 가능한 경제성장과 안정적 물가 수준을 균형 있게 유지해야 한다. 경제가 탄탄하게 성장을 하고 있다면 안정적 물가 관리 쪽으로 정책의 주안점을 옮겨야 하고, 반대로 저성장이 우려된다면 경기 부양 쪽으로 방점을 옮겨야 한다는 뜻이다.

물론 경제성장이 그 기초체력fundamental을 넘어서는 과잉 징후를 보인다면 연준은 이자율을 적절히 올려 경기가 과열되고 인플레이션 압력이 높아지는 것을 미연에 방지해야 한다. 하지만 최근 있었던 금리 인상의 경우는 금융위기 이후 지나치게 낮게 유지되었던 이자율을 적정 수준으로 미리 회복시켜, 미래에 불황이 발생할 경우 이에 선제적으로 대응할 수 있도록 금리 인하의 여지를 만들기 위한 준비 과정으로 이해해야 한다. 다시 말해서 이는 통화 정책의 정상화normalization 과정이며 이로 인해 미국경제가 심각한 내상을 입을 가능성은 낮다고 봐야 할 것이다. 그럼 과연 연준은 현재 점도표가 시사하는 바와 같이 금리 상승을 계속 이어갈 것인가?

▌데이터로 살펴본 미국경제의 현주소

연준의 통화 정책 기조는 고용과 물가에 대한 현재의 경제 상황과 이에 대한 예측 데이터를 참조해 결정된다. 다시 말해 연준의 정책 기조를 분석하기 위해서는 거시경제 데이터를 살펴봐야 한다. 먼저 현 경제 상황에 대한 거시 자료를 살펴보도록 하자.

현재의 미국경제는 한마디로 말해서 매우 좋다. 실질 GDP의 경우 18개월의 경기침체가 공식적으로 종료된 2009년 2분기 이후 꾸준한 성장 기조를 이어가고 있으며, 2018년 2분기에도 2.8%의 성장을 기록했다. 실업률 역시 꾸준한 하락세를 보이며 2분기 현재 3.9%를 나타내고 있다. 신규 실업수당 신청 건수도 지속적으로 하락해 1979년 11월 이후 최저 수준을 보이고 있다.

물가 역시 그간의 디플레이션의 우려에서 완전히 벗어난 듯하다. 소비자 물가지수CPI 인플레이션은 2015년 이후 꾸준한 상승세를 보여왔으며, 2018년 7월 현재 2.9%를 기록 중이다. 변동성이 큰 음식과 에너지 가격을 제외한 근원물가Core CPI 인플레이션도 2011년 중반 이후 2% 수준에서 완만한 등락을 하고 있다. 금융 부문 지표도 나쁘지 않다. 리스크 프리미엄으로 이해할 수 있는 무디스 Baa 회사채 수익률과 10년 만기 재무성 채권 수익률의 차이도 1.9% 수준으로 저위험 상황이고, 시카고 연준과 세인트루이스 연준 등에서 제공하는 금융안정지수Financial Stress Index들도 안정적인 시장 상황을 반영하고 있다.

앞으로의 경제 전망에 관한 지표들은 어떤가? 기업이나 소비자와 같이 경제 활동에 참여하는 이들은 경제 전망을 바탕으로 투자나 소비를 미래지향적으로 결정하는 경향이 있다. 따라서 통화정책 입안론자 역시 시장 참여자들이 어떻게 경기를 예측하고 있는지를 면밀히 관찰하고 이에 바탕해서 정책을 결정하게 된다. 우선 인플레이션 예측 데이터들을 살펴보자.

전체적으로 보아 인플레이션이 우려되는 사항은 아닌 것으로 보인다. 인플레이션을 헤지hedge할 수 있는 TIPSTreasury Inflation Protected Securities 수익률을 이용해 계산한 일련의 예상 물가 상승률Breakeven Inflation Rate 데이터들이 모두 연준의 목표치인 2% 수준에서 안정적인 등락을 하고 있다. 다시 말해 시장 참여자들이 안정적 수준의 인플레이션을 예상하고 있다.

이와 함께 눈에 띄는 현상으로 장단기 금리차(혹은 수익률 곡선)가 꾸준히 축소되고 있음을 주목해볼 필요도 있다. 10년 만기 재무성 채권 수익률과 3개월 만기 재무성 채권 수익률의 차이Long-Short Spread는 시장 참여자들이 인플레이션을 예상할 때 커지는 경향이 있다. 이 변수가 2014년 이후 꾸준히 내려가고 있고 현재 장기 평균값을 크게 밑돌고 있다는 점에서 시장이 물가 상승 압력을 느끼고 있는 것 같지는 않다. 오히려 장기 채권 수익률에 더해져 있는 유동성 프리미엄을 고려하면 실질적으로 장단기 금리 격차가 거의 미미한 수준으로 떨어졌다고 볼 수 있다. 이는 시장 참여자들이 경기의 위축을 예상할 때 나타나는 현상이라는 점에서 다소 우려스럽다. 실제로 JP모건이 최근 계산한 글로벌 수익률 곡선Global Yield Curve은 최근 2007년 이후 최초로 장단기 금리 역전을 나타내기도 했다.

기존의 데이터를 조합해 시장 참여자들의 경제 전망을 추론하는 이러한 방식 외에 전문가들의 직접적인 경기 예측을 살펴볼 수 있는 방법도 있다. 필라델피아 연준이 1968년부터 민간 부문 전문가들에 대한 설문조사를 통해 구축해온 전문가설문조사SPF, Survey of Professional Forecasters 데이터는 민간의 경제 예측에 대해 아주 유용한 정보를 제공해준다. 연준 경제학자들이 만드는 「그린북」 경제 예측 데이터가 존재하지만 이는 5년의 시차를 두고 공개되는 까닭에 그리 유용하지 않다. 그럼 최근 SPF 데이터를 통해 민간의 예측을 살펴보자.

8월초에 공개된 SPF 데이터에 따르면 민간 부문 전문가들의 실질 GDP 성장률 예측치의 중간값이 2018년과 2019년 2.8%, 2020년 1.8%, 그리고 2021년 1.5%로 나타났다. 다시 말해서 이들은 현재의 경기 호황이 수년 내로 잦아들 것으로 예상을 하고 있다. 하나 짚어볼 만한 것은 이전 분기에 발표되었던 같은 데이터의 중간값 예측치인 2020년 1.9% 그리고 2021년의 2%에 비해 예상 성장률이 크게 낮아진 것이다.

이를 좀 더 자세히 살펴보기 위해 다음 페이지의 [도표 1-1]에 있는 실질 GDP 성장률 예측치의 평균 확률을 보자. 지난 2분기 데이터의 경우 2020년 성장률이 2%대에 머물 확률이 평균 30%를 훌쩍 상회했으나 이번 3분기의 경우 그 평균치가 20% 중반으로 크게 하락했다. 반면 1%대로 떨어질 확률이 이번 분기 들어 증가했다. 2020년 이후 실업률이나 고용 지표 예측치는 여전히 긍정적이긴 하지만 노동 시장 지표는 노동 저장labor hoarding(불황이 닥쳐와서 일의 수요가 줄어들더라도 당분간은 기업이 고용을 즉각 줄이는 대신 기존 노동자들의 노동 시간을 줄이는 방법으로 대처한다는 이론) 등의 이유로 경기에 후행하는 경향이 있다는 점에서 민간 부문 전문가들이 향후 경

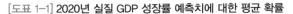

[도표 1-1] 2020년 실질 GDP 성장률 예측치에 대한 평균 확률

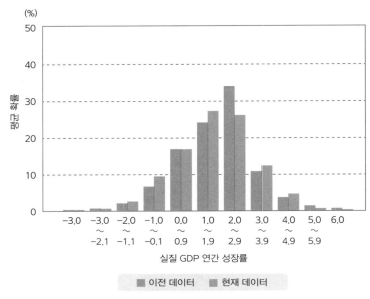

출처: 필라델피아 연준(https://www.philadelphiafed.org/)

기 전망에 대해 다소 우려를 나타내고 있는 것이 아닌가라는 생각
을 해볼 수 있다.

　　종합하자면 현 경제 상황은 상당히 양호한 것으로 보이지만
앞으로의 경제 상황에 대한 다소 우려 섞인 전망이 나오고 있음을
확인할 수 있다. 특히 최근 SPF 데이터를 통해 이러한 비관적 예
측이 지난 분기 이후 더욱 뚜렷이 등장하기 시작했음을 볼 수 있
었다. 이러한 비관적 전망이 현실화된다면 연준의 정책 행보도 이
에 맞춰서 조정되어야 할 것이다.

| 미국 중간선거 이후의 정책 기조를 확인하라

　　조심스럽기는 하지만 이런 비관적인 예측이 나오는 이유는 무엇일까? 트럼프 행정부의 정책 불확실성이 가장 큰 이유로 생각된다. 특히 최근 무역 적자와 관련해 미국 행정부가 중국에 대한 거센 통상 압력을 가하며 무역전쟁의 가능성을 높이고 있다는 점을 들 수 있다. [도표 1-2]에서 보듯이 미국 행정부의 무역 정책 관련 불확실성 지수www.PolicyUncertainty.com는 2000년 이후 사상 최고치를 경신하고 있다. 재정 정책이나 통화 정책 관련 불확실성이 많이 줄어든 상황을 반영해 종합적인 불확실성 지수는 금융위기 이전 수준에서 안정적으로 움직이고 있지만 트럼프 행정부의 매파적 무역 정책은 중국뿐 아니라 한국과 일본 등 주요 교역 파트너에도 큰 영향을 미치고 있다.

[도표 1-2] **무역 정책 불확실성 지수**

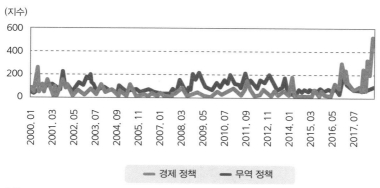

출처: www.PolicyUncertainty.com

미중 간 무역전쟁이 발생한다면 그 피해는 고스란히 양국이 떠안을 수밖에 없다. 승자 없는 전쟁이기 때문이다. 제조업이 경쟁력을 상실한 상황에서 제조업의 부활을 외치는 것은 공허하며 가능하지도 않다. 고율의 관세는 수입 가격을 상승시켜 미국 소비자에게 고통을 안겨줄 것이며 원자재 대외 의존도가 높은 기업에도 치명적 손실을 입힐 수 있다. 이러한 경제적 손실이 실제로 나타나게 되면 트럼프 대통령에게 큰 정치적 손해를 입힐 것이다.

그렇다면 최근 트럼프 행정부의 강성 기조를 어떻게 이해해야 할 것인가? 이를 위해 트럼프 대통령의 최근 정치적 입지를 살펴볼 필요가 있다. 정치 관련 주요 여론조사 데이터를 제공하고 있는 파이브서티에이트 *FiveThirtyEight.com*에 의하면 2018년 8월 중순 현재 트럼프 대통령의 지지율은 42%에 머물고 있으며 11월 중간선거 이후 공화당이 하원을 장악할 확률도 25%에 불과하다. 이러한 추세라면 2020년에 있을 선거에서의 트럼프 대통령의 재선을 자신할 수도 없는 상황이다. 따라서 그가 보여준 최근의 강성 기조는 11월에 있을 중간선거를 겨냥해 지지층을 규합할 목적으로 선명성을 강화하기 위한 의도로 이해할 수도 있다. 무역전쟁이 실제로 일어날 경우 미국이 입게 될 피해가 적지 않겠지만, 그 영향은 중간선거 이후에나 나타날 것이기에 이러한 일련의 정책 어젠다를 유지함으로써 단기적인 정치적 이득을 얻을 수 있기 때문에 트럼프 행정부가 당분간 강성 기조를 유지할 가능성이 높다.

가능성이 크지는 않지만 트럼프 행정부가 11월 선거 이후에도 이러한 강성 기조를 이어가고 이로 인한 경제적 피해가 나타나기 시작한다면 연준의 입장에서도 내년 정책 기조를 전환할 수밖에 없을 것이다. 경기가 위축되고 불확실성의 고조로 달러화 강세 현상이 가속될 경우 금리 인상을 통해 통화 정책을 정상화하려는 연준의 계획에 수정이 불가피해질 것이다. 높은 금리로 경기가 위축되고, 달러화 강세로 신흥국에서 자본 이탈이 초래되어 금융위기가 발생할 수도 있다. 하지만 현재로서는 그런 가능성은 크지 않다고 봐야 할 것이다. 실질적 피해가 발생할 경우 재선을 노리는 트럼프 대통령에게도 이로울 것이 없기 때문이다. 또한 중국의 양보로 상황이 진정될 가능성도 없지 않다. 어느 경우든 경제 상황이 급격히 나빠질 가능성은 적어 보인다.

따라서 이러한 외적 요인과는 독립적으로 통화 정책 정상화를 향한 연준의 정책 기조는 당분간 계속 유지될 것으로 보인다.

▶▶ **김형우**

02 일본의 통화 정책 변화를 주시하라

│ 아베노믹스와 일본경제

일본 정부가 '양적 완화 등의 확장적 통화 정책', '공격적인 재정 지출', 그리고 '성장 전략'의 세 개의 화살로 구성된 아베노믹스를 시행한 지도 5년이 넘게 지났다. 아베노믹스는 1990년대 초 버블 붕괴 이후 지속된 장기 불황과 디플레의 악순환을 끊고 경기를 회복시키기 위한 정부의 적극적인 노력이었다. 여전히 인플레이션의 회복이나 임금 상승에는 한계가 있지만 일본경제는 어느 정도 회복되었고 특히 노동 시장은 활황을 맞고 있다.

실질 GDP 성장률은 2016년 1.0%, 2017년 1.7%를 기록했다.

2018년 1분기의 분기별 실질 GDP 성장률은 민간 최종 소비 지출 0.1% 감소를 배경으로 전분기 대비 -0.2%를 기록해 경기 회복세가 주춤해 우려를 던져주기도 했다. 그러나 2분기의 성장률은 내수의 회복과 함께 전분기 대비 0.5% 성장을 기록해 다시 경기 회복세가 나타나고 있다. 한편 인구 감소와 일자리 부족이라는 구조적인 변화와 함께 경기 회복으로 실업률이 크게 낮아지고 구인배율은 높아지고 있다. 일본의 5월 실업률은 2.2%로 26년 만에 최저 수준으로 하락했고 유효구인배율도 1.6으로 44년 만에 최고치를 기록했으며 대학 졸업생들의 취업률은 약 98%를 기록했다.

[도표 1-3] **최근 일본경제의 분기 성장률**

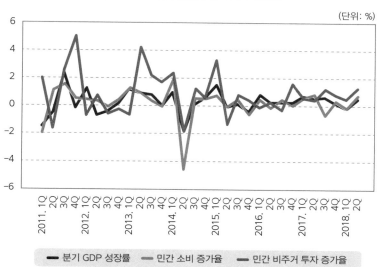

(단위: %)

— 분기 GDP 성장률　— 민간 소비 증가율　— 민간 비주거 투자 증가율

출처: 내각부

PART 1. 2019년 경제 전망

035

하지만 이렇게 낮은 실업률에도 불구하고 임금과 인플레이션은 별로 상승하지 않아서 우려를 던져주었다. 실업률과 물가 상승률의 역관계를 보여주는 필립스 곡선이 평평하게 누워버린 것은 미국경제도 마찬가지며 글로벌 금융위기 이후 선진국들이 공통적으로 겪고 있는 현상이다.

그러나 2018년 들어서는 일본의 임금과 물가도 상승세가 나타나고 있는 것으로 보인다. 현금 급여 총액 기준의 실질 임금은 2012년 이후 4년 동안 마이너스 성장을 기록한 후 2016년 마침내 0.7% 증가했다. 그러나 실질 임금 상승률은 2017년 다시 전년 대비 -0.2%를 기록했고 2018년 초까지도 전년 동분기 대비 마이너스를 기록했다. 하지만 5월의 속보치는 1.3%의 높은 상승을 보여주어서 실질 임금이 이전과 달리 높아지고 있는 것으로 보인다. 특히 명목 임금 상승률은 2018년 1월 1.2%로 높아졌고, 5월에도 2.1%로 과거에 비해 매우 높은 수준이다. 인플레이션도 2018년부터는 이전에 비해 높아지고 있어서 희망을 던져주고 있다. 소비자 물가 상승률은 2016년 연간 -0.1%, 2017년 0.5%였지만, 전년 동월 대비 2018년 1월은 1.4%, 2월은 1.5%를 기록했다. 이후 약간 낮아졌지만 6월에도 0.7% 상승률을 기록했다. 신선식품을 제외한 소비자 물가 상승률도 2018년 1월 0.9%, 6월은 0.8%로 이전 해에 비해서는 확연히 높아지고 있다. 앞으로 임금 상승률이 꾸준히 높아진다면 이는 결국 인플레이션을 자극해 경제 전체의 인플레이션도 높아질 것으로 전망된다.

한편 최근 일본 정부는 양적 완화 등 통화 정책에 기초한 단기적인 경기 부양을 넘어 생산성 상승을 통한 장기적인 성장의 촉진 그리고 저출산 등 인구 문제 해결을 위한 노력을 더욱 강조하고 있다. 아베 정부는 2016년, 50년 후에도 인구 1억 명을 유지할 것을 목표로 아베노믹스 2단계인 '1억 총활약계획'을 발표했다. 이 계획은 국내총생산 600조 엔 달성, 출산율 1.8명을 목표로 한 육아 지원, 그리고 개호이직(일본에서 늙은 부모의 병수발을 들기 위해 중년의 직장인이 회사를 그만두는 사회 현상) 제로를 위한 사회보장 등 새로운 세 개의 화살을 제시했고 구체적으로 최저임금 인상, 동일 노동 동일 임금 실현, 비정규직 처우 개선, 보육과 간병 지원 등의 여러 정책들을 제시했다. 한편 최근에는 생산성 상승을 위해 노동 시간 단축 등 일하는 방식의 개혁을 강조하고 있다. 또한 아베노믹스의 성장 전략인 2016년 일본 재흥 전략과 2017년 이후의 미래 투자 전략에서는 4차 산업혁명을 주도하기 위한 여러 정책들을 제시하고 있다.

일본은 언제까지 양적 · 질적 완화를 유지할 것인가?

일본은행은 2013년 초부터 국채를 매입하고 부동산 시장과 주식 시장에도 간접 투자를 하는 양적·질적 완화 정책을 시행했다. 또한 2015년 9월에는 양적 완화를 확대했고 2016년 1월에는 단기 정책 금리로 금융 기관의 초과지준금에 0.1%의 마이너스 금리를 도입했으며 9월에는 10년 국채 수익률을 0%로 유지하는 장기 금리 목표제를 도입했다. 현재도 통화 정책은 양적·질적 완화, 마이너스 금리 그리고 장기 금리 관리를 계속하고 있다. 앞서 지적했듯이 일본은행의 양적·질적 완화 정책은 총수요의 자극과, 특히 엔화의 평가절하를 통해 일본경제가 장기 불황을 극복하고 경기를 부양하는 데 상당한 역할을 수행했다. 그러나 통화 완화 정책이 너무 오래 지속되면서 몇몇 부작용들을 우려하는 목소리도 높아지고 있다. 무엇보다도 미국의 양적 완화 종료와 점진적 금리 인상 그리고 유럽 중앙은행의 양적 완화 축소 등 해외 선진국들이 확장적 통화 정책을 끝내고 정상화하는 방향으로 움직이고 있다. 이를 배경으로 일본의 통화 정책도 언제 출구 전략을 통해 정상화로 돌아설 것인지 큰 관심을 모았다.

하지만 일본은행은 목표로 한 2% 인플레를 달성하지 못하고 있기 때문에 단기간에는 현재의 완화 기조 통화 정책을 변경할 전망이 보이지 않는다. 일본은행은 2% 인플레 목표의 달성 시기를 이미 여섯 차례나 연기했으며 현재는 2020년 3월을 목표로 하고 있다. 구로다 하루히코黑田東彦 일본은행 총재도 모호한 모습을 보이고 있다. 실제로 그는 2018년 3월의 국회에서 소비자 물가 상승률이 2%가 되지 않는다 해도 2019년 회계연도부터 출구 전략을 논의할 준비를 갖출 것이라 발언했다. 그러나 며칠 후에는 이는 이론적인 주장일 뿐이며 반드시 2019년에 출구 전략을 시행한다는 것은 아니라고 번복하기도 했다. 실제로 2018년 6월 일본은행의 금융정책결정회의에서는 기존의 정책을 그대로 유지하기로 결정했으며 여전히 근원 소비자 물가 상승률 2%를 달성할 때까지는 본원 통화 확대 방침을 이어갈 것이라 발표했다. 또한 다른 국가들과 일본의 통화 정책이 다른 것은 각각의 국가별로 경제 상황과 물가 여건에 차이가 있기 때문이라고 설명했다. 일본은행은 인내심을 가지고 통화 완화 정책을 추진할 것이며 출구 전략을 시행할 시점이 오면 적절히 소통할 것이라고 강조했다.

일본의 통화 정책 변화가 중요한 까닭

그럼에도 은행권은 마이너스 금리 실시와 초저금리 환경의 지속으로 인해서 시중 은행의 수익성이 악화되고 있다고 비판이 높으며, 야당의 의원들도 완화 정책을 지속하는 구로다의 인준을 반대하기도 했다. 또한 지속적인 양적·질적 완화 정책으로 인해 일본은행의 국채 보유량이 너무 많으며 주식 시장에서도 일본은행은 상장기업 약 40%의 상위 10위 이내의 대주주가 되어 자본시장의 왜곡도 우려되고 있다. 민간 경제학자 대부분은 2019년부터는 통화 정책이 긴축으로 돌아설 것으로 전망하고 있으며 현재의 완화 기조가 2019년에도 지속될 것이라고 전망한 학자들은 소수에 불과했다. 결국 2019년에는 일본은행도 현재와 같은 통화 정책의 확장 기조를 되돌려 본격적으로 출구 전략을 모색할 가능성이 크다고 할 수 있다.

일본은행은 2018년 7월 30~31일 열린 금융정책결정회의에서 일각의 기대와는 달리 대규모 금융 완화의 틀을 여전히 유지할 것이라 발표했다. 일본은행은 단기 금리는 초과지준금에 대한 0.1%의 마이너스 금리를 유지해 2016년 도입한 마이너스 금리 정책을 계속할 것이고 장기 금리도 10년물 국채 금리를 0%로 유도해온 기존의 정책을 유지했다.

그러나 이와 동시에 일본은행은 장기간 지속되고 있는 초저금리의 부작용을 완화하기 위해 장기 금리가 일정한 한도 내에서 상승하는 것을 용인하는 조정을 할 것이라고 발표했다. 장기 금리는 경제와 물가의 상황에 따라서 상하로 변동을 허용하는 금리의 범위도 기존의 0.1%에서 0.2%로 보다 탄력적으로 운용하겠다는 방침이다. 이러한 결정은 정책위원 사이에서 찬성과 반대가 7 대 2로 통과되었으며, 이 결정 직후 일본 국채 10년물의 금리는 0.12%로 급등하기도 했다. 또한 연간 80조 엔의 국채 매입 금액에 관해서도 80조 엔을 상한으로 하면서 상황에 따라 탄력적으로 국채 매입액을 조정할 수 있다고 발표했다. 실제로 일본은행이 2018년 7월까지 최근 12개월 동안의 국채 매입액은 43조 엔에 불과한 현실이다. 결국 일본은행의 7월 금융정책회의 결정은 전반적으로 기존의 양적·질적 완화를 유지하면서도 그 부작용에 대응해 금융 완화의 규모를 어느 정도 조정하겠다는 의도라고 볼 수 있다.

물론 근본적으로는 양적 완화의 폐지나 금리 인상 등과 같은 일본은행의 통화 정책 변경은 인플레의 변화와 이의 기초가 되는 임금 상승률의 변화에 달려 있다고 할 수 있다. 앞서 보았듯이

2018년에는 임금과 물가가 높아지는 추세를 보였지만 여전히 불확실성이 크다. 일본 대기업들은 아베 정부의 요구에 맞추어 임금 총액을 약 3%까지 인상하기로 했지만 이는 주로 임시 상여금의 확대 등에 의해 주도되었다. 2017년 기본급의 상승률은 0.9%에 불과했고, 일본 경제 전체에서 기본급과 유사한 명목 소정내 급여의 상승률은 0.4%였다. 한 연구에 따르면 기본급 인상이 1% 미만일 경우 신선식품과 에너지를 제외한 소비자 물가 상승률도 1%에 미치지 못할 것이라 지적되고 있다. 결국 2019년에는 일본은행이 통화 정책의 기조를 변경할 가능성이 크다고 할 수 있지만, 이러한 결정은 최근 들어 가속화되고 있는 인플레와 임금 상승이 지속될 것인가에 달려 있다.

일본의 통화 정책 변화는 일본경제에 미치는 영향뿐 아니라 국제 금융 시장에 미치는 효과도 작지 않을 것이다. 미국 등 다른 선진국들은 금리를 인상하고 있는데 일본 중앙은행은 확장적 정책을 지속하고 있기 때문에 일본에서 낮은 금리로 자금을 빌려 해외에 투자하는 엔케리 트레이드가 크게 발전되어 왔다. 일본 중앙은행이 오랜 완화 정책을 끝내고 금리 인상으로 돌아선다면 국제 금융 시장에도 상당한 변화가 나타나고 다른 국가들의 장기 채권 금리 등도 인상 압력을 받을 가능성이 크다. 따라서 우리도 일본 중앙은행의 통화 정책 변화에 관해 예의 주시해야 할 것이다.

▶▶ 이강국

03 개혁개방 40주년의 중국경제, 위기에 처하다

　　2018년은 중국이 개혁개방을 추진한 지 40년이 되는 해다. 경제는 비약적으로 발전했고 국제 사회에서의 영향력도 G2라고 거론될 만큼 강력해졌다. 그러나 최근 중국 내에서는 개혁개방 40년의 눈부신 성과에 대한 평가보다는 중국을 둘러싼 세계경제 환경의 변화, 특히 미국과의 통상 마찰에 대한 대응 방안과 중국 내 경제 리스크에 대한 정책 방향 논의가 더욱 뜨겁다. 2018년 초까지만 해도 국내 리스크 관리에 집중하고 있었던 중국은 미국의 강력한 중국 굴기崛起 제어라는 강풍을 맞으면서 자국 내 경제 안정과 리스크 방지 사이에서 균형을 찾아야 하는 어려운 선택의 기로에 서 있다.

중국 개혁개방 40년, 그 화려한 성장

개혁개방이 시작된 1978년 중국의 경제 규모는 세계 전체의 2%에도 미치지 못했으나(세계 11위), 2017년에는 세계경제의 15%를 차지하는 세계 제2의 경제 대국으로 성장했다. 지난 40년 동안 연평균 9%라는 높은 성장률을 기록하며 성장한 중국은 이제 세계 경제성장에 30% 이상을 기여하는 성장 동력이 되고 있다.

개혁개방 이후 40년 동안 중국은 서비스업의 빠른 성장과 도시화 진전으로 인해 경제 구조가 고도화되었고 세계 29위의 무역 국가에서 세계 1위의 무역 대국으로 성장했으며, 미국에 이어 R&D 투자 2위국으로 부상했다. 국민의 가처분 소득은 40년간 23배 이상(인플레이션 영향 제거) 증가했고, 엥겔지수 역시 절반 이하 수준으로 감소했으며 취업자 수가 4억 명에서 7억 9,000만 명으로 증가하는 등 연평균 960만 명의 일자리가 창출되었다.

중국의 대미 무역전쟁과 내부 리스크

2018년 상반기, 중미 무역 분쟁과 관련된 중미 간 갈등이 고조되고 있는 상황에서도 중국의 경제성장률은 6.8%로 매우 양호한 수준을 유지했다. 그러나 경제성장의 3대 마차라고 할 수 있는 투자, 소비, 수출 지표의 흐름이 모두 하락 추세를 보이면서, 중국경제가 그다지 양호하지 않다는 신호를 보내고 있다.

우선, 2018년 중국의 사회소비재 판매 총액(소비) 증가율은 5월 기준 8.5%로 시장 전망보다 1%포인트 이상 낮은 수준이었고, 부동산 가격의 지속적인 급등에 따라 부동산이 주민 소비 증가율을 제약하기 시작했다. 사회소비재 소매 총액의 증가율은 6월 반등했다가 7월에 다시 하락했다. 또한 고정 자산 투자 증가율도 지난 10년간의 급격한 하락 추세에 이어 6~7%에 머물고 있으며 특히 인프라 투자 증가율이 3% 정도로 가장 저조하다.

제조업 투자 증가율 역시 5~6%에 불과하며 부동산 투자 증가율은 10% 정도로, 전체적으로 투자가 활발하지 않은 상황이다. 뿐만 아니라, 상반기 중국의 무역(순수출)은 경제성장에 기여하기보다는 경제성장률을 0.7%포인트 하락시키는 역할을 했다(2016년에는 -0.6%포인트, 2017년은 -0.4%포인트). 즉 2018년 상반기 GDP 성장률 수치는 비교적 양호한 것처럼 보이지만 경제성장을 떠받치는 투자, 소비, 수출 실적이 모두 좋지 않은 상황인 것이다.

이에 2018년 2분기 중국 정부는 기업 부채 감축 및 부동산 과열 등 금융 리스크 방지를 위해 시행해오던 긴축적 재정 및 통화 정책에 대한 미세 조정을 빠르게 시행했다. 만약 중국의 경제성장 추세가 정말 좋았다면, 중국 정부가 이렇게 빠르게 거시정책을 조정하지 않았을 것이다.

2018년 중국경제의 가장 큰 이슈는 미국과의 통상 마찰(미중 무역 분쟁)이라고 할 수 있다. 2018년 1분기까지만 해도 중국은 금융 리스크 방지를 가장 긴요한 경제 과제로 인식해 이를 해결하기 위한 긴축적 재정 정책과 통화 정책을 추진했다. 그러나 2018년 3월 말 이후, 미국이 중국산 수입품에 대한 관세 부과 조치를 실제로 시행하는 절차를 거치면서, 중국의 실물경제 둔화와 함께 금융 시장의 불안정성 확대 등이 나타나고 있다. 제조업 경기 지표 중 하나인 제조업 구매관리자지수PMI가 8월 50.6으로 14개월 만에 최저치를 기록했고 서비스업 PMI 역시 51.5로 하락하는 추세다. 50을 기준으로 경기 확장과 위축을 나타내는 PMI가 아직은 50 이상이지만 모두 하락 추세라는 점과 미국과의 통상 마찰이 본격화되기 시작한 2018년 3월 이후 중국 제조업의 수출 계약이 5개월 연속 감소하고 있다는 점에서 실물경제의 둔화 추세를 감지할 수 있다. 또한 미국이 관세 부과 계획을 발표할 때마다 중국 주식 시장의 관련 주가와 주요 기업 가치가 요동쳤으며 위안화 환율은 빠르게 절하되었다.

여기서 중요한 것은 이러한 상황에서 중국이 꺼낼 수 있는 대응 카드가 마땅치 않다는 점이다. 미국의 대중 수입액이 5,000억 달러 수준인 반면, 중국의 대미 수입액은 1,500억 달러에 불과하기 때문에 중국은 동일 규모의 수입품에 대한 관세 부과로 맞대응을 할 수가 없다. 미국의 관세 부과 조치가 발표될 때마다 중국은 국익 보호를 위해 어쩔 수 없이 반격한다는 입장을 보이면서 관세 전쟁을 원치 않는다는 것을 계속 언급해왔다. 하지만 미국은 중국의 불공정한 거래 개선 등 미국의 요구 조건이 받아들여지지 않는한 쉽게 합의하지 않을 것으로 보인다. 이에 중국은 미국과의 협상과 관세 보복 조치 등을 동시에 추진하면서도, 미국의 관세 부과로 피해가 집중되는 중소기업에 대한 지원과 법인세 등 세수 인하를 통해 국내 경제에 대한 영향을 최소화하는 방안을 시행하고 있다.

중국경제의 내부적 리스크도 심각하다. 국가 전체 레버리지

[도표 1-4] 2018년 미중 무역 분쟁 관련 주요 조치

	미국의 조치		중국의 조치
3/8	중국산 수입 철강/알루미늄 각각 25%, 10% 관세 행정명령		
3/22	500억 달러 규모 중국산 수입품에 관세 부과 행정명령	3/23	돈육/철강 등 30억 달러 규모 미국산 수입품에 보복 관세 부과 예고
4/3	중국산 통신장비 등 500억 달러 규모의 관세 부과 대상 품목 발표	4/4	대두/자동차 등 미국산 수입품에 25% 관세 부과 예고
6/15	500억 달러 규모의 중국산 수입품에 25%의 고율 관세 부과 강행 방침 발표	6/16	미국과 대등한 규모, 동등한 강도의 보복 관세 부과 조치 예고
6/18	2,000억 달러 규모의 중국산 수입품에 보복 관세 부과 경고	6/19	상응하는 반격 조치 경고(구체적인 내용 부재)
7/6	340억 달러 규모의 중국산 수입품에 25% 관세 발효	7/6	340억 달러 규모의 미국산 수입품에 25% 관세 발효(동등한 규모로 반격)
8/23	160억 달러 규모의 중국산 수입품에 25% 관세 발효	8/23	160억 달러 규모의 미국산 수입품에 25% 관세 발효(동등한 규모로 반격)
9/24	2,000억 달러 규모의 중국산 수입품에 10% 관세 발효(2019년 1월 1일부터 25%로 인상)	9/24	600억 달러 규모의 미국산 수입품에 5~10% 관세 발효

출처: 언론 자료 종합

는 GDP의 260%로 신흥국 평균의 두 배 수준이고 지난 10년간 전 세계적으로 가장 빠른 증가세를 기록했다. 그중 특히 기업 레버리지가 GDP의 160%로 가장 높아 리스크 방지의 핵심은 기업 부채 해소다. 그러나 중국 기업 부문 부채의 상당 부분이 지방 융자 플랫폼의 채무이며 이는 대부분 지방정부의 인프라 건설에서 기인한다.

이와 같은 지방정부와 국유 기업의 부채로 촉발된 중국의 금융 리스크는 중국경제의 규모와 성장률을 고려할 경우 어느 정도 관리가 가능할 수 있으나, 부동산 투자를 억제하기 위해 대출 등 금융 거래를 강하게 억제할 경우 성장이 저해되어 다시 금융 리스크를 촉발할 수 있다는 것이 문제다. 또한 중국 정부의 관리 감독으로 부동산 시장이 위축된 현재의 상황에서는 부동산에 대한 부담으로 인해 소비 증가 추세가 더욱 둔화될 수도 있다.

이에 중국은 미국의 관세 부과 조치 및 긴축 정책 등에 따른 하반기 수출 둔화 및 경기 둔화 등에 대응해 금리 인하, 대출 규제 완화, 소기업 지원, 민간 투자 장려를 위한 감세 정책 등을 시행하고 있으며, 위안화의 급속한 절하 및 절하 압력 강화에 대응하기 위하여 기준환율 결정 과정에서 시장에 개입하여 위안화 가치를 방어하고 있다. 또한 대외적으로는 아프리카와의 협력 강화 등 국제협력 다원화 및 해외일자리 창출, 수출 상품의 다변화 및 고부가가치화 등을 추진하고 있다.

│ 리스크 방지와 안정적 성장 사이의 기로에서

　　글로벌 경제 환경의 변화로 인해 중국은 리스크 방지에 더욱 중점을 둘 것인지 혹은 안정적 성장을 추구할 것인지 사이에서 점점 더 균형을 찾기 어려워지고 있다. 앞에서 이야기했듯이 2018년 2분기 중국은 거시정책 방향을 안정적 성장 쪽으로 전환했다. 경기 둔화 조짐과 실물 및 금융 분야의 불안정성 확대가 나타나고 있는 현재의 중국경제 상황에서 안정적 성장을 위한 정책의 미세조정은 경기 안정을 위해 긍정적일 수 있다. 그러나 이러한 안정적 성장 기조가 과도할 경우 그동안 추진해온 리스크 방지와 구조 개혁을 위한 노력이 크게 희석될 수 있으며, 이는 중국경제의 효율성을 크게 하락시켜 중장기적으로 중국경제에 더욱 큰 부담이 될 수 있다. 이에 중국은 레버리지 해소와 관리감독이 필요한 부문을 선별해 엄격한 정책을 추진하면서 민간 투자 및 소비 증대 장려, 수출 다변화 등을 통해 구조 개혁과 안정적 성장 사이에서 미세한 정책 조정을 지속할 가능성이 높다.

　　최근 많은 연구 기관은 미중 통상 마찰의 심화와 제한적인 중국의 대응 카드 등을 고려해 중국의 2019년 경제성장률 전망치를 6.2~6.4% 정도로 하향 조정하고 있다. 미중 간 관세 부과의 직접적 영향은 2018년 하반기 이후부터 나타나 2019년에 심화될 수 있으며 해외 투자, 금융 분야 등으로 전이되어 성장률 둔화로 이어질 수 있기 때문이다. 물론 관세 부과만의 부정적 영향은 제한

(단위: %)

	2018	2019
아시아개발은행	6.6	6.4
IMF	6.6	–
세계은행	6.4	6.3
경제참고보(经济参考报)	6.6	–
UBS	6.5	6.2

출처: 각 기관 발표 자료 종합

적일 전망이다. 2,500억 달러 규모의 중국산 제품에 대한 관세가 부가되어도 중국의 2019년 GDP 성장률은 0.5%포인트 감소하는 데 그칠 것이라도 예측도 있다.

한편, 미중 통상 마찰의 근본적 원인이라고 할 수 있는 중국의 금융 시장 개방, 불공정한 거래 환경 개선 및 정부 주도의 첨단산업 육성 제재 등 이슈를 둘러싸고 미중 간 갈등과 협상이 반복되면서 제도적·비제도적으로 공정하지 못한 중국의 경쟁 환경이 보다 빠르게 개선될 수 있다. 외자 은행·증권·보험사 등의 지분 제한 철폐 시기 단축, 증시 개방 확대, 무리한 기술 이전 요구 제한, 평등한 자금 조달 여건 조성 등이 기대된다. 또 한편으로는 미국의 제재로(미국 기업으로부터 핵심 부품 구입 불허) 위기에 처했다가 미국과의 합의를 통해 기사회생한 중국 통신장비 업체 ZTE의 경험을 거울삼아, 중국은 기초 기술 역량 제고 및 핵심 기술 개발 등에 박차를 가하고 있으며 특히 반도체, 로봇, AI, 신소재, 신에너지 자동차 등에 대한 육성을 더욱 강화할 것이다. 그러나 중국의 제조업 굴기 정책인 '중국제조 2025'에 대한 미국의 견제 역시 지속될 전망으로 미중 간 통상 마찰은 보다 다양한 분야로 전이되어 장기화될 가능성이 높다.

미중 무역전쟁이 장기화될 경우, 중국의 무역 흑자 감소로 인한 경제성장률 하락, 수출 증가율 둔화로 인한 제조업 투자 증가율 하락(결국 GDP 성장률 하락) 등이 예상되며, 양국 간 마찰이 격화될 경우 중국 기업의 대미 직접 투자 억제 조치가 본격화되고 이에 따라 중국 기업의 기술 도입이 어려워져 총요소생산성TFP의 하락, 나아가 경제성장률 둔화 등이 심화될 수 있다. 이 과정에서 중국 정부의 대응 조치가 적절하지 않을 경우, 금융 시장 변동성과 위안화 가치 절하 등이 빠른 속도로 진행되어 금융 리스크 제고와 함께 실물경제 둔화가 더욱 심각해질 수 있다.

중국은 미중 간 통상 마찰이 진행되는 과정에서 미국이 다른 선진국 및 신흥국 등과 연합해 중국을 압박하거나 더욱 높은 수준의 무역 투자 규정을 만들어 중국을 고립시킬 수 있다는 점을 우려하고 있다. 이러한 상황이 정말로 발생할 경우, 중국이 대응 방안을 찾기가 어렵기 때문이다. 또한 최근 일대일로一帶一路 협력 국가들이 차이나머니에 종속되는 것을 우려하는 현상이 두드러지고 미국도 일대일로를 견제하고 있어, 중국은 아프리카와의 우호 협력 강화를 각별히 중시하면서 600억 달러 지원을 결정했다. 또한 2018년 11월 전 세계에서 거의 유일하게 수입박람회를 개최해 수입을 증대시키겠다는 의지를 강하게 내비치면서 국제 사회에서 중국의 고립을 방지하기 위해 노력하고 있으며 이러한 대외 유화 정책을 지속할 유인이 크다.

중국에 대한 무역 및 투자 의존도가 높은 한국은 미중 간 통상 마찰, 중국의 경기 둔화, 보호무역주의 확산 등의 영향을 직간접적으로 받게 된다. 일부 품목이나 분야에서 작은 이익이 발생할 수는 있으나, 경제 전반적으로는 불확실성의 확대가 부정적인 영향을 줄 것은 자명하다. 또한 미중 통상 마찰과 보호무역주의가 심화되면 관세 부과 대상에 한국도 포함될 수 있으며 미국과 중국 사이에서 중립적인 입장을 취하기가 곤란할 수도 있다. 이러한 불확실성의 확대 및 장기화 국면에서 한국의 전략과 전술이 정비되어야 할 것이다.

▶▶ **정지현**

04 브렉시트를 앞둔 영국과 유럽연합의 전략

    2018년 유럽연합과 영국의 경제는 브렉시트 협상, 무역 갈등, 산업 재편에 의한 불확실성이 높은 가운데 국가 간 산업 경쟁력을 구축하려는 경쟁이 치열했다. 브렉시트가 영국 시간 기준으로 2019년 3월 29일로 다가왔으나, 2018년 영국과 유럽의 경제 정치 상황은 2017년보다 불확실성이 더 높아졌다. 영국은 2018년 내내 브렉시트 방식을 두고 심한 내홍을 보였고, 유럽연합과 영국은 협상 과정에서 브렉시트 방식과 조건을 두고 극심한 갈등을 나타냈다. 브렉시트와 함께 세계적으로 불어닥친 무역전쟁과 AI 중심으로 빠르게 다가오는 산업 재편은 영국과 유럽연합에 브렉시트 협상 부담을 가중했다. 2019년 브렉시트 최종 방식은 결국 '합의를 통해 브렉시트를 하는 경우', '합의 없이 브렉시트를 하는 경우No deal', '유럽연합에 머무는 경우', '두 번째 국민투표를 하는 경우' 이 넷 중 결정된다.

❚ 소프트 브렉시트 VS. 하드 브렉시트, 그 첨예한 대립

영국은 2018년에도 브렉시트 방식을 놓고 내부적으로 양분되었는데 영국 의회는 물론이고 국민들도 두 가지 브렉시트 방식을 두고 첨예한 갈등을 나타냈다. 영국이 논쟁하고 있는 브렉시트 방식은 하드 브렉시트와 소프트 브렉시트다. 하드 브렉시트는 영국이 유럽연합 관세동맹과 유럽연합 단일 시장을 탈퇴하는 완전한 결별을 의미한다. 소프트 브렉시트는 영국이 유럽연합을 탈퇴하지만 유럽연합에 일정한 수준의 부담금을 납부하면서 단일경제권에 대한 접근을 보장받는 방식이다. 하드 브렉시트를 원하는 사람들은 소프트 브렉시트는 진정한 의미의 유럽연합 탈퇴가 아니라고 주장하는 반면 소프트 브렉시트를 주장하는 사람들은 하드 브렉시트가 가져올 경제적·정치적 파장을 최소화하기 위해서는 소프트 브렉시트를 해야 한다고 말한다.

한편, 유럽연합과 영국은 수차례에 걸쳐 공식 또는 비공식 브렉시트 협상을 진행했다. 이 협상 과정에서 유럽연합은 소프트 브렉시트 방식에는 절대 합의하지 않겠다고 공공연히 천명했다. 영국이 소프트 브렉시트를 하게 되면 정치적으로 유럽연합으로부터 자유롭게 되기 때문에 유럽연합의 간섭 없이 유럽연합으로부터 유입되는 이민자 통제를 포함한 정치, 경제, 사회, 문화의 모든 분야 이슈를 단독으로 결정할 수 있다. 이에 반해 경제적으로는 계속 유럽연합 단일경제권에 머물 수 있어 유럽연합과의 관세 없이 무역을 할 수 있게 된다. 이는 유럽연합 입장에서 영국에 거의 전부를 양보하는 것과 다름없어 불가하다는 입장이다.

또한 유럽연합은 브렉시트와 유사한 사례가 다른 회원국으로부터 나오는 것을 원천적으로 막아야 한다. 이번 브렉시트 사례가 향후 유럽연합 회원국이 추가적으로 유럽연합을 탈퇴하고자 할 때, 기준이 되는 탈퇴 조건이 될 수 있기 때문에 탈퇴하는 국가가 최대한 불리하도록 해 탈퇴 논의 자체가 나오지 않도록 하는 것이 숨겨진 의도다. 즉, 유럽연합은 브렉시트 협상 결과로 인해 유럽연합의 약화와 해체로 이어질 수 있는 작은 가능성도 원천적으로 없애겠다는 입장이다.

2017년 1월의 하드 브렉시트 입장과 달리, 영국 정부는 2018년 7월 소프트 브렉시트를 바탕으로 하는 '체커스 계획Chequers Plan'을 발표했다. 영국 체커스 계획의 골자는 첫째, 영국과 유럽연합 간 공산품과 농산물 교역에 대하여 영국-유럽연합의 공통규칙서에 따라 관세없는 자유무역지역을 형성하고 그 외 서비스는 산업별로 각각 별도 협약을 체결한다는 것, 둘째 영국이 비유럽연합 국가에 과세를 부과할 수 있는 능력과 별도의 무역협상을 만들 수 있는 능력을 인정해 영국이 독립적인 무역 정책을 수립할 수 있다는 것, 셋째 영국령인 북아일랜드와 아일랜드 사이에 물리적 국경 검색소를 설치하지 않는 것, 넷째 영국이 자국으로 유입되는 인력 수에 대한 결정권을 회복하는 것, 다섯째 영국 정부 정책에 대한 유럽사법재판소ECJ의 역할을 종료하는 것, 여섯째 특정분야에 공동조치를 위한 합리적인 수준의 기여 외 영국이 유럽연합 예산에 대한 연례 비용 지급을 중지하는 것이다.

그러나 영국의 '체커스 계획'이 발표된 직후, 영국 내각에 큰 파장이 일었다. 영국 내각 각료 사이에서 12시간의 장시간 회의를 거쳐 영국 정부의 체커스 계획을 합의했음에도 불구하고 체커스 계획에 찬성하지 않는 하드 브렉시트를 주장하는 많은 장관과 차관 등이 사임했다. 사임한 대표적인 인물이 외무부 장관이자 차세대 총리로 거명되는 보리스 존슨Boris Johnson이다. 존슨 전 장관은 테리사 메이 총리가 유럽연합에 공식적으로 제안한 영국의 브렉시트 안은 실질적인 브렉시트가 아니라 영국이 유럽연합 시스템에 종속되는 결과로 이어질 것이라고 강력하게 비판했다. 보리스 존슨과 함께 2016년부터 초대 브렉시트 장관직을 수행했던 데이비드 데이비스David Davis도 정부 안을 받아들일 수 없어 브렉시트 협상에 임할 수 없다며 사임했다. 이외에도 많은 내각 각료들이 사임하는 가운데 메이 총리는 흔들림 없이 브렉시트 협상을 진행하겠다는 의지를 나타냈다. 그러나 9월 말에 있었던 유럽연합 정상회의에서 유럽연합은 영국의 체커스 계획을 거절했다.

▌ 브렉시트의 또 다른 가능성, 노딜과 국민 재투표

이처럼 유럽연합이 영국정부의 체커스 계획을 거절함에 따라 브렉시트 일정에 문제가 발생하였다. 2019년 3월에 브렉시트를 하려면 유럽연합과 영국은 협상을 통해 양당사자의 합의된 안을 도출해야 한다. 이를 철회합의서Withdrawal Agreement라고 부른다. 이 철회합의서 최종안이 도출되더라도, 영국과 유럽연합 각국이 최종안을 국민에게 설명하고 승인받는 시간이 필요하다. 이에 따라, 2018년 11월, 늦어도 12월까지는 최종안이 도출되어야 한다. 2018년 10월 17~18일 열린 유럽연합 정상회담에서 철회합의서의 조건 합의에 실패하였다. 남은 협상시간 동안 영국 영토인 북아일랜드를 유럽연합 관세동맹에 포함할 것인가 등의 철회 조건과 향후 유럽연합-영국 간 무역관계가 최종 조율돼야 한다. 이는 어디까지나 영국과 유럽연합이 철회 조건에 합의할 수 있는 경우를 전제한 것이다. 이를 위해 유럽연합과 영국은 2018년 11월 늦어도 12월까지 브렉시트 협상의 마지막 줄다리기를 해야 한다.

만약, 2018년 12월까지 유럽연합과 영국이 협상안을 도출하지 못할 경우, 남은 일정을 감안하면 2019년 3월까지 브렉시트 합의에 도달하지 못한다. 이렇게 유럽연합과 영국이 2019년 3월까지 브렉시트 합의하지 못하면서 브렉시트가 되면 '노딜 브렉시트No deal Brexit'가 된다. 노딜 브렉시트의 경우, 영국이 무역을 포함한 정치 경제적 이슈에 대한 합의 없이 유럽연합을 탈퇴하게 되어 브렉시트로 인한 정치·경제적 불확실성이 계속됨은 물론이고, 합의되는 브렉시트와 달리 2년간의 유예 기간이 주어지지 않아 브렉시트로 인한 충격을 흡수할 수 있는 시간이 없다. 따라서 2019년 3월 이후, 영국과 유럽연합이 무역 협상을 포함한 각종 정치 및 경제 분야에 대한 협상을 다시 해야 한다. 이 협상이 얼마 동안 이뤄질지 예상조차 어렵다. 이에 따라 노딜 브렉시트는 양측 유럽연합과 영국에 최악의 브렉시트가 될 수 있다.

상황이 이렇다 보니 유럽연합과 영국은 각각 노딜 상황을 준비하기 시작했다. 2018년 7월 유럽연합은 68개 항목의 주의사항을 통해 노딜 브렉시트의 경우 개인, 회사, 회원 국가들이 브렉시트를 어떻게 대비해야 하는지 안내했다. 영국도 2018년 8월 노딜에 대한 25개 대책을 내놓았고 이후 80개 항목으로 확대했다.

이처럼 노딜에 대한 불안감이 커지고 브렉시트와 관련해 한 치 앞을 알 수 없는 대혼란과 갈등이 심해지면서 영국에서는 브렉시트에 대한 국민투표를 다시 해 브렉시트를 막아야 한다는 의견에 힘이 실리고 있다. '국민의 투표 캠페인'이라는 이름으로 브렉시트 국민투표를 다시 하자는 영국의 초당적인 그룹에 유력 정치인, 저명한 사업가, 유명 연예인은 물론 많은 국민이 지지와 성금을 보내고 있다. 특히 영국의 자유민주당 당수인 빈스 케이블Vince Cable은 영국이 브렉시트에 대한 두 번째 국민투표를 해야 한다고 주장하며 브렉시트 결정을 번복할 수 있는 두 번째 국민투표를 위한 결정적 기회를 만들려고 애쓰고 있다.

영국 국민의 브렉시트에 대한 정서도 바뀌고 있다. 2018년 8월에 발표된 설문조사 결과에 의하면 브렉시트를 주장했던 100여 개의 선거구가 의견을 바꾸었다. 브렉시트에 대해 영국 내 민심이 동요함에도 불구하고 브렉시트를 주장하는 측에서는 만약 브렉시트에 대한 결정을 번복하려 든다면 이는 영국 국민이 무시되는 것이고 결국 영국 민주주의의 중요한 위기가 될 것이라고 목소리를 높이며 첨예하게 대립하고 있다. 이런 와중에 9월에 열린 야당 노동당의 전당대회에서 노동당은 영국 정부가 유럽연합과 브렉시트 협상이 실패하고 총선이 실시되지 않는 경우, 브렉시트에 대한 2차 국민투표를 진행하겠다고 당론으로 정했다.

이어 열린 10월 여당인 보수당의 전당대회에서도 일부에서 일어난 총리 리더십에 대한 도전을 극복하며 메이 총리는 체커스 계획이 영국에 가장 유리한 계획임을 강조하고 절대 2차 국민투표는 없다고 못 박았다.

▎ 회오리치는 유럽경제 변화에 대비하라

2018년 영국경제는 1사분기에 전분기 대비 0.2%, 2사분기에는 전분기 대비 0.4% 경제성장을 나타냈으나 전년 동기에 비해 저조한 성장률을 보이며 둔화된 경제성장을 보였다. 또한, 영국은 자동차 및 항공 산업 분야에서 수출이 급격히 줄고 수입이 증가해 무역 적자가 악화되었다. 영국 통계청의 2018년 2사분기 통계에 따르면 영국 전체 무역 적자가 2사분기에 47억 파운드에서 86억 파운드로 증가되었다. 이와 함께 영국경제의 거의 80%를 담당하는 서비스 분야는 2018년 2분기에 0.5% 성장을 보였다. 한편, 영국의 제조업은 2017년 말 최고치를 기록한 후 계속 후퇴하고 있다. 노딜 브렉시트의 가능성이 높아지면서 2018년 미국 달러 대비 영국 파운드 가치가 더 절하되었다. 미국 달러 대비 파운드가 약세인 것은 부분적으로 미국의 경제 호조와 미국기업의 1, 2분기 기업 실적 때문이기도 하다.[1]

브렉시트를 앞두고 유럽연합 회원국의 노동 인력이 영국을 떠남에 따라 유럽연합으로부터 영국으로 유입되는 노동 인구가 2013년 이후 최저치를 기록했다. 영국왕립인력개발원The Chartered Institute of Personnel and Development이 2018년 2,000여 개 영국 내 회사를 대상으로 한 조사에 따르면, 유럽연합 국가 노동력이 영국을 떠나면서 영국 내 많은 기업들이 노동력을 확보하는 데 어려움을 겪고 있는 것으로 나타났다. 또한 영국 내 구직 지원자 수가 2018년 여름 이후 모든 기술 숙련 수준에서 줄어들었다. 이에 따라 인력을 충원하는 데 어려움을 겪고 있는 회사들의 절반 이상이 근로자에 대한 임금과 혜택을 올릴 계획이다.

이런 현상은 전통적으로 유럽연합 노동 인력에 많이 의존했던 산업 분야에서 더 많이 나타날 것으로 예상된다고 영국왕립인력개발원은 밝혔다. 또한 2018년 8월 발표된 4~6월의 3개월 간 실업률은 4%였는데, 이는 1975년 겨울 이후 최저치다. 그러나 실업률이 낮아지면 임금이 상승해야 하는데, 영국의 상황은 뚜렷하게 이런 상황을 보이고 있지 않고 임금 증가율이 상대적으로 더딘 것으로 나타났다. 유럽연합의 단순직 노동 인력이 영국을 떠나 유럽연합 국가로 이동하면서 2018년 영국은 요식업, 숙박업, 농업 분야에서 노동 인구 유출로 인한 경쟁력 약화를 가져왔다. 우리나라도 단순 노동 인력을 22만 명에 달하는 외국인 근로자에 의존하는 상황에서 영국이 유럽연합 노동 인력의 이탈에 대한 대응을 주목해야 한다.[2]

영국이 브렉시트로 인해 정치·경제적으로 혼란을 겪는 동안, 유럽연합 주요 회원국은 인공지능이 촉발하는 다양한 산업 재편에서 선두를 선점하고자 집중하고 있다. 이번 산업 재편의 선점을 통해 향후 수십 년의 국가 경쟁력이 결정될 것을 잘 알고 있기 때문이다. 이를 잘 이해하고 있는 독일은 자국의 경제 체제의 장점인 강력한 제조업과 브렉시트로 영국 런던으로부터 이탈하는 금융업을 흡수하면서 자국 경쟁력을 강화하고 있다. 이를 바탕으로 잘 구축된 연구개발 체제를 통해 인공지능과 각 산업계를 잇는 혁신을 확산하고 있다. 한편 프랑스는 마크롱 대통령이 2018년 6월 14일 프랑스 상원을 통과한 국영철도공사SNCF 개혁안을 통해 개혁을 주도하고 강력한 유럽연합을 주장하고 있다. 이에 따라 유럽연합에 난민 공동 대응에 대한 개혁안과 이민 정책, 국방 정책, 무역 정책, 연구 및 교육 등에 대한 개혁 로드맵을 제시하면서 강력한 리더십을 보여주고 있다. 이처럼 프랑스는 공공개혁을 통한 성장 잠재력 개발과 유럽연합에 대한 비전 제시를 통해 새로운 프랑스를 추구하고 있는데 그 중심에 첨단산업 육성이 있다. 프랑스는 풍부하고 우수한 IT 인력과 뛰어난 수학자들을 바탕으로 전 세계 인공지능 산업과 관련 산업의 거점이 되어 지속적인 고부가가치를 창출하고자 한다. 이를 위해 구글, 페이스북, 삼성, 후지쯔 등 세계 최고 우수 기업들의 인공지능 연구센터를 활발히 유치하고 있다.

우리나라는 브렉시트의 향방이 결정되지 않았기 때문에 합의되는 브렉시트와 노딜 브렉시트, 양쪽 모두를 상정하고 충격과 혼란에 대비해야 한다. 영국 중앙은행은 이미 2018년 8월 노딜이 되는 가능성이 높아지는 데 주목하고 경고의 메시지를 보냈다.

영국과 유럽연합이 합의를 통해 브렉시트를 하더라도 2019년 3월부터 일정 수준의 혼란과 갈등은 피할 수 없기 때문에 브렉시트 영향이 우리나라 주요 제품 수출과 산업 경쟁력에 어떤 영향을 끼칠지에 대한 전략적 대비가 필요하다. 또한 우리나라 기업과 산업계는 브렉시트로 인한 경제 체계 변화와 인공지능으로 촉발되는 산업 재편에서 우리나라의 전통적인 제조업과 제조 인력을 어떻게 유지하며, 경쟁력을 확보할 수 있는지 고민해야 한다.

▶▶ **박재환**

05 2019년 한국경제,
   침체기에 접어드나

▎2018년 한국경제, 빨간불이 들어오다

한국경제는 2014년에 경제성장률 3.3%로 정점을 찍은 후 경기 후퇴가 우려되는 상황이었다. 세계 경기가 악화되면서 수출이 2015~2016년에 마이너스 성장을 기록했기 때문이다. 하지만 정부의 적극적인 재정 지출과 부동산 경기 활성화 대책으로 2015~2016년에 경제성장률 2.8%, 2.9%라는 양호한 성적표를 받았다. 게다가 2017년에는 수출이 반등하면서 경제성장률 3.1%라는 놀라운 실적을 거뒀다.

2018년 들어서도 우리나라 수출은 탄탄했다. 미국이 세계경

[도표 1-6] 2019년 한국경제 전망

구 분		'14	'15	'16	'17	2018년(E)			2019년(E)		
						상	하	연간	상	하	연간
국민계정	경제성장률 (%)	3.3	2.8	2.9	3.1	2.8	2.6	2.7	2.6	2.4	2.5
	민간 소비 (%)	1.7	2.2	2.5	2.6	3.2	2.3	2.7	2.5	2.7	2.6
	건설 투자 (%)	1.1	6.6	10.3	7.6	−0.1	−4.1	−2.1	−3.9	−2.8	−3.3
	설비 투자 (%)	6.0	4.7	−1.0	14.6	1.9	−2.6	−0.4	−2.2	2.1	−0.1
대외거래	경상수지 (억달러)	844	1059	992	785	297	400	697	260	380	640
	수출 (%; 통관기준)	2.3	−8.0	−5.9	15.8	6.3	5.0	5.7	3.0	1.0	2.0
	수입 (%; 통관기준)	1.9	−16.9	−6.9	17.8	13.2	10.0	11.6	6.0	4.0	5.0
신규 취업자 수 (만 명)		60	28	23	32	14	8	11	16	20	18
실업률 (%)		3.5	3.6	3.7	3.7	4.1	3.7	3.9	4.2	3.6	3.9
소비자 물가 (%)		1.3	0.7	1.0	1.9	1.4	1.6	1.5	1.8	1.6	1.7

출처: 이준협(2018)

제를 이끌었고, 유럽연합과 일본, 중국, 신흥국도 비교적 순탄한 성장세를 유지했기 때문이다. 미국의 기준 금리 인상에 따른 신흥국의 외환위기 우려, 미·중 무역전쟁 우려가 없지 않았지만, 아직까지는 한국경제에 영향을 미치지 못하고 있다.

소득주도 성장을 내세운 정부가 재정 지출을 확대하면서 정부 소비와 민간 소비 모두 호조세를 이어갔다. 정부의 재정 지출이 2017년 3.7%에서 2018년 7.1%로 급증하였으며, 특히 가계에 지급되는 아동 수당과 기초 연금, 장애인 연금, 기초생활보장이 강화되면서 민간 소비가 2.7%나 증가했다.

하지만 2018년 들어 한국경제에 빨간불이 하나둘 켜지기 시작했다. 먼저 2015~2017년에 경기 회복을 이끌던 건설 투자가 2018년에 마이너스로 돌아섰다. 주택 과잉 공급 우려가 커지면서 민간 건설이 위축되기 시작했고, 정부의 사회간접자본soc 투자가 크게 줄면서 건설 투자가 빙하기로 접어드는 모양새다.

설비 투자에도 빨간불이 켜졌다. 2017년 14.6%나 증가했던 설비 투자가 2018년에는 성장을 멈춰버렸다. 조선업 구조조정과 자동차 산업 부진이 지속되었으며, 2017년부터 급증했던 반도체 설비 증설도 2018년에 일단락되었다. 물론 기저효과도 큰 영향을 미쳤다.

가장 아픈 경고등은 그 누구도 예상치 못했던 '고용 참사'일 것이다. 2017년 32만 명에 달하던 신규 취업자 수가 2018년에 11만 명으로 줄어들었고, 실업률도 3.9%로 0.2%포인트나 상승했다. 생산 가능 인구(15세 이상 인구) 증가폭이 2017년 33만 명에서 2018년 25만 명으로 줄어들었고, 반도체 중심의 수출이 국내 일자리 증가로 이어지지 못했다. 조선업 구조조정과 자동차 산업 부진도 일자리를 줄이는 커다란 요인이었다. 하지만 이 모든 요인을 감안하더라도 2018년 고용 성적표는 예상 밖으로 초라한 것이었다. 일자리 중심의 소득주도 성장을 내세운 정부로서는 아픈 대목이 아닐 수 없다.

정리하면, 2018년에 한국경제는 수출과 민간 소비, 정부 소비가 탄탄했지만, 건설 투자와 설비 투자가 감소하고 고용 절벽의 골이 깊어지면서 경제성장률이 2.7%로 떨어졌다.

▌2019년, 침체기에 접어드나 골이 깊진 않을 듯

2019년에 한국경제는 경제성장률이 잠재성장률(2.8% 내외) 아래로 떨어지는 '침체기'로 접어들 전망이다. 건설 투자와 설비 투자가 줄어드는 가운데 수출의 힘이 약화될 것이기 때문이다. 다만 정부의 적극적인 재정 정책으로 정부 소비와 민간 소비가 뒷받침되면서 침체의 골은 깊지 않을 것으로 보인다.

한국 수출(통관기준)은 2018년 5.7%에서 2018년 2.0%로 위축될 전망이다. 선진국 경제가 정점을 지나 완만하게 후퇴할 것으로 예상된다. 미국과 유럽연합은 2019년에도 잠재성장률 이상으로 성장하겠지만, 미국은 0.4%포인트(2.9%→2.5%, 76개 투자은행 전망치 평균), 유럽연합은 0.3%포인트(2.2%→1.9%, 53개 투자은행 평균) 성장률이 하락할 것으로 보인다. 한국 수출에 가장 큰 영향을 미치는 중국의 성장률도 0.2%포인트(6.5%→6.3%, 61개 투자은행 평균) 하락할 전망인데, 미중 무역전쟁이 격화되고 있어 하락폭이 더 커질 수도 있다. 게다가 미국의 기준 금리 인상으로 달러 유출을 우려하는 신흥국들이 수입을 줄일 가능성이 높은데, 이는 한국의 대신흥국 수출을 제약하는 요인이다.

설비 투자는 2018년(-0.4%)에 이어 2019년에도 -0.1%로 성장이 멎을 전망이다. 미래에 대한 경기 전망이 설비 투자를 결정하는 핵심 요소인데, 세계경제가 후퇴기에 접어들고 한국경제도 침체기를 맞이하면서 기업가의 투자 심리가 위축될 것이다. 4차 산업혁명으로 반도체 수요가 여전히 강하겠지만, 2017~2018년에 이미 생산설비를 크게 늘려놓은 터라 신규 투자 여지는 크지 않은 편이다. 제조업 가동률이 떨어지고 있으며, 선진국의 보호무역주의에 대응하여 기업들이 해외 투자로 눈길을 돌리는 것도 부정적 요인이다. 조선업 등의 구조조정이 언제까지 지속될지도 변수가 될 것이다.

건설 투자는 2018년 -2.1%, 2019년 -3.3%로 2년 연속 마이너스 성장을 기록할 전망이다. 2015년부터 급증한 착공 물량 상당수가 2018년에 완공되었다. 건설 수주가 2016~2017년에 감소세로 돌아섰는데, 이는 2018~2019년에 건설 투자 감소로 이어질 것이다. 정부는 2018년에 이어 2019년에도 사회간접자본 투자를 줄일 예정이다. 정부가 발표한 주택 공급 대책은 향후 건설 투자를 늘리는 요인이나, 주택 담보 대출 규제와 투기 수요 억제 대책으로 건설 투자를 위축시키는 효과가 더 클 것으로 보인다.

반면 정부가 2019년도 예산안을 대규모로 편성하면서 정부 지출이 크게 증가할 전망이다. 정부가 국회에 제출한 2019년도 예산안에 따르면, 총지출이 2018년 429조 원에서 2019년에 471조 원으로 9.7%나 증액 편성됐다. 경기침체 방어막 역할을 톡톡히 해낼 듯하다.

민간 소비는 2018년 2.7%, 2019년 2.6%로 비교적 높은 수준이 지속될 것이다. 경기 흐름으로만 보면 민간 소비를 짓누르는 구조적 요인이 즐비하다. 고용 여건이 좀처럼 개선되지 못하면서 임금 근로자의 근로 소득과 자영업자의 사업 소득이 정체되고, 대출 증가 및 금리 상승으로 원리금 상환 부담이 커지는 만큼 가계의 씀씀이가 줄어들 것이다. 저출산·고령화에 따른 노후 불안과 일자리 불안, 주거비 부담도 소비 심리를 위축시킬 것이다.

그럼에도 불구하고 가계가 정부로부터 지급받는 공적 이전 소득이 크게 늘면서 민간 소비에 단비가 될 것이다. 아동수당과 기초연금이 2018년에 약 2.3조원 증가했는데, 2019년에는 약 4.7조원 증가할 전망이다. 저소득층 기초생활보장제도, 장애인 연금 등의 복지 정책과 청년·노인을 위한 일자리 정책도 가계 소득 증가에 기여할 것이다. 이에 따라 2005년 이후 14년 만에 민간 소비 증가율(2.6%)이 경제성장률(2.5%)을 추월할 것으로 기대된다. 항상 경제성장률을 갉아먹던 천덕꾸러기 소비가 효자 종목으로 등극하는 순간이다.

신규 취업자 수는 2018년 11만 명에서 2019년 18만 명으로 개선세가 미약할 전망이다. 경기침체로 기업의 노동 수요가 적을 뿐만 아니라, 생산 가능 인구 증가폭이 2018년 25만 명에서 2019년 23만 명으로 줄어드는 등 노동 공급도 약화될 것이기 때문이다. 가동률 하락과 계속되는 구조조정으로 제조업 고용이 부진하고, 건설 경기침체로 건설업 고용도 감소할 것이다. 다만 정부의 일자리 대책에 힘입어 보건복지업 일자리가 증가하고, 기저효과로 일자리 증가폭은 2018년에 비해 커질 전망이다. 실업률은 2018년 3.9%에서 2019년 4.0%로 상승할 것이다.

소비자 물가는 2018년 1.5%에서 2019년 1.7%로 낮은 수준을 유지할 것이다. 유가 상승폭이 줄어드는 가운데, 경기침체로 수요 측 물가 상승 압력이 크지 않기 때문이다.

▎제한된 정책 수단, 재정 확대로 극복해야

경기침체는 고통스러우며, 특히 저소득층의 삶을 파고든다. 정부가 손을 놓고 있을 수만은 없는 이유다. 정부의 경기 활성화 정책은 경기 회복의 마중물이 되어 민간의 경제 활동을 자극할 수 있다. 최고의 민생 대책이자 경제 대책인 셈이다. 손꼽히는 정책 수단으로는 재정 확대와 통화 확대(금리 인하), 부동산 활성화 등이 있다.

경기침체에도 불구하고 한국은행이 기준 금리를 인하할 여지는 거의 없으며, 오히려 금리를 올려야 할 처지다. 2018년 9월 현재 한국의 기준 금리는 미국보다 0.75%포인트나 더 낮으며 2019년에는 1%포인트 이상 벌어질 가능성도 있다. 물론 한국경제가 나쁘고 미국경제가 좋으니 한국 금리가 더 낮은 게 이상한 것은 아니다. 문제는 금리 격차가 너무 크다는 것이다. 한국과 밀접한 신흥국에서 외환위기가 발생할 경우, 외국인 투자가 갑자기 빠져나가면서 외환 시장 불안으로 확산될 가능성도 배제할 수 없다. 2019년도 정책 수단으로 통화 확대 정책이 적합하지 않다는 뜻이다.

부동산 활성화 대책도 부작용이 상당할 것이다. 최근 경기는 안 좋은데 유동자금이 넘치다 보니, 주택 시장으로 흘러들어 집값이 크게 오르고 있다. 정부는 집값을 잡기 위해 종합부동산세 인상 등의 투기 수요 억제책을 내놨고, 분양 원가 공개 같은 더 강력한 대책도 테이블 위에 올라와 있다. 정부와 한국은행은 기준금리 인상으로 투기 수요를 막아야 하는 상황인데, 만약 투기 수요를 잡지 못한 상태에서 주택 공급 대책을 내놓을 경우, 첫 삽을 뜨기도 전에 투기 수요가 몰리면서 집값은 오히려 더 오를 것이다. 덩달아 전세 가격도 상승하면서 경제 심리가 위축될 것이다. 이것도 적절한 정책 수단은 아니다.

재정 확대 정책은 2019년의 침체기를 넘기에 특효약이 될 듯하다. 보건의료 분야를 중심으로 공공 부문 일자리가 늘고, 가계로 지원되는 아동수당과 기초연금은 소비로 순환될 것이다. 2018년에 이어 2019년에도 정부 소비와 민간 소비가 경기침체의 골을 메우고 경기 회복을 앞당길 것이다. 가계 소득을 늘리는 정책도 지속해야겠지만, 연구개발 투자를 확대해 이공계 청년 고용을 늘리고, 사회간접자본 투자 확대로 건설 투자의 보릿고개를 넘어서는 것도 고려해봄직하다.

마지막으로 강조하고픈 것은 경제 심리가 악화되면 백약이 무효라는 점이다. 수 조 원에 달하는 아동수당과 기초연금을 지급하더라도 소비 심리가 악화되면 가계의 지갑은 열리지 않고, 아무리 많은 고용 장려금을 지급하더라도 기업 심리가 악화되면 추가 고용과 투자는 일어나지 않는다. 경제 심리를 살리는 데까지 나아가야 재정 지출이 민간 소비와 투자를 낳으며, 이를 위해 정부 정책에 대한 불신을 털어내는 것이 무엇보다 중요하다.

▶▶ **경제추격연구소 추격지수팀**

PART 2

격변하는 세계경제
미중 갈등과 경제 리스크

미중 무역전쟁이 점입가경이다. 급기야 미국의 트럼프 대통령은 중국의 대미 수출의 40%, 2,000억 달러 품목에 대해 관세 부과를 발표했다. 미국의 대중 수출이 1,000억 달러 조금 넘은 수준이니 단순 계산으로 보면 중국이 보복 관세 전쟁에서 쓸 카드를 넘어서는 규모다. 상황이 이 지경에 이르렀다면 트럼프발 무역전쟁은 정확히 현대판 '투키디데스 함정'이다. 부상하는 아테네의 위협에 대한 스파르타의 두려움이 펠로폰네소스 전쟁이 되었듯이, 세계의 공장이 된 중국에 대한 미국 러스트 벨트의 분노와 두려움이 무역 '갈등'을 넘어 무역'전쟁'으로 발전한 것이다. 강대국 간 무역 갈등이 이 정도로 노골화된 것은 전후 GATT/WTO 체제로 자유무역주의가 확산된 이래 매우 드문 일이다. 국제 무역 질서가 어쩌다 이 지경까지 온 것일까? 그 원인은 무엇이고 앞으로의 전망은 어떤가.

PART 2에서는 이런 문제의식을 다섯 개의 주제로 나누어 살펴보았다. 미중 갈등을 경제추격, 통상 전쟁, 세계 통상 질서의 재편 가능성의 관점에서 다루고 이에 대한 한국경제의 거시건전성 차원의 대응에 대해서도 외환위기 이후의 정책 흐름 속에서 모색한다.

중국이 일본을 제치고 G2가 된 해가 2010년이다. 그로부터 채 10년도 되지 않은 지금은 중국이 미국을 추월하는 예측 시나리오까지 나오고 있다. 중국경제가 지금의 성장 경로를 따라 추격하면 2020~2030년대를 전후해서 미국을 추월할 수 있다고 한다. 이런 상황에서 미국은 어떤 카드로 대응할 수 있을까. 사실 이 물음은 미국의 대외 경제 정책의 핵심 의제가 되었는데, 해당 시대를 통치했거나 통치하고 있는 오바마와 트럼프는 이 점에 대해 매우 대비된다. 오바마가 TPPTrans-Pacific Partnership(환태평양경제동반자협정)같은 자유 무역의 글로벌 통상 질서 속에서 다자주의로 대응하는 카드를 선택했다면, 트럼프는 안보 논리까지 더해가며 관세와 비관세를 통한 자유주의 거부, 보호무역주의 회귀 정책을 강하게 견지하고 있다. 무역 불균형이 미중 갈등을 설명하는 구조 변수라는 점에서 어떤 리더십 아래서도 미중 갈등은 표면화될 수밖에 없지만, 그것이 갈등 수준이냐 전쟁 수준이냐는 대통령의 리더십에 의해 영향을 받는다. 이런 점에서 지금의 무역전쟁은 무역 불균형이라는 구조적 문제에 트럼프의 독특한 리더십이 더해진 결과라고 볼 수 있다. 더구나 무역 불균형의 모순이 황금벨트를 러스트 벨트화하며 일자리가 사라지자 경제 문제는 유권자의 표심을 통해 정치에 영향을 주는 정치 문제로 치환되었다.

그런데 문제는 지금의 트럼프의 신보호주의가 전후의 자유무역주의 통상 질서를 근본적으로 흔들고 있다는 점이다. 지금의 신보호주의는 과거 보호무역주의와 달리 주변국의 정책 노선이 아니라 자본주의 심장 미국이 주도하고 있다는 점에서 새로운 국제 통상 질서로의 재편 가능성을 내포하고 있다. 워싱턴컨센서스로 대변되는 미국의 경제 논리였던 자유무역과 세계화가 미국에 성장과 고용 감소라는 부메랑이 되어 돌아오면서 미국이 자유무역을 부정하고 보호무역주의의 주역이 되는 역설이 작동하고 있는 것이다. 물론 이런 흐름이 전후 WTO 체제를 뒤흔드는 거대한 변화의 출발이 될지 아니면 지식재산권 등 서비스 협상 타결이나 제2의 플라자 합의 같은 정치적 타협이 이루어지며 지금의 WTO 통상 질서가 한층 강화되는 계기로 작용할지는 중간선거 이후 트럼프와 미국의 정치 흐름에 의해 좌우될 가능성이 있다.

신보호무역주의가 앞으로 어떤 변화의 경로를 따르든 간에 미중 무역전쟁은 그 격렬함으로 인해 이미 글로벌 경제의 중대한 리스크로 교역과 경제 흐름에 영향을 미치고 있다. 특히 중국과 미국의 의존이 높은 한국경제가 무역전쟁의 최대 피해자가 될 수 있다는 우려가 높아지고 있다는 점에서 대외적 충격을 흡수할 수 있는 거시건전성 차원의 대응 노력은 아무리 강조해도 지나치지 않을 것이다.

▶▶ 송홍선

01 트럼프 시대의 신보호주의와 세계 통상 질서

보호무역주의를 중심 공약으로 내걸고 당선된 도널드 트럼프 대통령의 취임은 미국의 보호무역주의 통상 정책을 예견하게 했다. 트럼프의 보호무역 정책은 2018년 2월 말 의회에 보고된 미국 무역대표부USTR의 2018년 무역 정책 어젠다에 정리되어 있는데 그 핵심 내용은 다음과 같다.

"세계에서 가장 큰 경제(2017년 기준 전 세계 생산의 25% 이상을 차지함)라는 사실을 지렛대로 삼아 해외 시장을 열고, 보다 효율적인 글로벌 시장과 미국 노동자들에게 보다 공정한 대우를 확보한다. 이 정책은 다음과 같은 5개의 기둥을 통해 지지된다. 1. 국가 안보를 뒷받침하고(강한 경제가 국가 안보의 기본), 2. 미국경제를 강화하며(조세 감면과 규제 완화), 3. 더 나은 무역협정을 협상하고(NAFTA 및 KORUS 등을 재협상), 4. 미 통상법을 공격적으로 집행하며(섹션 301, 201, 232와 반덤핑 및 상계관세 이용), 5. WTO를 개혁(WTO 상소 기구 판결의 문제 및 각종 비관세 장벽의 문제 등)한다."

이 장에서는 이러한 미국 통상 정책의 배경을 살펴보고 세계 통상 질서가 어떤 영향을 받게 될 것인가를 전망해볼 것이다.

결론적으로 말하면 미국을 비롯한 선진국들의 보호무역주의는 상당 기간 강화될 가능성이 높고, 통상 마찰의 중심에는 중국의 지식재산권 보호 및 국가 보조금 문제가 있으며, 이러한 통상 마찰은 WTO를 중심으로 한 현 세계 통상 질서를 뒤흔들면서 새로운 통상 질서 정립의 필요성을 강화하게 될 것으로 예상된다.

특별히 세 가지를 중심으로 살펴볼 것이다. 첫째는 '신보호주의'라 할 수 있는 미국 통상 정책의 배경이다. 즉, 중국을 중심으로 한 개발도상국의 폭발적 대미 수출 증가와 노동절약적 기술 발전을 논하고, 이러한 경제적·기술적 요인이 어떻게 미국의 정치 및 정책에 영향을 주게 되었는지를 무역·정치·경제적 이론을 통해 살펴본다. 둘째는 WTO를 중심으로 한 세계 통상 질서의 핵심적인 내용 및 한계와 현 세계 통상 질서가 어떻게 도전을 받고 있는지를 기술한다. 셋째는 앞에서 논의된 내용을 기반으로 선진국을 중심으로 한 소위 '신보호주의'가 세계 통상 질서 및 한국경제에 미칠 영향을 논하고 그 대응 방안을 모색한다.

| 신보호주의는 왜 등장했는가

현존하는 세계 통상 질서가 형성된 제2차 세계대전 이후 보호무역주의 정책은 주로 유치산업 보호론에 기반해 개발도상국들을 중심으로 채택되고 유지되었다. 하지만 1990년대 이후부터 중국을 비롯한 신흥 개발도상국들이 수출 지향적 산업화 정책을 성공적으로 수행하면서 개발도상국 중심의 보호무역 정책은 상당 부분 약화된 반면, 21세기 들어서면서 선진국들을 중심으로 반글로벌리즘anti-globalism 정서가 강화되었고 보호무역주의도 그 중심축이 미국을 중심으로 한 선진국으로 이동했다. 이러한 '신보호주의'는 단지 보호무역 정책과 같이 해외에서 생산된 재화의 수입을 제한하는 것에 그치지 않고, 반이민 정책, 반해외 직접 투자, 혹은 반해외업무 위탁과 같이 생산 요소의 국가 간 이동에 대해서도 제한을 강화하려 한다는 점에서 보호무역주의를 넘어서서, 보다 광범위한 보호주의를 지향한다고 할 수 있다.[1]

[도표 2-1]은 선진국을 중심으로 한 이러한 '신보호주의'가 통상 정책의 중심축인 비관세 장벽(반덤핑 관세, 상계 관세, 세이프가드 등)의 누적 적용을 통해 경제적 영향력을 확대해온 것을 보여주고 있으며, 특히 글로벌 금융위기 이후 미국이 중심이 된 신보호주의 정책이 그 영향력을 확대해온 것을 확인할 수 있다. 그렇다면 이러한 신보호주의 등장 배경에는 어떠한 경제적·정치적 요인이 자리 잡고 있는 것일까?

[도표 2-1] 비관세 장벽의 확대로 본 선진국 보호무역주의 정책의 추이

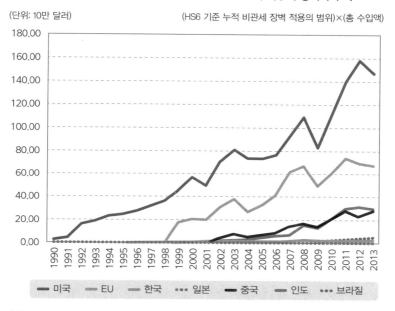

(단위: 10만 달러)　　　　　　　　　　(HS6 기준 누적 비관세 장벽 적용의 범위)×(총 수입액)

━ 미국　━ EU　━ 한국　••• 일본　━ 중국　━ 인도　••• 브라질

출처: Bown and Crowley 『Handbook of Commercial Policy』 Chapter 1.(2016)

　　지금부터 현재 신보호주의 정책을 추진하면서 세계 통상 질서
에 큰 변화를 가져오고 있는 미국을 중심으로 신보호주의 등장의 배
경에 대해 살펴볼 것이다. 그 배경에는 중국을 중심으로 한 개발도
상국들 폭발적 대미 수출 증가와 노동절약적 기술 발전이 자리 잡
고 있고, 이러한 경제적·기술적 변화는 미국의 제조업 노동자들의
소득을 떨어뜨려 이들로 하여금 급진적 보호무역 정책을 선호하도
록 만든 것으로 볼 수 있다. 우선, 가장 널리 알려진 사실은 중국의
대미 제조업 수출의 급격한 증가와 같은 시기에 진행된 미국 제조업
고용 비중의 하락이다. [도표 2-2]가 이를 잘 보여주고 있다.

오비이락烏飛梨落이라는 말이 있듯이 중국산 제품의 수입 증가
가 미국 제조업 노동자들의 고용에 실재로 부정적인 영향을 미쳤
는가에 대해서는 이견이 있을 수 있다. 하지만 2013년 데이비드
오터와 데이비드 던, 그리고 고든 핸슨이 『아메리칸 이코노믹 리
뷰American Economic Review』에 발표한 논문 「차이나 신드롬: 수입
경쟁이 미국에서 노동 시장에 미친 영향」은 미국의 카운티(한국의
군에 해당하는 행정구역) 수준의 자세한 산업별 생산 및 고용 자료를
이용해 미국 제조업의 고용 감소가 상당 부분 중국산 제품 수입
증가에 의해 촉발된 것임을 실증 분석을 통해 보였다.

이후 이 논문과 이들의 후속 연구들은 미국 내 보호무역 정책
을 옹호하는 이들에 의해 자주 인용되는 연구가 되었다.

선진국 입장에서 상대적으로 노동이 풍부한 개발도상국과의

[도표 2-2] 미국 제조업 고용 비중의 하락과 미국의 중국산 제품 수입 증가 추세

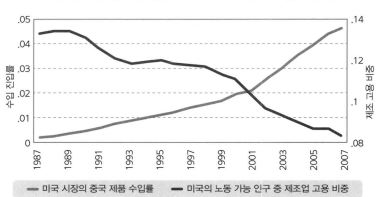

출처: Autor, Dorn & Hanson(2013, American Economic Review)

무역이 증가되면 개발도상국 제품에 담겨 있는 개발도상국의 값싼 노동을 수입하는 것과 같은 효과를 내기 때문에 자국 노동자들의 임금 및 고용에 부정적인 영향을 줄 수 있다. 중국의 경우가 특별했던 것은 2001년 WTO 가입 이후 중국의 대미 수출이 일부 제품에는 매년 1,000% 이상씩 증가한 바와 같이 매우 급격하고 광범위하게 이루어졌기 때문에, 상대적으로 유연한 노동 시장을 갖고 있는 미국에서조차 이러한 충격을 흡수하기는 어려웠던 것으로 판단된다.

최근에 들어서면서 중국의 노동 임금 또한 고도성장을 통해 예전에 비해 높은 수준으로 올라왔고, 실제로 적지 않은 다국적 기업들이 제조 공장을 베트남 등 다른 신흥국들로 이전하고 있기에 앞으로는 중국의 대미 수출 증가폭은 줄어들 가능성이 높다. 그렇다면 앞으로는 이러한 보호무역 정책을 촉발시킨 원인들이 약화되면서 미국의 보호무역 정책 또한 약화될 가능성을 예상해 볼 수 있다.

하지만 아쉽게도 이러한 예상은 틀릴 가능성이 높다. 그 이유는 제조업의 미국 내 고용 비중이 줄고 있는 보다 큰 원인이 기술 발전의 장기적 방향과 연관되어 있기 때문이다. 앞서 언급한 「차이나 신드롬: 수입 경쟁이 미국에서 노동 시장에 미친 영향」에 따르면 1987~2007년 동안에 일어난 제조업 고용 비중 하락의 4분의 1 정도만 중국 제품의 수입 증가가 설명할 수 있으며, 제조업 고용 비중 하락의 보다 큰 부분은 자동화 혹은 로봇 생산의 증가

등과 같은 노동절약적 기술 발전에서 기인했을 가능성이 크다.

토머스 메이어Thomas Mayer의 중간선거권자 이론에 따르면 각 정당은 선거에서 이기기 위해서 중간선거권자(특정 정책의 강도에 대한 선호도로 선거권자들을 나열했을 때 그 선호도가 중간에 있는 선거권자)의 선호도에 따라 보호무역 정책의 강도를 정하게 된다. 비록 자유무역이 한 국가의 총소득을 최대화하는 정책이지만, 적절한 재분배 정책이 작동하고 있지 않은 경우 각 유권자는 본인의 소득을 최대화할 수 있는 무역 정책을 선호하게 된다. 소득의 원천으로 노동과 자본이 있는데 자본의 경우 그 분배가 소수에게 편향되어 있을 수 있고, 이 경우 본인의 소득에서 노동 소득이 중요한 중간선거권자는 자본 소득에는 부정적인 영향을 줄 수 있지만 노동 소득에는 긍정적인 영향을 주는 정책을 선호하게 된다. 개발도상국과의 무역을 통해 개발도상국의 값싼 노동력을 간접적으로 수입하고 있는 선진국이 보호무역 정책을 강화하는 것은 노동 소득을 증가시키는 한편 자본 소득을 감소시키는 효과를 갖게 된다(개발도상국의 보호무역 정책은 정반대의 효과를 갖게 된다). 노동절약적 기술 발전은 자본 분배의 소수 편향성을 강화시킬 가능성이 높기 때문에, 이러한 기술 발전은 선진국 중간선거권자로 하여금 노동 소득의 상대적 중요성을 높여 보호무역 정책에 대한 선호를 강화시킬 수 있는 것이다. 특히 미국의 경우 노동절약적 기술 발전의 강도를 훨씬 높은 수준으로 끌어올릴 가능성이 있는 4차 산업혁명을 선도하고 있고, 최근 통과된 조세 정책 또한 재분배를 약화시키는 내용을 담고 있기 때문에 미국은 앞으로도 분배(특히 자본)의 편향성 혹은 불평등 수준이 높아질 것으로 예상된다.

따라서 미국의 제조업 고용에 국제 무역보다 더 큰 영향을 줄 수 있는 기술 발전의 방향이 분배의 소수 편향성을 강화시킬 가능성이 높은 만큼 미국 중간선거권자의 보호무역주의 선호는 오히려 강화될 가능성이 높다. 좀 더 구체적으로는 지난 미국 대통령 선거에서 결정적인 영향을 미쳤던 소위 러스트 벨트에 속한 주들, 즉 위스콘신, 미시건, 펜실베이니아 주 제조업 노동자들의 보호무역주의 선호도는 앞으로도 강화될 가능성이 높고, 이에 따라 트럼프의 공화당뿐만 아니라 다시 정권을 잡기 위해 러스트 벨트의 지지를 되찾아야 하는 민주당 또한 보호무역적 정책을 표방하지 않을 수 없게 된 것이다.

▎트럼프 행정부의 WTO 체제 흔들기

현존하는 세계 통상 질서는 제2차 세계대전 이후 미국 및 유럽의 전승국들을 중심으로 구축되었던 GATT General Agreement on Tariffs and Trade 체제가 우루과이 라운드를 통해 1990년부터 WTO 체제로 전환된 후, WTO의 규범을 중심으로 형성되어왔다. WTO 체제는 개발도상국이 미국과 유럽연합 같은 거대 선진국 시장에 최혜국 관세의 적용을 받으며 진출할 수 있는 기회를 얻는 대신에 선진국이 주로 그 소유권을 갖고 있는 지식재산권에 대한 보호(불법적 도용을 막고 로열티 등을 제대로 지급하는 것)를 약속하는 것을 그 중심 내용으로 담았다. 그리고 이러한 협정의 집행을 감독할 WTO 분쟁 조정 기구의 권한을 강화했다. 하지만 선진국, 특히 미국은 이러한 WTO 체제가 지식재산권 보호를 제대로 해내지 못한 반면 중국과 같은 비시장경제(국영 기업이 매우 중요한 비중을 차지하는)의 기업들이 덤핑 및 보조금을 이용해 자국의 제조업 기반을 붕괴시키는 것에 대해 세이프 가드 등의 보호무역 정책으로 대응하는 것을 상당 부분 막았다는 견해를 갖게 되었다.

이러한 견해는 실제로 오바마 행정부 시절부터 존재했다. 하지만 오바마 행정부의 경우 WTO 체제 자체를 흔들기보다는 지식재산권 보호를 강화하고 투자 협정의 내용도 담는 높은 수준의 메가 자유무역협정인 TPPTrans Pacific Partnership 협상을 추진함으로써 WTO 체제가 해결하지 못하고 있다고 판단한 문제를 WTO 규범 내에서 해결하되, 장기적으로 TPP 체제를 세계 통상 질서의 새로운 전형으로 만들어가려고 했다. 2017년 초에 들어선 트럼프 행정부 또한 WTO 체제의 한계에 대한 이러한 인식을 공유하고 있지만, 이 문제의 해결을 위해 다자주의적 해결 방법을 모색하는 대신 매우 공격적인 일방적 보호무역 정책을 도입하거나 기존 자유무역협정의 재협상을 추진하는 방식을 택하고 있다.

트럼프 행정부의 이러한 통상 정책은 세 가지 방향에서 WTO 체제를 흔들고 있다.

첫째는 2018년 3월 국가 안보에 대한 위협을 이유(미통상법 232

조에 근거)로 그 부과가 결정되었던 알루미늄 및 철강 제품에 대한 관세 부과와 같은 보호무역 정책의 도입이다. WTO 체제는 특정 산업이 급격한 수입 증가로 인해 어려움을 겪는 경우, 한시적으로 그 산업 보호를 위한 관세 부과를 허용하고 있다. 하지만 특정 국가가 국가 안보에 대한 위협을 이유로 보호무역 정책을 도입할 경우 WTO 체제가 이를 분쟁 해결 절차를 통해 불법으로 규정하게 되면, WTO 가맹국의 기본적 주권을 침해한다는 반발을 살 수 있으며 이는 미국과 같은 주요 가맹국의 탈퇴와 함께 WTO 체제 전체의 붕괴로 이어질 수 있다. 반대로 WTO 체제가 분쟁 해결 절차를 통해 이 문제를 해결하지 못하는 경우, '국가 안보 문제가 해결되지 않는 한' 해당 보호무역 정책은 무기한 지속될 수 있으며, 현재 미국은 국가 안보에 대한 위협을 근거로 자동차 산업 보호를 위한 관세 부과를 고려하는 등 반영구적 보호무역 조치의 확대를 추진하고 있다.

둘째, 미국은 중국에 대해 광범위한 관세 부과(일부는 미통상법 301조에 근거한 미국의 지식재산권 침해에 대한 일방적인 보복 관세로 볼 수 있음)를 실행했고, 중국 또한 이에 대응 관세를 부과하고, 미국은 다시 보다 높은 수준의 관세 부과를 천명하면서 양국 간 전면적인 무역전쟁이 시작된 상태다. 이와 같은 규모의 통상 마찰 혹은 무역전쟁은 WTO 체제 출범 이후 최대 규모이며, 기본적으로 WTO 규범이 허용하는 형태의 무역 정책이 아니다. 이러한 미국의 일방주의 무역 정책에 대해 중국은 유럽연합의 공동 대응을 요청했지만, 유럽연합은 일단 양국 간 무역전쟁에 개입하지 않는다는 입장을 보이고 있다. 이러한 거대 규모의 통상 마찰 또한 WTO 체제가 경험하지 못한 일로서 WTO 체제가 흔들리고 있는 증거라고 할 수 있다.

셋째, WTO 규범의 이행과 관련해 분쟁 해결 기구의 대법원 역할을 하고 있는 WTO 상소기구Appellate Body를 구성하는 일곱 명의 멤버들이 사직을 하거나 임기가 만료되었을 때, 새 멤버를 임명하는 것을 미국이 허용하고 있지 않다. 그 결과 상소기구의 활동을 위해서는 최소 세 명의 멤버가 상소를 심의해야 하는데 현재는 일곱 명의 멤버 중 세 명의 멤버만이 남아 실질적으로 공정한 상소 절차를 진행하는 것이 어려우며, 이마저도 2019년 12월 10일 추가로 1명의 임기가 끝나면, 상소 자체가 불가능해질 것이다.

정리하자면 미국을 비롯한 선진국은 WTO 체제 출범의 기본이 된 개발도상국의 선진국 시장 진입권과 개발도상국의 국제적 (선진국) 지식재산권 보호 약속의 맞교환이 원래 의도한 결과로 이어지지 못했다는 판단을 하게 되었고, 이에 따라 미국은 세계 통상 질서의 변화를 모색하게 되었다. 세계 통상 질서 자체는 그대로 둔 채로 TPP 협정 등의 추진을 통해 변화를 모색한 오바마 행정부와는 달리 트럼프 행정부는 WTO 체제를 뒤흔들 수 있는 일련의 정책들을 채택하면서 세계 통상 질서 자체를 바꾸려 하고 있다고 볼 수 있다.

┃ 신보호주의의 파도를 넘어라

앞에서는 현재 진행 중인 미국발 글로벌 통상 마찰의 배경을 무역 정책에 대한 정치·경제학적 이론과 관련 실증 분석을 통해 살펴보았고, 이러한 통상 마찰이 보다 거시적으로 WTO를 중심으로 한 세계 통상 질서와 어떤 관계가 있는지도 분석해보았다. 현재 진행 중인 미국발 글로벌 통상 마찰은 1980년대 초 레이건 정부가 쌍둥이 적자(무역수지 적자 및 재정 적자)에서 벗어나기 위해 추진했던 일련의 보호무역 조치들과 닮아 있고, 일본(특히 큰 규모의 대미 무역수지 흑자를 기록하던) 엔화를 비롯한 세계 주요국 통화에 대한 미 달러화의 평가절하를 가져온 1985년 플라자 합의와 흡사한 합의(예를 들면, 미 달러화에 대한 위안화의 평가절상을 주요 골자로 하는 합의)를 통해 일단락되는 가능성도 존재한다.

하지만 1980년에 비해 현재 미국 소득 분배의 불균등은 훨씬 높아진 상태이며 제4차 산업혁명이라 불리는 인공지능 기반의 기술 발전 또한 이러한 소득 분배 불균등을 더욱 심화시킬 가능성이 높다. 이러한 소득 분배 불균등의 심화는 앞에서 논의한 바와 같이 미국 유권자들의 보호무역 정책 선호도를 강화시킬 수 있기 때문에, 미국의 보호무역주의 정책 또한 쉽게 사라지지 않을 가능성이 높다.

또한 당시 일본경제에 비해 훨씬 큰 중국경제는 2017년 이미 세계 총생산의 15% 이상을 차지했고 현 수준의 성장률을 상당 기간 이어간다면, 그 규모 면에서 미국경제를 추월할 수 있다는 것은 주지의 사실이다. 이러한 규모에 힘입어 중국 정부 또한 미국과의 통상 마찰에서 물러서지 않고 대결 국면을 이어가고 있기 때문에 합의가 쉽게 이루어지기 어려울 수 있다.

WTO를 중심으로 한 현 세계 통상 질서에 대한 미국의 불만은 구조적인 이유, 즉 미국의 지식재산권이 개발도상국, 특히 중국에 의해 광범위하게 침해되고 있고, WTO는 이를 시정하는 역할을 하지 못하고 있다는 견해에 기반하고 있다. 그렇기에 이러한 이슈를 어느 정도 해결해줄 수 있는 세계 통상 질서가 새로이 정립되기 전까지는 상당 기간 통상 마찰이 지속될 가능성이 있다.

그렇다면 우리 기업과 정부는 이러한 통상 환경에 대해 어떤 전략을 갖고 대응해나가야 할 것인가? 주문 – 생산 – 배송 – 결제까지 상당한 시간이 소요되는 국제 무역의 특성 때문에, 통상 정책의 불확실성은 기업의 생산 및 투자 결정에 상당히 부정적인 영향을 미칠 수밖에 없다. 또한 미국과 같은 거대 경제의 보호무역 정책은 다른 국가의 보호무역 정책을 촉발시킬 수도 있기 때문에 이러한 위험을 관리해야 하는 기업 입장에서는 예전보다 더 조심스럽게 해외 비즈니스를 접근할 수밖에 없다. 하지만 세계의 다른 기업들 또한 비슷한 환경에 놓여 있기 때문에 적극적인 방식의 위험 관리(예를 들면, 수출 루트의 다변화 및 관련 생산 라인의 유연화)를 통해 해외 비즈니스의 위축을 줄일 수 있다면 경쟁 기업에 비해 세계 시장 점유율 등의 측면에서 우위를 가져올 수 있는 기회라고 할 수 있다. 또한 이는 추후 국제 통상 환경이 안정화되었을 때 큰 기회로 이어질 수 있다.

우리 정부는 그동안 트럼프 행정부의 신보호주의 정책에 대응해 한미 자유무역협정FTA의 신속한 재협상, 동남아시아 및 인도 등과의 경제 교류 활성화 등을 통해 무역 관계의 다변화를 꾀하는 등 빠른 대응을 해왔고, 이러한 노력은 긍정적으로 평가할 수 있다. 하지만 WTO를 중심으로 한 다자주의적 세계 통상 질서의 유지 및 발전에 대해 보다 장기적 비전을 갖고 적극적인 노력을 해야 할 필요가 있다. 미국이 현재 추진하고 있는 일방주의 혹은 양자주의 통상 정책이 세계 통상 질서의 새로운 규범으로 자리 잡게 된다면, 거대 경제권을 대상으로 그 협상력이 약한 한국 정부의 역할은 매우 제한적이게 될 수밖에 없고 그 피해는 한국 기업의 해외 비즈니스 위축으로 이어질 가능성이 높다. 따라서 한국 정부는 세계 통상 질서의 안정화에 관심이 높은 국가들과 연대해 다자주의적 세계 통상 질서가 신보호주의의 파도를 잘 넘을 수 있도록 전략적 통상 외교를 펼쳐야 한다.

▶▶ **박지형**

02 미중 무역전쟁 승자는 누구일까

| 앞으로의 미중 통상 갈등, 어떻게 전개될까?

현재 미중 간 통상 갈등은 몇몇 상품을 대상으로 서로 맞불을 놓는 수준을 넘어서 산업 군에 대규모로 관세 폭탄을 투하하는 통상 전쟁으로 묘사되고 있다. 미국이 중국을 후려치고 있고, 중국이 이에 대응하는 형국이다. 많은 매체와 전문가들은 당장의 미중 무역 규모 감소로 인한 세계경제 둔화와 함께 신흥국 금융 시장의 불확실성이 증대될 것으로 우려하고 있다. 하지만 더 큰 문제는 양국의 패권주의적 정치 보복 행위가 현 세계경제 질서에 미치는 영향이다. 이 장에서는 미중 간 무역 갈등을 일으키는 이유에 대해 고찰해보고, 향후 전개에 대해 전망해보고자 한다.

현 상황은 다음과 같은 전개가 예상된다. 미국 내 정치적 변화 (트럼프 대통령이 탄핵을 당하거나 재선 실패로 인해 강경 대응 노선 변경 등)로 인한 무역전쟁이 중지되지 않는 한, 미중 간 전쟁은 미국이 만족스러운 결과를 얻기까지 지속될 것으로 보인다. 하지만 통상 전쟁의 주도권을 갖고 있는 미국은 현 통상 환경 변화와 글로벌 불균형의 구심점 역할을 하고 있는 중국을 본보기로 삼아 국제경제 질서를 재편하고자 할 공산이 크다.

그 이전에 미국은 주변국과의 양자 간 접근으로 미국이 신국제경제 질서에 대한 구상[2]을 구체화할 것이고, 한편으로 국내외 반발에 대한 정치·경제적 비용을 고려하며 압박의 수위와 방식을 조정하는 전략을 구사하는 등, 미국 우선주의에 정당성을 확보하며 미국의 요구를 중국이 받아들이도록 압박할 것이다.

중국이 당장 백기투항을 하지 않는다면, 미중의 협상은 중간 선거 이후인 2019년 초부터 논의가 진행될 것으로 전망된다. 그쯤이면 미국 국내 생산자와 다국적 기업의 생산 비용 증대 및 이윤 악화로 인해 중국 수입품의 대체재인 미국의 경제 동맹국들 상품에 대한 관세 인하가 단행될 수 있다. 이러한 방식은 미국의 대중국 협상 레버리지를 높이는 수단으로 작용해, 중국과의 협상 가능성을 크게 만들 수 있다. 하지만 이러한 트럼프식 국제경제 질서와 중국과의 협상 결과가 다자주의 자유무역 체제에 도움이 되는 방향인지, 한국과 같은 소규모 개방 경제 수출 국가 및 신흥 개발도상국에 도움이 되는 방향인지는 미지수다. 오히려 미국의 패권적 보호주의 해결 방식은 미국의 오랜 우방의 반발과 중국과 유럽연합 중심의 지역주의를 가속화시키는 결과를 가져올 수 있다. 이러한 이합집산의 지역 간 경쟁과 갈등 국면은 다자주의 자유무역질서에 혼란과 함께 미중 외에 다른 지역에도 통상 분쟁을 확산시키고 증가시킬 것이다.

▎트럼프는 왜 중국을 타깃으로 했나?

인류 역사가 그러하듯 정치와 경제는 주객이 바뀐 적이 없다. 정치가 경제를 앞세울 수 있으나 주인이 되기를 포기한 적은 없다. 미국의 경우는 물론이고 국제 관계에 있어 이러한 문제는 더욱 명확하다. 제2차 세계대전 이후 경제적 불황을 극복하기 위해 글로벌 중지中指를 모은 결과물이 국가 간의 약속에 기반을 둔 현 국제경제 질서GATT/WTO의 탄생이다. 그러므로 사실 GATT나 WTO도 국가 간 정치적 합의 사항을 이행하고 관리하기 위한 기구인 셈이다. 특히 역컨센서스 제도(모든 회원이 반대하지 않는 한 진행되는)로 보다 구속력이 강력해진 WTO 분쟁 해결 제도 도입 이후에도 미국은 자기구속적인 약속 이행을 나름 충실히 지킴으로 세계경제에 무역협정을 통한 자유무역의 이익이라는 공공재를 제공했다.[3]

GATT나 WTO를 통한 세계 무역 협력과 분쟁 해결 기구는 보호무역주의 정책을 선제적으로 자제시키고, 세계경제의 불확실성 제거를 가져와 가입국의 무역과 투자 증대를 가져왔다. 이러한 미국의 자유무역 글로벌 리더십은 아시아의 독특한 국가 주도 성장 국가인 일본과 한국을 포함하는 신흥 산업 국가, 그리고 후발주자인 중국마저 포용할 수 있는 여유와 아량이 있었다. 하지만 미국 정치·경제에 경종을 울리는 사건이 발생했다. 그간 중남미와 아시아 개발도상국에서 발생한 '외국'의 경제·금융위기와 달리 2008년 글로벌 금융위기는 미국 내에서 발생한 9·11 테러 수준의 경제위기였다. 미 정치권에서는 이에 대한 문제를 심층적으로 진단해 해결책을 제시하기보다는 중국 상품의 범람으로 포착되는 세계화가 문제라는 단편적이고 대중영합주의적 방식을 택했다.

글로벌 불균형과 세계화의 부작용 문제는 2008년 오바마 정부 이전부터 있던 문제였다. 오바마 대통령도 미국의 경제 성장과 기술 발전, 사회안전망에 대한 구축 등, 미국의 위대함의 회복과 재건, 미국 우위의 세계경제에 대한 비전을 제시하며 대선에서 승리했고, 미국의 대중국 적자에 대한 행정부의 역할을 강조했다. 실제로 오바마 행정부에서도 중국의 부상이 단순히 생산 분업 증가와 해외 직접 투자에 따른 것이 아닌, 그 외 중국식 자본주의(비시장경제)와 국가 주도 산업 정책 및 보조금 남용이라는 불공정무역의 산물이라는 점을 강조했다. 오바마 행정부는 중국에 반덤핑과 상계관세 조치를 취했고, 지식재산권 협정 위반을 WTO에 호소했다. 이에 중국은 WTO 분쟁 해결 기구에 미국을 제소하는 등 미국의 견제에 맞대응을 하며 중국식 성장 방식을 고수했다. 더 이상

WTO 협정에 근거한 분쟁 해결 방식은 미국과 선진국의 전유물이 아니었다. 자유무역의 주인공으로 부상하기 시작한 중국과 신흥 개발도상국은 과거와 달리 협정 체제를 학습했고, 미국을 비롯한 선진국과 보다 동등한 관계로 협상하고 갈등을 해결하고자 했다.[4]

오바마 정부는 중국의 부상을 WTO를 통해 지속적으로 견제하는 동시에 대중 무역 적자를 다자주의를 우회하는 복수 간 지역주의 방식으로 풀어갔다. 이 방식은 다자주의 자유무역은 아니지만 WTO 체제하에서 예외 조항으로 인정하는 방식이었다. 이 때까지는 선수(미국)가 링(WTO 협정)에서 심판과 경기의 규칙(WTO 규범)을 나름 준수하고 있었다. 하지만 '신사적'이고 국내외 협치를 강조해 자유무역질서 수호에 앞장 선 결과가 미국 내 불평등 심화와 미국의 세계, 특히 중국과의 무역 불균형 심화라는 결과로 나타났다. 이러한 현재 국제경제 질서의 구조적 부작용을 드러냈다는 정치적 어젠다는 2017년 트럼프의 대선 승리로 기정사실화 되었다. 이후로 두 국가 간의 무역 분쟁은 더 이상 사각의 링이 아닌 심판과 규칙이 없는 링 밖의 싸움이 되었다.

WTO 분쟁 해결 기구에서는 중국의 비시장경제적인 정책과 지식재산권 제도의 문제를 지적했지만, 동시에 가격 경쟁력이 약해진 생산자를 보호하기 위한 미국의 보호주의적 무역 정책에도 반대하는 의견을 제시했다. WTO는 반자유무역주의에 해당하는 정책을 직접 찾아서 판결을 내리지 않는다. 그럼에도 불구하고 모든 회원국이 동등하게 판정받을 수 있도록 사법 평등을 추구하고,

보호주의 정책에 대해 일 대 다수의 구조로 지속적인 압력을 행사할 수 있다. 단, 미국 같은 힘이 있는 국가가 그 압력을 이겨내고, 권고사항에 대한 이행을 지연하는 방식으로 WTO의 사법적 권고를 무력화할 수 있는데 그동안 미국도 나름 WTO의 권고사항을 양자협상으로 마무리하는 모양새를 취해왔다.

비즈니스 CEO 출신이자 거침없는 성격의 트럼프 대통령이 중국도 나쁘지만 WTO도 나쁘다고 비난하는 대목이 이 부분이다. 미국의 WTO 운영 분담금을 포함해 현 국제경제 질서 내에서 미국이 전 세계 최고의 소비 시장인데, 자유무역 기여분에 비해 눈으로 보이는 미국의 실익이 작다는 것이다. 자유무역의 이득이 애플사와 같은 소수의 미국 다국적 기업에 집중된 것이 사실이나, 미국과 세계 시장에 넘쳐나는 중국산 상품과 중국의 급격한 성장이 미국 입장에서는 크게 거슬리는 것도 사실이다. 현 국제 질서에서 가장 큰 수혜자로 보이는 중국이 WTO 제도를 적극 활용하며 미국을 견제하고, 때로는 미국과 동등하게 WTO 판결에 불응하며 미국경제를 추격하는 사실은 기업가이자 전략가인 트럼프의 불평과 그의 '중국과 WTO를 싸잡아 때리기'에 대한 구실을 제공한다.

트럼프식 정책, 미국에 부메랑 될 수도 있다

미국은 트럼프식 해결책을 통해 문제의 근원 치료보다는 증상 치료에 집중하는 형국이다. 트럼프 대통령의 대중 무역 불균형 문제 해소는 트럼프의 대선 공약이었다. 트럼프의 공약과 이에 대한 논리는 미국의 일반 유권자들도 쉽게 이해할 수 있을 정도로 어렵지 않다. 대선 공약을 충실히 이행하는 트럼프의 행보는 어찌 보면 불확실하지 않다. 증상 치료를 통해 미국의 경제를 살찌우고, 백인 서민들의 일자리를 찾아준 '금손' 트럼프에 대한 대중적 지지는 쉽사리 사그라지지 않을 것으로 본다. 하지만 트럼프식 일방주의가 매번 미국 내에서 환영을 받거나 모든 상황에서 만족스러운 결과를 가져올 수 없는 데다가, 트럼프의 조바심은 불안감과 국내외 갈등을 지속적으로 증폭시킬 것이다. 이에 대한 비용은 미국의 다국적 기업과 소비자와 생산자, 나아가 전 세계가 떠맡게 되기에 부메랑 효과가 예상된다.

냉전 체제하에서 한때 미국의 정치적·경제적 앙숙이었던 중국과 러시아마저 자유주의 다자협력 체제로 편입시킨 미국의 글로벌 리더십과 이를 의지하던 전 세계 경제에 대미 의존도와 대미 취약성의 정도는 조정될 것으로 판단된다. 미국의 일방적인 우선주의와 미중 간의 패권주의적 대립과 타협은 미국의 다자주의 글로벌 리더십을 의지했던 우방 국가에 각자도생의 길을 찾도록 떠밀게 될 것이다. 분명 미국은 이 와중에 자국 생산자를 의식해 생산 비용을 절감하고, 중국을 압박하는 전략을 구사하기 위해 경제적 우방 국가에 관세 인하 조치를 감행할 수도 있다. 하지만 이러한 관세 인하 조치도 미국이 새롭게 제시하고자 하는 목표와 중국의 불합리성에 적극 공감할 때, 이에 대한 당근을 제시하는 정도일 것으로 판단된다. 이러한 일시적 조치는 미국이 양자협정을 통해 명문화하는 방식이 아니면 트럼프발 불확실성을 제거하기는 어렵다. 이는 미국이 관철하려는 글로벌 통상 어젠다를 양자협정을 통해 반영하도록 강요할 것이고, 중국의 숨통을 조일 것이다. 한편 이러한 미국의 일련의 행보는 통상 환경을 이합집산의 지역주의 협력 체제를 강화시키는 요인으로 작용할 수 있다.

▎미중 간 통상 갈등에 대처하는 우리 기업과 정부의 자세

그렇다면 미중 무역전쟁의 결말은 어떻게 될 것인가? 미중 무역전쟁의 말로는 상호 완전한 파괴와 제2의 대공황을 촉발할 것인가? 그렇지 않으면 적절한 선에서 서로 봉합될 것인가? 11월 미 중간선거 이후에는 결국 상호 합의하에 미중 분쟁을 봉합하는 시나리오도 생각해볼 수 있다. 하지만 이 시나리오가 미중 간 격렬한 무역전쟁과는 다른 양상으로 다자주의 국제경제 질서에 손상을 입힐 것으로 예상한다. 즉, 양국 간 합의하에 서로의 보호주의적 조치를 눈감아주는 '국제 보호주의 카르텔'이 형성될 수 있다. 이러한 카르텔은 중국의 대미 수입을 증가시키는 방안과 미국이 경쟁 우위에 있는 금융과 서비스 시장을 철저히 개방하도록 종용할 것으로 전망된다. 한편 중국은 미국에서 본 손해를 제3국을 통해 보상받고자 할 것이다.

사실 이러한 전망은 새삼스러운 것도 아니다. GATT에서 WTO 체제로 국제경제 질서가 재편이 되던 전환기에도 상품무역만을 다루었던 GATT 체제에서 일본과 신흥공업국에 대한 무역 적자를 문제를 삼으며, 서비스와 투자 자유화까지 확대된 새로운 국제경제 질서인 WTO를 출범시켰다. 1980년대 당시 미국은 세계 경제 2위인 일본을 상대로 플라자 합의(엔화 절상)를 이끌어냈다. 1990년대 초에는 아시아 신흥 기술 추격 수출국인 우리나라도 미 통상법 301조로 지식재산권법을 강화했고, 이 사례는 WTO 체제에 지식재산권TRIPs을 이식시키는 계기가 되었다. 또한 2005년부터 재점화된 미국-유럽연합 간 항공기 분쟁 사례도 있다. WTO 분쟁 해결 기구에서는 양쪽 모두의 항공기 산업에 주어진 연구개발 보조금이 WTO법에 불합치하는 보호주의적 정책임을 지적하고 해당 조치를 철회하도록 권고했다. 하지만 양쪽은 합의하에 사건을 마무리하고자 한다며, 소송과 갈등을 이어가며 지금까지도 해당 산업 분야에 '공인된' 국제 보호주의 카르텔을 형성하고 있다. 다만 아시아의 거대하고 맹렬한 속도로 다가오는 후발주자인 중국의 경우에는 여러 가지 복합적인 방식과 그 산업의 범위가 광범위하기에 그 파급력과 크기에 전 세계가 주목을 하고 있다.

이 기간 동안 미중 각각의 보호주의 조치에 대한 대부분의 피해는 미중 기업은 물론이고, 우리나라와 같은 소규모 개방 국가와 기업이 직간접적으로 감당해야 할 것이다. 여기서 중국이 이러한 카르텔을 깨고 오히려 다자주의 체제의 수호자를 자처하는 양상을 보일 수도 있다. 하지만 미중 통상 분쟁에서 나타난 모습과 사드THAAD 보복에서와 같이 다자주의 자유무역 연대를 수립하기에는 정당성과 진정성이 부족하다. 중국이 겉으로는 다자주의 자유주의 무역을 옹호하는 형태를 보이나, 속으로는 강자에게는 약하고, 약자에게는 강한 태도를 유지할 수도 있다. 그야말로 양국의 보호주의 카르텔이 붕괴되기 전까지는 세계경제 질서에서 WTO의 규범은 존재하지만 힘의 논리에 눌려 있는, 기름(힘)이 바다(규범)를 뒤덮는 양상일 것이다. 그 기름 바다 밑으로 심해와 수면을 오가며 보호주의 기름 바다의 파고를 넘나드는 혁신적 다국적 기업은 여전히 살아갈 수 있겠지만, 기본적으로 국제경제 질서의 바다는 검은 기름이 덮고 있는 바다와 같이 어둡다.

이 와중에 우리 기업은 그간 미중 무역전쟁과 보호주의적 담합에 대한 비용을 치르는 시기를 맞이해야 할 것으로 판단된다. 대부분의 개발도상국은 미중과 같이 WTO 규범을 전적으로 무시하며 보호주의적 일방 조치를 섣불리 활용하지 못할 것으로 본다. 하지만 미국과 중국 수출길이 막혔다고 대책 없이 아세안, 인도, 멕시코, 러시아, 브라질과 같은 제3국으로 물량을 돌리는 것에는 큰 저항과 또 다른 연쇄 보호주의적 피해가 따를 것으로 보인다. 이러한 연쇄적인 보호주의 정책에 대응하기 위해 물량을 더 분산시켜야 하기 때문에 더 큰 교역 비용을 지불해야 한다.[5] 다변화라는 것이 현실적으로 녹록지 않다. 이미 체결된 지역 무역협정의 협력 관계에 호소해볼 수 있지만 이는 그 국가와의 새로운 무역 불균형에 대한 갈등을 가져올 수 있기 때문에 다른 차원의 접근이 필요하다.

우리 기업은 살길을 찾아 미국 내 해외 직접 투자를 늘리거나, 새로운 생산 시장과 소비 시장을 찾아 남·북방의 신흥 시장으로 다변화 전략을 취하겠지만, 개발도상국 소비 시장의 수요와 제도적 인프라는 당장 미국과 중국을 대체하기에는 한계가 많다. 미중의 담합적 보호주의와 그에 따른 미중과 연쇄적인 제3국 발통상 분쟁의 증가는 울며 겨자 먹기 식의 미중 플러스 알파(제3국)의 수출선 확보를 위한 기업의 살아남기 전략을 강요할 것이다. 이는 더욱 큰 교역 비용을 의미하기에 수출 주도 성장의 우리 경제와 기업은 고난의 시기를 맞이할 것으로 본다. 이럴수록 수출 기업(대기업과 중소기업) 간의 협력과 정부의 역할, 특히 우리나라 수출 기업의 개발도상국으로의 통상 협력 확대 방안이 중요하다.

예를 들어 우리 정부는 개발도상국과 체결한 FTA 협정 등을 통해 무역 및 투자, 무역 불균형 문제 등을 주기적으로 점검해 분쟁 요인을 사전에 모니터링할 수 있는 대책을 강구해야 한다. 한편 양자 간 보호주의 정책을 자제하는 내용의 통상 협력과 제3시장으로 개발도상국의 통상 인프라 지원 협력을 제도화하는 등, 양국의 지속적 발전을 위한 소위 '포용적 통상 정책(한국의 개발도상국과의 무역 불균형을 개발 협력과 무역 투자 등의 경제 협력을 연계해 해소하고 시너지를 창출하는 정책)'을 적극 활용하는 발상의 전환이 필요하다.[6]

▶▶ 신원규

03 정치적 권위주의 강화 속에 흔들리는 중국의 시장경제

| **집단 지도 체제에서 시진핑 일인 지도 체제로**

2018년 6월 중국 은행보험감독관리위원회는 안방安邦보험그룹의 주주 변경을 5월에 승인했다며 내역을 홈페이지에 올렸다. 기존 39개 주주 가운데 상하이자동차(1.22%)와 시노펙(0.55%)만 지분을 유지하고 나머지 주주들이 보유했던 98.23%는 모두 국유 기업인 중국보험보장기금유한공사로 대체됐다. 2004년 자동차보험 판매로 시작해 중국에서 자본금 기준 1위, 자산 기준 3위의 보험사이자 글로벌 500대 기업(『포천』 기준, 139위)을 일군 우샤오후이吳小暉 창업자의 소유권이 공식적으로 박탈된 것이다. 덩샤오핑의

외손녀사위로 알려진 우 전 회장의 소유권 박탈은 2017년 6월 체포돼 2018년 5월 징역 18년 형과 105억 위안의 재산 몰수를 선고받으면서 예고됐던 일이다. 지난 2월 안방보험의 경영권을 접수한 중국 당국은 안방보험이 증자 과정에서 허위자료를 제출했다고 밝혔다.

안방의 사례는 쉬장룬許章潤 칭화대 법학원 교수가 7월 자유주의 계열의 싱크탱크 톈쩌경제연구소 웹사이트에 올린 '현재 우리의 두려움과 기대'란 글에서 "공권력이 사유재산권을 멋대로 박탈하는 악성 사례가 많이 발생하고 있다."며 여덟 가지 두려움 중 첫 번째로 재산권에 대한 두려움을 꼽은 것을 떠올리게 한다. 안방을 비롯해 중국 최대 민영 에너지 기업 화신에너지 창업자의 경영권 박탈 등을 두고 중국 당국은 반부패와 금융 리스크 억제를 위해서라고 설명한다. 하지만 시진핑 중국 국가주석의 1인 권력 체제 강화를 위한 당의 지배력 확대와 국진민퇴國進民退(국유 기업은 발전하는데 민영 기업은 퇴보) 기조의 여파로 보는 시각도 적지 않다.

베이징 외교 소식통은 "외교가에선 7인의 정치국 상무위원을 더 이상 7룡으로 부르지 않는다. 시 주석과 기타로 보는 분위기다."라고 전했다. 2017년 당장黨章에 이어 2018년 헌법에까지 '시진핑 사상'을 삽입해 1인 권력 체제를 다진 시 주석은 "당정군민학, 동서남북중, 당이 모든 것을 영도한다黨政軍民學 , 東西南北中 , 黨是領導一切的"는 마오쩌둥 시대의 구호를 부활시켰다. 이는 당의 영도 원칙을 견지하면서도 이를 정치 분야에 제한하고 당의 영도가 개인 영도로 변질되는 것을 막기 위해 집단 지도 체제를 도입한 덩샤오핑의 방향과 충돌한다는 지적을 받는다.

2018년 8월 26일로 경제특구 설립 38주년을 맞이한 중국 개혁개방의 상징 선전에서는 2017년 말 설립된 서커우 개혁개방 박물관이 1년도 안 돼 리모델링을 해 이달 초 문을 다시 열었다. 「월스트리트저널」은 이 박물관 입구에 있던 덩샤오핑의 부조浮彫가 시진핑의 개혁개방 어록으로 대체된 것 등을 사례로 들며 "중국이 올해 개혁개방 40주년을 맞아 시 주석을 높이고 덩샤오핑을 희석시키고 있다. 시 주석이 중국의 과거를 넘어 더 위대한 지도자라는 신화를 만들기 위한 작업"이라고 해석했다.

최근 들어 중국 길거리의 시 주석 선전 문구와 포스터가 잇달아 철거되는 등 개인 숭배 자제 움직임이 있지만 애국주의는 강화되는 분위기다. 미국과의 무역전쟁에 대한 중국 당국의 대응을 놓고 불만이 표출되는 등 이견이 잇따르자 정권의 구심력을 강화하기 위한 행보로 보인다.

애국주의 강화는 외국 기업에 정치 리스크를 부각시킨다. 사드 배치 부지를 제공했다는 이유로 롯데그룹이 중국에서 유통 사업을 철수할 만큼 어려움을 겪고, 미국의 퀄컴이 신성장 동력을 확보하기 위해 계약까지 체결했던 440억 달러 규모 네덜란드 반도체 기업 NXP 인수합병이 미중 무역전쟁 여파로 중국 당국의 승인을 받지 못해 무산된 게 대표적이다. '1인 권력 체제 굳히기-당의 영도 확대-애국주의 강화'가 사유재산에 대한 불안감과 정치 리스크를 부각시키며 중국의 비즈니스 환경을 악화시킬 수 있다는 우려가 나온다.

▎시진핑 체제, 마오쩌둥 시대로 회귀하나?

1978년 개혁개방을 결정한 덩샤오핑은 이듬해인 1979년 4개기본 원칙을 선언했다. '당의 영도 견지'가 그중 하나다. 그러나 덩샤오핑은 경제 활성화를 위해 '당과 정부의 분리', '정부와 기업의 분리'를 추진했다. 1982년 12차 당대회 보고에서 당이 모든 것을 영도한다는 문구를 삭제하고, 당의 영도 범위도 정치 사상 조직에 대한 영도로 제한했다. 이에 따라 1983년 정치국 상무위원회는 '당의 영도 아래 공장장 책임제'를 '당의 영도 아래'를 삭제하고 '공장장 책임제'로 바꾸고 이를 국유 기업에 점진적으로 도입하기 시작했다. 기업의 당위원회 역할을 줄인 것이다.

시진핑은 19대 보고에서 신시대 중국 특색 사회의 기본 방략의 첫 번째로 "당이 모든 것을 영도하는 것을 견지한다."라는 문구를 넣었다. 시 주석 집권 이후 당의 영도 강화는 기업의 당위원회 확대로 나타나고 있다. 지난 6월 증감위가 "중국 내 모든 상장기업은 공산당 당헌에 따라 사내에 반드시 당위원회를 만들어야 한다."는 내용의 '상장기업 관리 규정 수정 초안'을 내놓은 게 대표적이다. 앞서 중국 공산당은 2015년부터 기업 내 당위원회 설치를 의무화했다. 2017년 말 기준 국유 기업의 93%, 민간 기업의 70%

가 당위원회를 구성한 것으로 나타났다. 민간 기업의 경우 당조직 설치 비율이 시 주석 집권 이전보다 30%포인트 상승한 수준이다.

중국 진출 외자 기업 10만 6,000여 곳에도 당위원회가 세워 졌다. 주중 독일 상의가 2017년 11월 중국 공산당이 또 외자 기업을 압박해 당위원회(당지부)를 세워 경영에 관여한다면 독일 기업들이 집단으로 중국을 떠날 수 있다는 내용의 성명을 내놓은 배경이다. 미카엘 클라우스Michael Klaus 주중 독일 대사는 "독일 기업이 중국 공산당 지부를 설립하고, 당 지부가 경영에 개입할 수 있도록 정관을 개정하라는 압박을 받고 있다."고 했으며, 샤예량夏業良 전 베이징대 경제학 교수는 "당 지도자는 (기업의) 최종 판결권, 통제권을 포함한 실권을 갖게 되고 기업 경영인은 '월급쟁이'가 됐다. 시진핑은 마오쩌둥 시대에 존재했던 의식 형태를 추진하고 있다."고 지적했다.

지난 2013년 18기 중앙위원회 제3차 전체회의(18기 3중전회의)의 "시장이 자원 배치에서 결정적 역할을 하겠다."는 선언이 구호에 그친다는 지적이 나오는 이유다. 중국 정부의 시장 개입이 불공정 경쟁을 낳는다는 도널드 트럼프 정부의 공격을 뒷받침하는 대목이기도 하다.

당의 영도 강화는 지방으로의 권력을 분산시켜온 덩샤오핑의 행보와 거꾸로 간다는 지적이다. 이는 지방정부의 혁신 노력을 위축시킨다. 영국의 「이코노미스트」가 시진핑의 집권 이후 반부패 등을 통한 중앙집권화로 지방정부 차원의 정책 실험이 점차 줄어들었다고 전한 게 같은 맥락이다. 2010년 500여 개에 달했던 지방정부 차원의 시범 정책은 2012년 350개 수준으로, 2016년에는 70개로 줄었다. 미국 클레어몬트 매케나 칼리지의 페이민신裵敏欣 교수는 지방정부의 경제 운용 권한 확대, 탈脫정치화, 권력 투쟁을 억제하는 집단 지도 체제, 도광양회韜光養晦(재능을 숨기고 참고 기다린다) 등 네 가지를 고성장을 뒷받침한 덩샤오핑의 주요 국정 운영 원칙으로 꼽고 시진핑 주석이 모두 거꾸로 가고 있다고 지적했다.

▌ 사유재산권 불안으로 혁신의 토양이 줄어든다

2018년 7월 27일 중국 증권감독관위원회는 상장사 퇴출 제도 수정안을 발표했다. 중국에서 유명무실하다는 평을 들어온 상장사 퇴출 제도를 손질해서 다시 강화한 것이다. "군중의 이익을 심각하게 침해해 사회에 중대한 영향을 끼친 상장사를 강제로 퇴출시켜야 한다."는 내용이 들어갔다. 「21세기경제보도」 등 중국 언론들은 '가짜 백신' 파동을 일으킨 창성바이오를 상장폐지시키기 위한 행보라는 관측을 내놓았다.

국유 기업 민영화 과정에서 오너가 된 창성바이오 최대 주주나 안방보험과 화신에너지 창업자가 보유 재산을 잃는 것은 불법 소득에 대한 몰수로 치부될 수 있다. 하지만 이를 지켜보는 중국의 기업인들은 사유재산에 대한 불안감을 느낀다. 앞에서 쉬장룬 교수가 "사유재산권을 잃을 수 있다는 불확실성이 두려움을 낳고 있다.”며 개혁개방의 큰 물결에서 큰돈을 번 성공 인사들이 충격을 받고 있다고 지적한 배경이다. 이 같은 두려움이 중국 부자들의 대규모 이민 원인 중 하나라는 게 쉬 교수의 주장이다.

중국 당국은 민영 기업에 대한 이례적인 경영권 박탈이 리스크를 차단하기 위한 순수한 경제적 동기에 의한 것이라고 설명했다. 1인 권력 체제 다지기를 위한 권력 투쟁의 희생양이라는 일각의 지적에 반박하는 것이다. 인민은행 부총재 출신의 후샤오롄胡曉煉 중국 수출입은행 회장이 지난 3월 기자회견에서 안방보험과 화신에너지의 경영권 박탈을 두고 블랙 스완을 못 날게 하고, 회색 코뿔소가 돌진하는 것을 막기 위해서 폭탄을 해체하는 것이라고 주장한 게 대표적이다. 블랙 스완은 예측 못한 위기를, 회색 코뿔소는 예상하면서도 간과하는 위기를 말한다.

하지만 사유재산에 대한 불안감은 개혁개방 40년의 고성장을 이끌어온 동력을 갉아먹을 수 있다는 우려가 나온다. 쉬장룬 교수가 말한 사유재산 존중과 부富에 대한 추구 용인이 치부를 하려는 보편적인 욕망을 발현시켰다는 점에서 그렇다. 중국은 2004년 개헌을 통해 사유재산 보호를 헌법에 넣었다. 자본 유출 우려가 커질 때 당국이 송금 규제 강화로 맞서거나 증시가 급락할 때 대규모 주식 매각을 억제시키는 건 위기 대응 능력이 강한 국가자본주의의 강점으로 평가되지만 동시에 언제든 당국에 의해 사유재산권이 침해될 수 있다는 우려도 키운다. 사유재산권에 대한 불안은 국진민퇴에 대한 우려로 이어진다. 샤예량 전 베이징대 교수는

[도표 2-3] **중국 국영 기업·외자 기업·민영 기업의 실적 비교(1~7월 전년 대비)**

(단위: %)

	순이익 증가율	매출 증가율
국영 기업	30.5	10.9
외자 기업	7.5	7.5
민영 기업	10.3	9.8

출처: 중국 국가통계국

"시 주석은 중국의 현 경제 상황을 유지하기 위해 국영 기업을 밀어주고, 이들 기업의 이익이 국가의 통제를 받게 하려 한다."면서 "반면 민간 기업은 경쟁에서 밀리게 되며, 결국 중국에서 가장 활력이 있는 요소인 민간 기업들은 고사되거나 해외로 도망하게 된다."고 지적했다.

국진민퇴는 실적에서도 드러난다. 2018년 들어 7월까지 연간 매출 2,000만 위안 이상 공업 기업의 이윤은 전년 동기 대비 17.1% 증가했지만 국영 기업은 30.5%의 증가율로 외자 기업(7.5%)은 물론 민영 기업(10.3%)의 증가율을 크게 웃돌았다. 같은 기간 매출 증가율도 국영 기업(10.9%), 민영 기업(9.8%), 외자 기업(7.5%) 순으로 나타났다.

┃ 중국 애국주의 고양, 정치 리스크에 떠는 외자 기업

중국이 항공사 표기 수정에 이어 이번에는 '타이완' 표시 제품

을 보이콧하는 방식으로 타이완을 압박하고 있다고 타이완 「자유시보」가 2018년 8월 28일 보도했다. 중국 지방당국이 '타이완 제조'로 표기된 제품은 중국 해관에서 '중국 타이완'으로 라벨을 수정하지 않으면 통관을 시키지 않고 있고, 이미 판매 중인 제품의 경우 진열대에서 내리도록 하고 있다는 것이다. 차이잉원 타이완 총통이 중남미 순방을 위해 지난 8월 12일 경유한 미국 로스앤젤레스LA에서 타이완계 베이커리 체인점 '85℃' 매장에 들러 커피를 산 뒤 이 회사가 중국에서 불매 운동 타깃이 된 것도 마찬가지다. 국무원 타이완 사무판공실 룽밍뱌오龍明彪 부주임은 언론 인터뷰에서 '85℃'를 겨냥해 "한편으로는 중국에서 돈을 벌고, 한편으로는 타이완 독립을 지지한다는 건 용납할 수 없다."고 말했다. 어러머 등 일부 음식배달 앱에선 '85℃'를 주문 목록에서 뺐다.

2017년 중국에서 사드 보복이 거셀 때 중국 유통 매장들이 롯데 등 한국 제품을 진열대에서 내리고 "한편으로는 중국을 이용해 돈을 벌고, 한편으로는 칼을 들고 있다."는 중국 네티즌의 비난이 확산된 것을 떠올리게 한다. 중국은 사드 보복으로 2017년 3월 취한 한국행 단체관광 금지령을 그해 말부터 점진적으로 해제하면서도 롯데 이용 금지령은 여전히 유지하고 있다. 미중 무역전쟁이 스타벅스, 맥도날드, KFC 등 미국 프랜차이즈 기업의 중국 사업에 위협을 가하고 있다(홍콩 「사우스 차이나 모닝 포스트」)는 분석도 나온다. 스타벅스의 2018년 2분기 중국 매출 증가율(동일 매장 기준)은 마이너스 2%로 2017년의 7% 증가에 비해 크게 악화된 것으로 나타났다. 중국은 사드 보복 때와는 달리 반미 정서가 미국 제품 불매 운동으로 번지는 것을 억제하고 있어 양면성을 보이고 있다는 평가도 있다. 중국 상무부는 되레 미중 무역전쟁으로 중국 내 미국 기업을 포함한 외자 기업이 피해 입는 것을 막겠다고 공언한 상태다. 하지만 중국 지도부가 민심 결집을 위해 '애국심 카드'를 꺼내들면서 언제 미국 기업을 향한 불매 운동이 벌어질지 예측하기 힘든 상황이다.

애국주의 고양은 중국 무술의 성지 숭산嵩山 소림사가 8월 27일 창건 1,500여 년 만에 처음으로 중국 국기인 오성홍기 게양식을 거행하는 풍경까지 만들어냈다. 중국의 애국심 고조는 1989년 톈안먼 사태 이후 강화된 애국주의 교육 영향이 크다. 톈안먼 사태 이후 국가주석에 오른 장쩌민은 민주화 운동을 매국주의라고 폄하하고 전국 학교에 애국주의 강화 교육을 지시했다. 다카하라 아키오高原明生 도쿄대 교수는 "1990년대 중반 덩샤오핑에서 3세대 지도자로 권력 이양이 완료되면서 애국주의를 국민 통합에 이용하려는 경향이 강해졌다."고 분석했다. 1994년 8월에 중국 공산당이 발표한 '애국주의 교육 실시 강요'는 현대 중국에서 애국주의와 사회주의는 본질적으로 일치하고 공산당의 지침에 따르는 것이 중요하다고 못을 박았다. 갈수록 줄고 있지만 아직도 중국 TV에선 항일 드라마가 방영된다. 중국경제가 고성장을 하면서 생긴 자신감은 애국주의를 부추겼고, 1996년엔 『노No라고 말할 수 있는 중국』이라는 책이 베스트셀러가 되기도 했다. 하지만 다카하라

교수의 지적처럼 애국주의는 정권의 구심력을 강화하는 동시에 중국의 약한 외교 자세에 대한 비판으로도 변할 수 있는 양날의 칼이 될 수 있다. 애국주의가 중국 외교의 유연성을 떨어뜨린다는 얘기다.

중국은 미국의 중국에 대한 관세 폭탄을 "국내법을 국제법 위에 두는 매우 비이성적인 행위"라고 비난한다. 하지만 검열을 이유로 중국에서 철수한 페이스북과 구글에 대해서는 중국 비즈니스를 위해서는 국내법을 따라야 한다고 주장한다.

"중국의 국가國歌에 '중화민족이 가장 위험한 때에 이르렀다.'라는 구절이 있다. 가장 위험한 때라고는 감히 말할 수 없지만 중화민족이 새로운 위험의 때에 이르렀다고는 말할 수 있다."

이는 미중 무역전쟁의 의미를 짚은 글로 2018년 6월 지린대 리샤오李曉 경제학원 겸 금융학원 원장의 졸업사에 나오는 한 대목이다. 1인 권력 체제로의 전환에 속도를 내온 시진핑의 중국이 세계 최강대국 미국과의 '위험한 무역전쟁'으로 시험대에 올랐다.

시진핑을 시험대에 올려놓는 도전은 단기간에 끝날 것으로 보이지 않는다. 그의 1인 권력 체제를 다지는 정치적 권위주의는 갈수록 강화되고 중국경제를 압박하는 미중 무역전쟁도 장기화될 것이라는 전망이 많기 때문이다.

9월 30일부터 10월 4일 후난TV에서 방영된 퀴즈쇼인 〈신시대 학습學習대회〉는 젊은 층에서 시진핑 사상을 주입시키려는 당국의 노력을 보여준다. 프로그램 제목인 학습을 중국에서는 '시習

를 배운다學'는 의미로 해석한다. 시진핑 사상 학습 퀴즈쇼인 셈이다. "시 주석이 10대 때 책 한 권을 빌리기 위해 15킬로미터의 산길을 기꺼이 걸었는데 그때 빌린 책은?"이란 질문에 후난대 학생은 1초도 안 돼 버튼을 누르고 '괴테의 파우스트'란 답을 맞혔다. 이 퀴즈쇼는 후난성 선전부와 후난TV 인민망 중국교육TV 등이 제작한 〈사회주의는 최신 유행〉이란 프로그램의 시즌2에 해당된다. 시즌1은 토크쇼로 시 주석의 1인 권력체제를 강화한 지난해 10월 19차 당대회 직전에 방영됐다. 프로그램은 젊은 층에 어필하도록 짜여졌다. 질문을 던진 로봇의 가슴에 오성홍기와 함께 '2050'이라는 숫자가 적혀 있다. 시 주석이 현대 강국 목표를 정한 2050년을 상징한다. 관영 매체들은 2050년 부흥한 중국에서 시간 여행을 통해 날아온 로봇이라고 소개했다. 시진핑 사상 퀴즈쇼를 첫 방영한 후난TV는 예능 프로그램과 아이돌이 나오는 드라마로 중국에서 두 번째로 시청률이 높은 방송국이다. 홍콩의 사우스차이나모닝포스트SCMP가 정통 사회주의 교육보다 외국의 팝문화에 더 영향을 받으며 자란 젊은 세대(밀레니얼 세대)의 마음을 잡기 위한 프로그램이라고 분석한 배경이다.

중국 최대 전자상거래업체 알리바바의 창업자인 마윈馬雲 회장은 10월 2일 WTO 공개포럼에서 "무역전쟁은 중국-미국의 교역뿐 아니라 소규모 기업들까지 망하게 할 것"이라며 "이런 무역전쟁은 불행하게도 20년 동안 이어질 수도 있다."고 말했다. 류스진刘世锦 중국 전국정치협상회의(정협, 국정 자문기구) 경제위원회 부주임은 미국의 공화당과 민주당은 물론 싱크탱크 모두 중국을 바라보는 시각이 바뀌었다고 말했다. 리샤오李曉 지린대 경제학원장이 2018년 6월 졸업사에서 소개한 지인의 경험도 류 부주임의 지적과 맥이 닿아 있다. 중국을 적대시하는 미국 내 분위기가 쉽게 가시지 않을 것임을 예고한다는 점에서 그렇다. 리 교수는 미중관계위원회에 참여한 지인이 "방문할 때마다 직원들이 모두 친절했지만 얼마 전에는 은근히 그를 피하는 느낌을 받아 '매카시즘'을 느꼈다고 했다."고 전했다. 현재 미국이 중국에 대해 느끼는 공포와 적대심은 우리가 상상하기 어려울 정도라는 게 리 원장의 설명이다. 상호 관세를 부과하는 무역전쟁은 단기전으로 끝날 수도 있지만 중국의 굴기에 대한 미국의 견제는 장기화될 것이라는 관측이 나오는 배경이다. 대통령의 통상 정책을 제지할 수 있는 권한을 가진 미국 의회가 돌발적인 트럼프 대통령의 대對중국 행보에 태클을 걸지 않는 것도 이 같은 관측을 뒷받침한다. 스티븐 배넌 Stephen Bannon 전 백악관 수석전략가는 "트럼프의 전략은 처음부터 중국으로부터 투자를 빼내 글로벌 공급 사슬을 재구축하는 것이었다."고 말한다. 2001년 중국의 WTO 가입 이후 중국을 중심으로 재편된 글로벌 공급 사슬을 흔드는 게 미중 무역전쟁 목적의 하나라는 얘기다. 중국을 수출 기지로 삼은 한국의 글로벌 공급 사슬 전략도 도전에 직면하게 된 것이다. 급성장하는 중국의 '시장'을 놓지 않으면서도 '생산 기지'로서의 중국 의존도를 낮추는 게 과제가 될 전망이다.

특히 1인 권력 체제 강화와 맞물린 애국주의 정서 고조는 중국에 진출한 한국 기업의 마케팅 리스크를 키운다. 4월 제주항공은 중국판 트위터 신랑웨이보新浪微博 계정에 이석주 최고경영자 CEO 명의의 사과문을 올렸다. 서울시립대학교에 유학 중인 중국인 여학생이 중국을 홍콩 대만과 나란히 표기하고, 중국의 오성홍기와 대만의 청천백일만지홍기青天白日滿地紅旗 홍콩특별자치구 구기를 함께 표기한 제주항공 구인 포스터에 문제를 제기한 데 대해 중국에서 뭇매를 맞자 고개를 숙인 것이다. 제주항공은 한 사례에 불과하다. 중국이 묵인해오던 다국적 기업의 대만 국가 표기를 문제 삼으면서 메리어트호텔, 애플, 자라 등 정치 리스크에 처한 외국계 기업이 한둘이 아니다.

외자 기업만 해당되지 않는다. 중국 최대 쇼핑몰 개발업체 다롄완다大連萬達의 자회사는 9월 말 공산당 상징인 '붉은 스카프'에 매장 개점을 알리는 광고 문구를 적었다는 이유로 관리책임자 3명을 해고해야 했다. 중국에서 국가의 상징물을 사용하는 등 애국주의 정서를 건드릴 수 있는 마케팅에 주의를 요하는 건 어제오늘의 일이 아니다. 하지만 중국에서 1인 권력 체제 강화와 맞물려 고조되는 애국주의 정서는 이 리스크가 더욱 커질 것임을 예고한다.

▶▶ 오광진

04 새로운 외환위기를 대비하라

1990년대 초 자유로운 국제 자본의 유·출입을 허락한 이후 국
제 자본의 급격한 유출입은 한국경제의 큰 위험 요소로 작용해왔
다. 자유화 조치 이후 1990년대 중반까지 국제 자본의 유입이 지
속되었으나, 이후 급격한 국제 자본 유출이 진행되는 국제 자본
이동의 반전이 일어나면서 달러 유동성 부족 현상과 1997년 외환
위기를 경험했다. 외환위기를 극복한 이후 한국경제는 회복세를
보였고, 2000년대 초중반 미국의 저금리 기조가 지속되면서, 다시
국제 자본의 유입이 진행되었다. 하지만 2008년 글로벌 금융위기
를 계기로 또다시 급격한 국제 자본 유출이 진행되어 금융 시장과
외환 시장의 혼란을 초래했다. 글로벌 금융위기 이후 미국의 대대

적인 통화 확장 정책 등이 진행됨에 따라 국제 자본은 또다시 유입되기 시작했으며 최근 미국의 통화 정책 기조가 변해 금리 인상이 진행됨에 따라 국제 자본이 급격히 유출될 가능성에 촉각을 곤두세우고 있다. 이 장에서는 아시아 외환위기 이후 세계 각국이, 특히 한국을 비롯한 아시아 국가들이 급격한 자본 유출입으로 인한 달러 유동성 부족 문제, 금융 시장, 외환 시장 불안정 등과 관련해 어떠한 방안을 마련해왔는지와 현재 문제점, 향후 어떠한 준비를 해야 하는지 이와 관련된 전망과 관련해 논의한다.

┃ 외환위기를 대비하는 세 가지 방법

한국을 비롯한 세계 각국은 크게 다음 세 가지 방법으로 급격한 자본 유출입에 따른 달러 유동성 부족 문제에 대비했다. 첫째, 가장 직접적인 방법은 외환 보유액 축적이다. 달러 유동성 위기 시 사용하기 위해 달러를 평상시에 축적해놓는 것인데, 한국을 비롯한 아시아 국가들은 외환위기 이후 외환 보유액을 대대적으로 증가시켜왔다. 한국의 경우 1990년대 중반 300억 달러에 불과했던 외환 보유액이 이제 4,000억 달러에 이르게 되었다.

둘째, 급격한 국제 자본 이동으로 문제가 발생하는 것을 방지하기 위해, 국제 자본 이동 자체를 관리하기 위한 노력들이 진행되었다. 거시건전성 정책, 자본 통제 정책 등을 통해서 국제 자본이 급격하게 이동하는 것을 방지하자는 것이다. 한국은 2010년 거시건전성 3종 세트라고 불리는 외환 건전성 부담금, 선물환 포지션 규제, 외국인 해외 채권 과세 등을 도입했다. 이러한 정책과 관련해서는 전통적으로 선진국과 신흥국, 개발도상국 간에 큰 견해 차가 존재했다. 신흥국, 개발도상국들은 국제 자본 이동을 관리하는 이슈는 각국의 고유 권한이라는 입장인 반면, 선진국은 신흥국, 개발도상국이 국제 자본 이동을 제한함으로써 자국이 무역 등에서 손해를 보게 되기 때문에 외부성이 존재하고 신흥국과 개발도상국이 마음대로 국제 자본 이동을 제한하는 정책을 사용하면 안 된다고 주장한다. 이러한 입장 차이에도 불구하고 끊임없는 국제 사회의 노력으로 일시적으로 건전성 정책이나 자본 통제를 사용하는 것이 가능하나 국제 자본 이동에 따른 장기적인 편익을 얻기 위해 노력을 해야 한다는 정도의 합의가 G20 회의에서 이루어졌고 이후 IMF 공동선언문에 그러한 합의가 표현되었다.

셋째, 세계 각국은 국제 공조를 통해 위기 방지를 위해 달러 등 글로벌 유동성을 공급해주는 시스템인 글로벌 금융 안전망을 개발·확충했다. 중앙은행 간의 통화 스와프를 통해 위기 시에 글로벌 유동성을 공급해주는 것은 양국 간에 체결된 글로벌 금융 안전망의 일환이다. 한국도 글로벌 금융위기 시 미국 연준을 포함해 다른 중앙은행들과 통화 스와프를 체결했다. 한국을 비롯한 아시아 국가 간의 지역 공조 체제라고 할 수 있는 CMIMChiang Mai Initiative Multilateral은 다자간 통화 스와프 협정으로 지역적인 형태의 글로벌 금융 안전망이라 할 수 있다. 이뿐 아니라 IMF의 글로

별 유동성 공급 체계는 세계 전체 국가 간의 글로벌 금융 안전망
이라 할 수 있다. 1997년 한국의 외환위기가 심각하게 진행된 상
황에서 IMF가 한국에 달러를 빌려주기는 했지만 많은 조건을 요
구했음에 반해, 최근에는 그러한 조건 없이 선제적으로 위기 방지
를 위해 달러를 공급해주는 제도가 도입되었다.

▌외환위기 대비, 얼마나 실효성이 있는가?

하지만 이러한 다양한 대비책에도 불구하고 국제 자본의 급격
한 이동에 대한 대응과 달러 유동성 확보는 여전히 쉽지 않은 과
제다. 글로벌 금융 안전망이 확충되었다고는 하지만 실제로 활용
하기는 쉽지 않다. 글로벌 안전망의 필수 조건은 필요할 때 확실
히 작동이 되어야 하는 것이지만 통화 스와프의 경우 위기 상황에
서 도입되었다가 지속이 되지 않는 경우가 많다. 예를 들어 글로
벌 금융위기 당시 한국은 미 연준과 통화 스와프 협정을 체결했으
나 오래 지속되지 않았다.

IMF의 글로벌 유동성 공급 체제의 경우도 한국을 비롯한 아
시아 국가들은 1997년 외환위기 때 IMF 차입 시 과도한 요구를
경험한 바 있어 조건이 완화되었음에도 불구하고 현재까지 사용
하고 있지 않으며 향후 사용 가능성도 의문시되고 있다.

CMIM의 경우 사이즈가 상대적으로 적고, IMF와 연계된 부분
이 상당히 크고, 자체 운용 능력이 미약하다는 문제가 있다. 또한

CMIM은 한·중·일보다는 아세안 국가들이 필요한 달러 유동성을 얻는 데 더 초점이 맞추어져 있어 상대적으로 한국에는 크게 도움이 되지 않을 수 있다.

한편 앞서 언급했듯이 국제 자본 이동 관리에 대한 어느 정도의 합의가 진행된 상황이기는 하지만 합의는 선언문적인 성격이 강하고 실제로 어떤 수준의 국제 자본 이동 관리가 용인되는 것인지 불분명해서 실제로 정책 도입과 수행이 수월하지 않다는 문제점이 있다. 또한 선언문에는 일반적인 거시경제 정책을 사용해서 해결이 안 되는 경우에 거시건전성 정책이나 자본 통제 등을 일시적으로 사용하는 것으로 되어 있는데, 이는 좀 더 체계적이고 상시적인 국제 자본 이동 관리를 통해 급격한 국제 자본 이동을 관리함으로써 안정적인 경제 상황을 지속적으로 유지하려는 한국과 대다수의 신흥국의 입장에 전적으로 부합하지는 않는다.

결국 현 상황에서 급격한 국제 자본 이동에 따른 달러 유동성 확보 문제와 관련해 가장 확실한 방안은 외환 보유액의 축적이다. 외환 보유액의 축적은 외환위기 이후 달러 유동성 위기 가능성을 줄이고 있다고 판단이 된다. 하지만 막대한 외환 보유액의 축적은 과도한 비용을 초래한다. 가장 쉽게 생각할 수 있는 비용은 이자다. 외환 보유액은 상시 사용할 수 있도록 대부분 미국 단기 국채와 같이 유동성이 높은 자산으로 구성되어 있는데 그러한 자산의 이자율은 상당히 낮은 수준으로, 다른 형태로 자금을 운영했다면 훨씬 더 수익률이 높았을 것이고, 그 수익률의 차이가 비용이다.

또한 정부 부문에서 달러를 외환 보유액으로 쌓아놓지 않는다면 민간이 그러한 달러를 활용할 수 있지만, 정부 부문에서 달러를 외환 보유액으로 지속적으로 쌓아놓게 되면서 민간이 달러가 필요한 경우에 외국에서 차입하게 되면서 민간 달러 부채를 계속 증가시킬 수 있다. 그 외에도 모든 국가들이 안전한 미국 재정 증권을 외환 보유액으로 쌓으려 한다면 미국 정부 부채는 급속히 늘어나게 되고 결국 미국 정부 부채가 더 이상 안전 자산이 아니게 된다는 신트리핀 딜레마와 같은 논의도 주목할 필요가 있다.

▮ 달러 유동성 문제 해결을 위한 새로운 노력들

외환위기 이후 한국을 비롯한 많은 국가들은 급격한 국제 자본의 이동에 대응하기 위해 많은 대응책을 마련해왔으나, 아직 한계가 있음이 드러났다. 급격한 국제 자본 이동에 따른 달러 유동성 문제는 사실 상당 부분 현 국제 통화 시스템의 문제점과 관련이 있다. 국제 금융 시장이 점점 통합됨에 따라 국제 자본 이동의 양은 점차 증가하고 있고, 달러와 같은 글로벌 유동성은 점점 더 많이 필요해졌다. 이에 반해 현재의 국제 통화 시스템하에서 달러 유동성이 필요한 국가에 충분한 달러 유동성이 공급되지 못하고 있다는 근본적인 문제점이 있다. 예를 들어 달러와 같은 국제 유동성이 미국 국내 정책과 상관없이 필요한 국가에 쉽게 공급될 수 있다면 현재와 같은 달러 유동성 문제가 발생하지 않을 것이다.

이러한 문제에 대한 인식이 글로벌 금융위기 이후에 부각되었고, 국제 사회는 국제 통화 시스템의 개혁과 관련한 논의를 시작했다. 그러나 글로벌 금융위기가 진정되고 개별 국가들의 이해관계가 달라 새로운 국제 통화 시스템에 대한 합의를 마련하기 어려운 점 등의 이유로 이후 답보 상태를 거듭하고 있다.

이러한 상황하에서 다음과 같은 노력이 필요하다. 첫째는 한국을 비롯한 아시아 국가들이 글로벌 금융 안전망을 실제로 유용하게 사용할 수 있는 방안을 개발하는 것이다. 상시적이고 영구적인 통화 스와프를 지속적으로 체결하기 위한 노력이 필요하고 IMF 공급 시스템과 CMIM을 실제적으로 활용할 수 있는 방안을 마련하는 노력이 필요하다. 둘째는 국제 자본 이동 관리 정책을 실제로 유용하게 사용하기 위해서는 국제 사회에서 좀 더 명확한 가이드라인에 관한 합의를 도출하는 것이다. 셋째는 아시아 국가들은 상호 공조를 통해 달러 유동성에 대한 수요를 감소시키는 방향을 생각해야 한다는 것이다. 예를 들어 아시아 국가 간의 무역, 자산 거래에서 달러 사용을 줄이고 역내 통화 사용을 늘리는 방향을 생각해볼 수 있다. 이와 더불어 현 국제 통화 시스템의 개혁은 쉬운 문제는 아니지만 근본적으로 계속 추구해야 할 사항이라고 할 수 있다.

▌2019년의 새로운 과제

앞서 급격한 국제 자본 이동과 달러 유동성 문제에 따른 거시 금융의 안정성 문제와 그에 대한 대비와 관련해 논의했는데 지금부터 향후 한국과 신흥국에 어떠한 상황이 전개될 가능성이 있는지에 관해 논의한다. 사실 이미 터키, 아르헨티나 등 일부 신흥국들은 경제위기 상황을 맞고 있으며, 앞으로 미국의 금리 인상 등이 지속될 것으로 생각되므로 더 많은 신흥국들이 금융 불안이나 위기 상황을 겪게 될 가능성은 높다고 보여진다.

한국의 경우 현재 이러한 신흥국들과 이미 차별화가 된 것인지에 관한 논란이 있다. 앞에서 논의했듯이 한국은 아직 미비한 점이 있기는 하지만, 막대한 외환 보유액 축적, 지속적인 글로벌 금융 안전망 확충, 자본 유출입 관리 등 다른 신흥국들에 비해서 전반적으로 더 많은 준비를 해왔을 뿐 아니라, 경상 수지, 대외 부채 수준 등의 주요 경제 지표를 보면 다른 신흥국에 비해 상대적으로 더 펀더멘털이 견고하다고 볼 수 있기 때문에 다른 신흥국에 비해 위기 가능성은 상대적으로 적다고 할 수 있다. 하지만 기존에 선진국 중에서도 외환위기, 금융위기를 경험한 예가 상당히 있으므로 비록 가능성이 적기는 하나 그러한 가능성이 전혀 없다고 하기는 어렵다. 또한 외환위기, 금융위기는 주변국으로 전염되는 경향이 있어서, 많은 신흥국이 위기 상황을 겪게 된다면 이러한 위기가 한국으로 전염될 가능성이 없다고 단언할 수 없다.

한국이 직접 경제위기 상황까지 겪을 가능성은 높지는 않더라도, 금융 시장이 불안해지고 실물경제가 어느 정도 어려워질 가능성은 있다. 이미 상당히 많은 자본이 유입되었으므로 그중 일부가

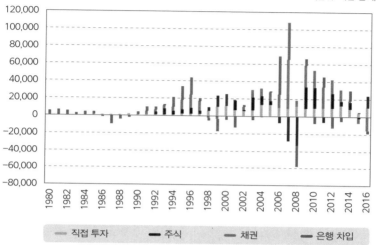

[도표 2-4] 연도별 국제 자본 유입 추이(1980~2016)

(단위: 백만 달러)

■ 직접 투자　　■ 주식　　■ 채권　　■ 은행 차입

유출될 가능성은 상존하고, 자본 유출 시 그 속도가 빠르게 나타
나는 경우 외환 시장, 주식 시장 등 금융 시장이 불안해질 수 있다.
또한 주변 신흥국이 위기 상황을 겪는 경우 국제 금융 시장이 불
안해질 것인데 이에 따라 한국의 금융 시장에도 불안감이 조성될
것이고, 신흥국이 침체되는 경우 한국의 신흥국에 대한 수출이 어
려워지고, 신흥국 환율이 올라감에 따라 신흥국과 경합하는 시장
의 경우 상대적으로 더 경쟁력이 약화되는 등 실물경제에도 부정
적인 상황이 진행될 수 있다.

▶▶ 김소영

05 추격지수로 분석한 미중 대결 구도와 한국경제'

▍추격지수란 무엇인가

한 국가의 경제성장을 평가하는 대표적인 지표로서 1인당 GDP 및 그 증가율은 특정 국가의 주어진 기간 동안의 경제 성과를 잘 보여주는 좋은 지수다. 그러나 그 지표 자체로는 다른 나라와의 격차나 상대적 성과를 보여주기에는 미흡하다. 예를 들어 한국의 1인당 GDP나 그 증가율만으로는 한국이 미국의 1인당 소득 대비 몇 %의 수준에 도달했는지를 보여주지 못하며, 또한 그 격차가 어느 정도 줄어들고 있는지를 보여주지 못한다. 따라서 최상위 선진국과의 소득 격차 정도와 그 변화를 보여주기 위해서는 두 가지가 필요한데 첫째, 각국의 1인당 소득이 최상위 국가의 그것과 얼마나 차이가 있는지를 보여주어야 하고, 둘째, 그 차이가 얼마나 줄어들거나 확대되었는지 그 변화율을 보여주어야 한다. 이 두 가지가 바로 추격지수와 추격속도지수다.

한편, 각국의 경제 성과를 평가함에 있어서 소득 수준의 차이뿐 아니라 그 나라의 상대적인 경제 규모도 중요하다. 1인당 GDP로 표현되는 소득 수준은 한 국가 내 국민 개개인의 후생 수준을 대표한다면, 전 세계 총생산 대비 각 국의 경상 GDP가 차지하는 비중으로 표현되는 각 국의 경제 규모는 해당 국가의 경제적 위상, 즉 경제력을 대표한다. 국가의 경제 성과는 1인당 소득 수준뿐만 아니라 그 국가의 경제력도 함께 고려하는 것이 현실 경제를 설명하는 데 보다 적절하다.

따라서 경제추격연구소에서 개발한 추격지수catch-up index는 1인당 소득 수준 이외에도 경제 규모를 기초로 해 전 세계에서 경제 비중이 가장 큰 나라인 미국 대비 각 나라의 경제 비중과, 그 비중이 얼마나 빠르게 확대되는지 그 변화율을 모두 지수화해 국가 성장의 다양한 면모를 다각도에서 정확하게 포착하는 목적을 갖고 있다.

구체적으로 추격지수는 추격지수와 추격속도지수로 구성되며, 각각의 지수는 소득 수준과 경제 규모를 반영하는 두 부분으로 구성된다. 추격지수는 특정 국가의 경제 추격의 상대적 정도를 나타내는 지수이며 이는 소득수준추격지수와 경제규모추격지수라는 두 가지 100점 만점의 지수의 평균으로 구성된다. 소득수준 추격지수는 특정 국가의 1인당 GDP가 미국 대비 얼마나 되는지를 보여주는 지수인 반면, 경제규모추격지수는 특정 국가의 경제 규모가 미국 대비 얼마인지를 보여주는 지수다. 한편 추격속도지수는 특정 국가의 경제 추격의 속도를 나타내는 지수이며 이 역시 소득 수준과 경제 규모라는 두 측면의 100점 만점의 두 지수의 평균으로 구성된다. 소득수준추격속도지수는 특정국 1인당 GDP가 전 세계 평균 대비 얼마나 빠르게 혹은 느리게 증가하는지를 상대적 증가율로 보여주는 지수다.

위의 두 추격지수는 경제 추격의 각기 다른 측면을 보여준다. 즉, 추격지수는 특정 국가가 경쟁 대상국이나 1등 국가에 비교해 어느 정도 좋은 성과를 내었는가를 측정하는 지수임에 반해, 추격속도지수는 비교 대상 국가들 내에서 특정 국가의 위치 변화 속도를 반영하는 지수다. 두 가지 추격지수 모두 각기 0에서 100의 값을 갖는다.

이하에서는 현재 사용 가능한 자료인 2017년까지의 IMF 세계경제 통계를 이용해 주요국의 경제 성과에 대한 추격지수 중심의 분석과 전망을 제시한다. 대략적 메시지는 다음과 같다. 즉, 2016년도는 브렉시트, 트럼프 당선 등으로 세계경제가 불안한 가운데 미국이 견조한 회복세를 보였고, 오히려 중국이 주춤했으나, 2017년에는 전반적으로 글로벌 경제에 온기가 퍼지며 한국 및 중국, 러시아 등 신흥국 중심으로 경제규모추격지수 선전이 인상적이었다. 하지만 2018년에는 미국경제의 독보적 강세 속에, 미중 무역 갈등이 발생하며 신흥국의 선전은 2018~2019년에는 다시 꺾일 것으로 예상된다. 즉, 당분간 세계경제는 미중 간의 주도권이 엎치락뒤치락 하는 양상으로 전개될 것으로 보인다.

▎추격지수로 본 미국과 일본의 경제 상황

▶ 미국

미국은 경제 규모에서 압도적인 비중을 차지해 1위 자리를 내놓은 적이 없다. 하지만 세계 GDP 상위 100개 국가의 GDP 합계 대비 미국의 GDP 비율은 2000년 대 초반 30%를 넘었으나 그 이후 추락해 2011년 21.5%까지 떨어진 뒤 2012년 이후 다시 증가하기 시작했다. 2015년(24.6%)에는 전년 대비 가장 높은 성장률을 보였고, 2016년에도 증가해 25%에 도달했지만, 2017년에는 24.6%로 다시 감소했다([도표 2-5] 참조). 미국의 1인당 GDP는 2014년 5만 달러를 넘어섰고, 2017년 5만 3,101달러(2010년 PPP 기준)를 기록했다. 이는 중국의 약 3.6배, 일본의 약 1.4배에 달한다.

▶ 일본

2000년, GDP 상위 100개국 경제 규모 합계 대비 일본의 GDP 비중은 14.6%였으나 이후 계속 하락해, 2012년 8.4%를 기록하고 이후 2015년 6.0%까지 내려갔다가 2016년 6.6%로 증가한 후 2017년 6.2%로 감소했다. 세계 GDP 상위 100개국 중 순위는 2010년 이전에는 2위, 이후에는 줄곧 3위를 차지하고 있다. 2017년 (2010년 PPP 기준) 일본의 1인당 GDP는 3만 8,225달러로 미국 대비 약 70% 그리고 중국 대비 약 260%다. 일본의 1인당 GDP 성장률은 2001년 0.17%를 기록한 이후 등락을 보이면서 2010년 최고점인 4.16%에 도달했다. 그 이후 2015년에는 1.47%, 2016년에는 0.95%로 감소했으나, 2017년에는 1.88%로 증가했다.

소득수준추격속도지수와 경제규모추격속도지수를 가중 평균한 일본의 추격속도지수는 2016년 7위(86점)로 가장 높은 순위를 기록했으나 2017년에는 92위(25점)로 순위가 대폭 하락했다.

| BRICs: 중국, 인도, 러시아 다시 팽창하다

▶ 중국

세계 GDP 상위 100개국의 GDP 합계 대비 중국의 GDP 비중이 일본을 넘어선 것은 2010년이었다. 이때 중국의 GDP 비중은 9.3%였다. 그 후 급증해 2016년에는 15%, 2017년에 15.2%를 기록했다. 이런 경제 규모 팽창에 따라 중국의 경제규모추격지수는 2001년 13점에서 2008년 30점을 넘어서고 2015년 62점을 기록했다. 2016년에는 60점으로 2점 떨어졌지만 2017년에는 다시 62점으로 증가했다. 중국의 1인당 소득 수준은 2003년 미국 1인당 소득의 10%정도였고, 매년 그 비율은 상승해왔지만 2017년에도 미국의 28%에 불과하다. 규모와 소득으로 가중 평균해 산출한 중국의 추격지수는 2001년 10점(세계 GDP 상위 100개국 중 63위)에서 단 한 해도 감소하지 않고 증가해 2016년에는 43점(23위) 그리고 2017년 44점(18위)을 기록했다.

▶ 인도

세계 GDP 상위 100개국의 GDP 합계 대비 인도의 GDP 비중은 2001년 1.5%였다. 이후 2010년 2.6%에 도달할 때까지 대체로 상승한 후 2011년부터 2013년까지 2.5%를 유지하다가 이후 계속 증가해 2016년에는 3.0%, 2017년에는 3.3%를 기록했다. 이를 바탕으로 한 경제규모추격지수는 2016년 7위(12점), 2017년에는 6위(13점)로 점수는 1점, 순위는 한 단계 상승했다. 미국 1인당 소득 대비 인도의 소득 수준은 2016년 11.6%, 2017년 12%로 2007년 90위에서 상승세를 유지하며 2016년에는 85위, 2017년에는 84위를 기록했다. 규모와 소득으로 가중 평균해 산출한 인도의 추격지수는 2016년 11점(72위)에서 2017년 12점(69위)으로 점수는 1점, 순위는 3단계 올라섰다.

▶ 러시아

러시아도 세계경제에서의 비중이 2016년 1.7%에서 2017년 1.9%로 증가하고, 이 덕에 경제규모추격지수에서 12위를 하는 등 2017년에는 대체로 호전된 성과를 보였다.

한국의 2017년 성과는 '대체로 양호'

세계 GDP 상위 100개국의 GDP 합계 대비 한국의 GDP 비중은 2001년 1.6%에서 2006년 1.99%로 가장 높았다가 이후 2009년 1.51%까지 떨어졌다. 이후 다시 증가세를 유지해 2016년 1.89%, 2017년 1.95%를 기록했다([도표 2-5] 참조). 이를 순위로 보면, 2001년 시작해 2005년 10위까지 상승한 후 2008년 15위까지 하락한 뒤 14위에서 보합을 거쳐 2016년과 2017년 모두 11위를 차지했다.

2017년 한국의 1인당 GDP는 3만 5,192달러(2010년 PPP 기준 경상 GDP는 2만 9,891달러다)다. 이는 미국 대비 66.3% 수준이다(2016년에는 3만 4,278달러, 미국 대비 65.6%). 2016년에 비해 상승한 이유는 세계 100개국의 1인당 소득(2010년 기준) 전년 대비 증가율이 2016년 0.8%, 2017년 1.66%인데 한국은 이보다 높은 2016년 2.36%, 2017년 2.67% 때문이다.

경제 규모에서의 추격과 소득 수준에서의 추격을 가중 평균해 산출한 한국의 추격지수는 2001년 이후 2014년까지 대체로 상승했고, 이후 2015년 1점 감소 후 다시 2016년 36점, 2017년 37점을 기록했다. 순위는 2001년 34위, 2004년 31위, 2010년 29위 이후 2012년 30위를 제외하고 2015년까지 29위를 차지하다가 2017년 한 단계 올라 28위를 기록했다. 한편 경제규모추격속도지수와 소득수준추격속도지수를 가중 평균해 산출한 한국의 추격속도지수에서의 순위는 2002년 14위에서 2011년 67위까지 떨어졌다가, 2016년 47위, 2017년에는 33위로 최근 순위가 상승했다.

이상에서 보면 한국경제는 최근 2년(2016, 2017년) 동안에는 그래도 양호한 성적을 기록했음을 알 수 있다.

▎미일 대 중러의 대결 구도 속 한국경제

추격지수로 본 2017년과 2016년의 세계경제를 비교해보면, 두드러진 차이는 2016년에는 미국과 일본의 경제 규모의 팽창이라는 성과가 돋보인 반면, 2017년에는 다시 중국, 인도, 러시아 등 브릭스 국가의 규모 팽창이 발생했다는 점이다. 특히 그 이전에는 브릭스의 성장을 거의 중국 혼자 주도했으나, 2017년에는 인도와 러시아가 모두 약진했다. 러시아의 세계경제에서의 비중은 1.7%에서 1.9%로 증가하고, 규모 추격 속도 면에서 4위를 했다. 또한 인도는 경제 규모나 1인당 소득의 추격 속도 면에서 중국보다 오히려 빠르거나 비슷한 성과를 냈다.

그러나 트럼프의 집권 2년차인 2018년에 보여주고 있는 미국경제의 빠른 성장과 중국의 감속은 2018년에는 다시 미일의 상대적 부상과 중러의 침체를 예상할 수 있음을 시사한다. 이러한 미일 대 중러의 대결 구도는 트럼프 집권 이후 새로 나타난 세계경제의 헤게모니 경쟁 양상이다. 특히 미중 간에 무역전쟁과 패권경쟁 구도가 지속될 가능성을 고려할 때, 이러한 변수는 세계 정

[도표 2-5] GDP 규모 상위 15개국 추격지수(2016~2017)

국가	경제규모추격지수						소득수준추격지수						추격지수			
	GDP 비중 (%)		지수		순위		1인당 GDP (2010 PPP $)		지수		순위		지수		순위	
	2016	2017	2016	2017	2016	2017	2016	2017	2016	2017	2016	2017	2016	2017	2016	2017
미국	25.0	24.6	100	100	1	1	52,292	53,101	100	100	10	10	100	100	2	2
독일	4.7	4.7	19	19	4	4	44,092	45,002	84	84	15	14	51	52	11	11
일본	6.6	6.2	27	25	3	3	37,518	38,225	71	71	26	26	49	48	13	12
중국	15.0	15.2	60	62	2	2	13,989	14,868	25	26	63	63	43	44	23	18
타이완	0.7	0.7	3	3	22	22	43,724	44,884	83	84	17	16	43	44	20	19
영국	3.6	3.3	14	13	5	5	38,919	39,373	74	74	23	24	44	44	18	20
프랑스	3.3	3.3	13	13	6	7	38,490	39,054	73	73	25	25	43	43	19	21
한국	1.9	1.9	8	8	11	11	34,278	35,192	65	66	28	27	36	37	29	28
이탈리아	2.5	2.5	10	10	8	9	33,503	34,038	63	63	29	30	37	37	28	29
러시아	1.7	1.9	7	8	12	12	24,466	24,840	45	46	41	41	26	27	37	37
말레이시아	0.4	0.4	2	2	39	38	24,795	25,917	46	48	40	40	24	25	41	41
멕시코	1.4	1.5	6	6	15	15	17,585	17,762	32	32	53	54	19	19	51	51
브라질	2.4	2.6	10	11	9	8	13,895	13,924	25	25	64	64	17	18	54	55
인도네시아	1.3	1.3	5	5	16	16	10,647	11,046	18	19	74	73	12	12	69	66
남아공	0.4	0.4	2	2	40	33	12,124	12,088	21	21	69	68	11	11	70	70

출처: 경제추격연구소

[도표 2-6] GDP 규모 상위 15개국 추격속도지수(2016~2017)

국가	경제규모추격속도지수						소득수준추격속도지수						추격속도지수			
	GDP 비중 성장률 (%)		지수		순위		1인당 GDP 성장률 (%)		지수		순위		지수		순위	
	2016	2017	2016	2017	2016	2017	2016	2017	2016	2017	2016	2017	2016	2017	2016	2017
러시아	-7.69	12.69	60	49	86	4	-0.25	1.53	76	21	81	59	68	35	86	8
남아공	-8.25	11.67	59	48	87	5	-1.01	-0.30	74	19	85	86	67	33	88	12
브라질	-1.78	8.33	71	44	69	11	-4.23	0.21	68	19	93	81	69	32	83	23
중국	-1.45	1.20	71	37	68	53	6.10	6.29	89	26	5	5	80	32	30	26
인도네시아	6.80	2.94	86	38	7	42	3.72	3.75	84	23	19	25	85	31	9	28
타이완	-0.48	3.20	73	39	61	35	1.20	2.65	79	22	52	45	76	30	65	30
한국	0.60	3.03	75	39	52	40	2.36	2.67	81	22	41	44	78	30	47	33
말레이시아	-1.38	0.25	71	36	67	68	2.75	4.53	82	24	35	19	77	30	55	43
독일	1.56	0.11	77	35	37	71	1.04	2.06	79	21	62	49	78	28	49	65
멕시코	-9.23	0.87	57	36	91	59	1.85	1.01	80	20	46	72	69	28	84	68
프랑스	-0.13	-0.99	74	34	59	77	0.78	1.46	78	21	67	61	76	27	67	74
이탈리아	0.00	-1.52	74	34	58	82	1.07	1.60	79	21	60	57	76	27	60	77
미국	1.32	-1.59	76	34	40	83	0.75	1.55	78	21	68	58	77	27	52	79
일본	11.02	-6.95	94	28	4	92	0.95	1.88	78	21	64	54	86	25	7	92
영국	-9.12	-6.76	57	28	90	91	1.10	1.17	79	20	56	68	68	24	85	93

출처: 경제추격연구소

치·경제상의 큰 불확실성 요인으로 작용할 것으로 보인다. 이런 강대국 간의 대결 구도는 무역으로 먹고사는 한국의 입장에서는 반갑지 않고 곤란한 상황 전개다. 즉, 한국경제가 2017년 규모와 1인당 소득 추격이나 속도 면에서는 양호한 성과를 냈으나, 2018년 2019년 성과에 부정적 영향을 미칠 불확실성 요인이 커지고 있어 우려된다.

▶▶ **이근, 송원진**

PART 3

지속 가능한 복지와 성장
한국은 유럽형 복지국가 함정을
피할 수 있을 것인가

문재인 정부의 소득주도 성장은 여러 논란에도 불구하고 복지를 통한 성장이 가능하다는 이론에 기초해 있다는 점에서 매력적이다. 분배와 성장이 상충한다는 고정관념에서 벗어나 복지 투자를 통해 가계 소득을 높이고 내수 기반을 확대해 성장도 하고 좋은 일자리도 창출할 수 있다면 분배 개선을 위해 성장을 희생시키지 않아도 되기 때문이다. 그렇지 않아도 1997년 외환위기 이후 심화되고 있는 소득 불평등과 노동 시장 이중 구조는 이미 그 자체로 성장을 위협하고 사회 통합을 해치고 있다는 경고가 OECD와 IMF를 비롯한 여러 국제 경제 기구에 의해 제기되어왔다. 또한 이를 개선하기 위해서는 정부가 사회안전망을 확충하고 적극적인 재정 정책을 구사해야 한다는 권고가 여러 차례 제기되었던 터다.

따라서 정부가 소득주도 성장 정책의 일환으로 추진하고 있는 최저임금의 인상이나 비정규직의 정규직화 그리고 사회 복지 확충에 대해서는 어느 정도 국민적 공감대가 형성되어 있었다고 할 수 있다. 더구나 4차 산업혁명의 시대에 사회안전망에 대한 투자는 경제적 혁신 활동을 촉진하는 의미도 있다. 핀란드를 비롯한 북유럽 국가들의 사례에서 보듯이 실패를 딛고 다시 도전할 수 있는 사회안전망이 있어야 왕성한 혁신 활동도 가능하다는 점에서 그렇다. 정부는 특히 소득주도 성장만이 아니라 혁신 성장과 공정 경제를 한 묶음의 성장 전략으로 구사하고 있기 때문에 그 자체를 잘못된 방향이라고 비판할 수는 없다.

다만 소득주도 성장 정책에 지나치게 매몰될 때 빠질 수 있는 위험에 대해서는 경계해야 한다. 특히 소득주도 성장 정책을 지나치게 한국경제를 다시 뛰게 할 성장 묘책으로 인식하는 것을 경계해야 한다. 소득주도 성장 전략에 따라 추진되었던 여러 분배 정책들이 기대했던 만큼의 성장과 좋은 일자리 창출로 귀결되지 않았을 때 발생할 수 있는 위험이 있으며, 소득주도 성장 정책에 가려 지금 당장 추진해야 할 산업 구조 개혁과 노동 시장 제도 개혁, 재정 개혁 정책들을 미루어두게 됨으로써 발생할 위험도 있다.

한국경제는 이미 유럽 복지국가들이 경험했던 저성장과 만성적인 고용 위기 그리고 노동 시장의 활력 저하라는 만성질환의 징후를 보이고 있다. 다른 OECD 국가에 비해 아직 재정 여력이 남아 있다고는 해도 급속히 진행되는 고령화와 추가적인 복지 수요를 감안할 때 미래를 장담할 수 없다. 이런 상황에서 소득주도 성장에만 기대를 걸고 당장의 고통을 피하기 위해 필요한 경제 개혁 조치들을 소홀히 한다면 성장 잠재력은 더욱 약화될 것이다.

대부분의 유럽 복지국가들이 경제적 풍요를 바탕으로 복지국가로 나아갔던 것과 달리 한국은 사회안전망이 매우 엉성한 상태에서 지난 20년간 두 차례의 경제위기를 맞았고 근로자들은 무방비 상태로 시장의 위험에 노출되었던 것이 사실이다. 우리 경제는 소득주도 성장으로 이제야 본격적인 복지국가의 단계로 진입하는 것으로 이해할 수 있다. 이 시점에서 우리가 유념해야 할 것은 1970~1980년대 유럽의 복지국가들이 경험했던 함정을 피하기 위한 선제적 경제 개혁 조치들을 게을리해서는 안 된다는 점이다. 소득주도 성장의 단순 논리에만 매몰되어 복지 투자를 성장 전략의 일환으로 인식한다면 재정 개혁을 소홀히 하고, 방만한 재정 운용도 성장을 위한 정부 투자로 둔갑할 위험이 발생한다.

복지 투자를 확대하면서도 '아껴 쓰고 잘 쓰기' 위한 노력을 게을리해서는 안 된다는 것을 모르는 사람은 없겠지만 지금도 100조 원에 달하는 국가 보조금 사업과 조세 지출을 합리화하기 위한 노력은 보이지 않고 있는 것이 현실이다. 마찬가지로 문재인 케어 등을 통해 의료보장성을 확대하는 것은 좋지만 의료보장성이 확대될수록 의료 비용 대비 건강 증진 효과는 떨어진다는 점을 감안하여 적정한 정책 조합을 짜야 한다. 따라서 의료보장성을 확대해나가더라도 건강 관리에 보다 많은 투자가 이뤄져야 건강 보험 재정의 안정을 도모하고 과도한 보험료 인상을 피할 수 있을 것이다.

무엇보다 시급한 것이 노동 시장 구조 개혁이다. 정부가 지금 최저임금 인상과 근로 시간 단축, 비정규직의 정규직화 등을 통해 저임금 불안정 일자리를 좋은 일자리로 만들기 위해 온갖 노력을 다하고 있다. 이러한 정책적 노력과 동시에 정부는 저임금과 장시간 근로, 비정규직을 양산하는 노동 시장 구조를 근본적으로 개혁하는 방안도 함께 강구해야 한다. 특히 대기업과 공공 부문에 자리 잡고 있는 연공주의적 임금 결정과 인사 관리 체계를 직무와 능력에 따라 유연하게 결정할 수 있게 노동 시장 질서를 바꿔놓지 않는 한 비정규직과 노동 시장 이중 구조 문제는 해결되지 않을 것이다. 임금과 근로 시간의 과감한 유연화 개혁 조치들은 4차 산업혁명에 따른 일자리 변화에 대응하기 위해서도 미루어둘 수 없는 과제들이다.

▶ ▶ **최영기**

01 노동의 유연안정성 개혁을 위한
한국형 제3의 길

┃ 한국도 유럽형 복지국가의 함정으로 빠져드는가?

　유럽형 복지국가들이 활력을 잃고 만성적인 고용 위기와 재정 적자에 허덕이던 1970~1980년대의 여러 특징들이 지금 한국 경제에도 나타나기 시작했다. 1997년 외환위기를 계기로 우리 경제는 활력을 잃고 저성장과 고령화, 만성적인 고용 위기에 시달리고 있다. 아직 만성적인 재정 위기까지 가지는 않았지만 고령화의 진전과 정부의 확장적인 재정 기조를 감안할 때 미래를 장담할 수 없다.

　유럽형 복지국가가 지속될 수 없었던 직접적인 원인은 노동 비용의 상승과 노동 시장 경직성 등으로 경제성장률이 떨어지고 재정 적자가 확대됐기 때문이다. 이들이 복지국가의 함정에서 빠져나오는 길은 걸어왔던 길을 되돌리는 수밖에 없었다. 1980~1990년대 OECD 국가에서 유행처럼 번지던 소위 신자유주의적 정책 개혁은 노동 비용을 낮추고 복지 재정을 줄이는 과정이었다.

한국경제는 외환위기 직후 김대중 정부 5년 만하더라도 연평균 5.3% 성장률을 기록했지만 그 이후 각 정권마다 1%포인트씩 하락해 최근 5년간 연평균 성장률이 2.9%까지 떨어지는 지경에 이르렀다. 유럽형의 만성적인 고용 위기 징후도 보이고 있다. 공식 실업률은 4%를 넘지 않지만 잠재적인 구직자를 포함한 광의의 확장 실업률은 11%를 넘나들고, 청년(15~29세)의 경우에도 공식 실업률은 10% 안팎이지만 확장 실업률은 23~24% 수준에 이른다. 15세 이상 인구 중에서 일하는 사람의 비중(고용률)은 지난 20년간 58%~60% 수준에 갇혀 있다. 외환위기 이전 5년(1993~1997) 평균 60.3%였던 고용률은 그 이후 15년간 58~59% 대에 정체돼 있다가 2013~2017년에 이르러서야 60.4%로 회복되었고 일자리 정부를 표방한 문재인 정부 들어서도 고용 사정은 나아지지 않고 있다. 지난 20년의 고용 정체는 1980~1990년대 유럽의 만성적인 고용 위기에 버금가는 수준이다.

한국의 위기, 유럽의 노동 개혁 사례에서 해법을 찾아라

유럽형 복지국가의 함정을 피하고 G7 국가 수준의 경제로 발돋움할 수 있는 길은 없을까? 그럴 수 있다는 보장은 없지만 최소한의 필요조건은 이들이 복지국가의 함정에서 빠져나오기 위해 취했던 정책 개혁 패키지들을 선제적으로 시행하는 것이다. 특히 모든 나라에서 추진했던 노동 개혁을 서둘러 단행하는 것이 급선무다. 1980~1990년대에 이들은 각각의 사정에 맞는 노동 개혁 패키지를 만들어 경우에 따라서는 노동조합과 타협하고 때로는 맞서 싸우면서 노동 시장을 개혁했다. 개혁의 깃발을 가장 선명하게 들고 나온 사례는 1980년대 초 영국의 대처 총리다. 대처는 파업을 일삼고 사사건건 정부 정책에 간섭하는 노동조합의 횡포를 바로 잡아야 영국병을 고칠 수 있다고 생각하며 파업으로 저항하는 노동조합에 맞섰다. 1980년대 다섯 차례에 걸친 지속적인 노동법 개정을 거치며 영국의 노사관계는 근본적인 변화를 겪게 되었고 만성적인 고용 위기로부터 서서히 벗어날 수 있었다.

이와는 전혀 다른 방식으로 노동과 복지 개혁에 성공한 사례가 네덜란드의 유연안전성 개혁이다. 네덜란드는 영국과 달리 노사가 사회적 대화와 타협을 통해 노동 비용을 낮추고 파트타임을 적극적으로 활용하는 방식으로 고용 위기를 극복해나갔다. 보수당 출신의 루드 루버스Ruud Lubbers 총리는 강력한 노동 개혁 의지를 천명하면서도 철저하게 노사 단체의 자발적인 사회적 타협을 통해 조금 늦더라도 지속적인 개혁의 길을 걸었다. 1982년 바세나르 협약의 노동계 대표였던 빔 콕Wim Kok 위원장은 1990년대 재무부 장관 시절 진보당 집권과 함께 총리로 지위가 바뀌어가면서도 사회적 대화와 타협 노선을 견지하며 지속적으로 노동 유연화 개혁을 밀고 나갔다.

또 하나의 유형으로 제시할 수 있는 사례가 독일의 슈뢰더 총리의 노동 개혁 방식이다. 슈뢰더는 집권 초기에는 노동계의 요구를 받아들여 일자리를 위한 연대Alliance for Jobs라는 사회적 타협을 통한 노동 개혁을 시도했지만 개혁의 효과는 별로 없었다. 그는 재집권에 성공하자 2002년 폭스바겐사의 노사관계 담당 페터 하르츠Peter Hartz 이사를 위원장으로 하고 노사와 전문가들이 참여하는 노동시장현대화위원회(하르츠위원회)를 구성해 개혁안 마련을 일임했다. 정부는 하르츠위원회 합의안을 순차적으로 시행해나갔다. 하르츠위원에는 노사정과 공익을 대변하는 세 명씩의 대표들이 참여했지만 이들은 조직의 협상 대표로서가 아니라 각각의 입장을 잘 대변할 수 있는 전문가로서 참여했다는 점에서 노사정 타협이라기보다는 전문가 위원회의 중재안을 사회적 합의안으로 받아들이는 방식이었다고 할 수 있다.

노동 개혁의 메뉴와 방식은 조금씩 달랐지만 개혁의 목표는 노동 비용과 복지 비용을 낮춰 경쟁력을 높이고 일자리를 창출하는 것이었다. 유럽의 병자로 불리던 영국과 네덜란드는 일련의 개혁을 통해 경제를 회복시키고 65% 전후에 정체돼 있던 고용률을

[도표 3-1] 유럽 3국, 일본, 한국의 노동 개혁 양상에 따른 고용률 변화

	노동 개혁의 주요 내용	고용률 변화(15~64세, %)
영국	노동조합 힘 빼기와 파업에 대한 규제 강화	65.9(1984년) → 72.0(1989년)
네덜란드	노동의 유연안정성 개혁을 위한 사회적 대타협	63.9(1994년) → 70.8(1999년)
독일	하르츠위원회를 통한 노동 복지 개혁	64.6(2003년) → 70.3(2008년)
일본	기업 주도의 노동 비용 안정(임금 · 근로 시간 유연화)	70.3(2011년) → 74.3(2016년)
한국	노동조합 힘 빼기와 고용 유연화 개혁 실패	63.9(2011년) → 66.1(2016년)

출처: 최영기

5년도 안 돼 70% 이상으로 끌어올림으로써 만성적인 고용 위기에서 벗어날 수 있었다. 조금 늦었지만 독일도 주변 국가들의 성공 사례를 참조하며 노동 개혁을 단행했다.

❙ 한국의 노동 개혁, 어떻게 진행돼왔나?

우리나라도 1990년대 노동 비용 안정과 노사관계 개선을 위한 정책적 노력이 없었던 것은 아니지만 밀려오는 경제위기를 피할 수 있을 정도로 과감하고 신속하지 못했다. 1990년대 초 기업들은 일본의 사례를 참조하며 노동 비용 안정을 위한 노사 타협을 시도했지만 실패했다. 결국 정부는 고용 유연화 개혁이라는 칼을 빼들었고 IMF 외환위기의 한복판에서 사회적 대타협(경제위기 극복을 위한 사회협약, 1998. 2)의 형식을 빌려 정리해고와 파견 근로를 부

분 허용하는 법 개정을 단행했다. 그렇다고 해고가 쉬워지고 해고 비용이 낮아진 것도 아니다. 법의 문제가 아니라 노동 시장 구조와 노사관계의 문제라는 것을 확인한 기업들은 2000년대 들어서면서 비핵심 업무에 비정규직 고용을 확대하고 아웃소싱을 늘려가는 방식으로 노동 비용을 낮추려 했다. 이는 사업장 안의 노동조합과 전쟁을 피하며 노동 비용을 낮출 수 있는 고육지책이었다. 고용 형태가 다양해지고 격차가 심화되면서 비정규직 중심의 노사 갈등이 증가했다. 또한 노동 시장의 이중 구조가 심화되면서 노동 시장의 활력과 효율성은 더욱 떨어졌다. 대기업 정규직 장기 근속자가 비자발적인 사유로 전직을 해야 할 때 임금과 근로 조건이 반토막 나는 중소기업 일자리나 비정규직 일자리로 옮겨갈 수는 없기 때문이다.

노무현 정부의 노동 개혁은 고용 유연화가 아니라 비정규직 보호로 향했다. 공공 부문의 비정규직을 대폭 감축하고 비정규직 사용을 2년 이내로 제한하고 차별을 금지하는 입법(2006년)을 했지만 2008년 들어선 이명박 정부의 노동 개혁은 또 다시 고용 유연화 쪽으로 선회했다. 박근혜 정부는 좀 더 강하게 유연화 개혁을 밀어붙였지만 성과도 없이 노사관계를 악화시키고 개혁의 내성만 키웠다. 종합해보면 지난 15년간 노동 개혁에 대한 보수적 처방과 진보적 처방이 교차하며 공방만 치열했을 뿐 뚜렷한 성과를 내지는 못했다. 이런 관점에서 보면 문재인 정부의 노동 개혁이 과거의 진보적 처방을 답습하는 것이 아닌지 되돌아봐야 할 것이다.

▎연공형 이중 노동 시장을 직무형 단일 노동 시장으로 개혁하기

미래의 노동 개혁에서 과거의 실패를 반복하지 않기 위해서는 노동 시장 경직성의 한국적 특성에 좀 더 주목할 필요가 있다. 특히 기업별 노사관계와 연공주의에 기초한 대기업 정규직 고용의 경직성을 개혁하는 방안을 찾아야 한다. 대기업 내부 노동 시장 경직성 개혁의 킹핀은 연공과 근속에 따른 임금 결정 방식을 직무와 능력에 따라 결정하도록 임금 결정의 기준을 바꾸는 것이다. 임금 결정 기준이 연공에서 직무로 바뀌게 되면 그 사람이 몇 년 근무했는가보다 어떤 능력을 갖고 있으며 무슨 일을 하고 있느냐가 더 중요하다. 기업들이 단순 직무를 비정규직으로 대체하는 이유는 연공에 따른 임금 상승 부담을 줄이기 위해서다. 대기업 정규직의 경우에도 고도성장기에나 효과가 있었던 연공주의적 임금 제도와 인사 관리 체계를 계속 유지한다는 것은 무리다.

연공주의 노동 시장을 직무형으로 전환한다는 것은 법을 개정해 일거에 바꾸는 방식이 아니라 노사가 협의하고 타협해야 성공할 수 있는 개혁이기 때문에 노사관계를 대화와 타협으로 이끄는 데에도 기여할 수 있다. 임금과 인사, 채용과 교육 훈련 체제를 연공주의에서 직무주의로 전환한다는 것은 한두 가지의 개혁 조치로 가능한 일도 아니고 단기간에 달성할 수 있는 목표도 아니다. 또한 몇몇 기업이 그렇게 한다고 해서 노동 시장 전체가 바뀌는 것도 아니다. 최소한 10년의 장기 계획을 갖고 노동 시장의 여러 제도들을 꾸준히 바꿔나가는 노사정의 공조 노력이 필요하다.

최종적으로는 개별 기업 차원에서 임금과 인사 관리 시스템이 바뀌어야 하지만 직무주의 개혁의 첫발은 정부와 공공 부문에서 떼야 한다. 지금 당장에라도 정부는 이미 진행되고 있는 비정규직의 정규직화 정책을 직무주의 개혁의 출발점으로 삼을 수 있다. 비정규직의 정규직화를 단순히 고용 형태의 전환으로만 보지 않고 비정규직의 임금과 인사 관리, 숙련 향상을 위한 교육 훈련, 모성 보호와 사회보장 체계를 종합적으로 평가해 자유 방임에 맡겨진 비정규직 노동 시장을 직무형 노동 시장으로 정비해간다는 목표를 설정할 필요가 있다. 예컨대 이들에게 적용될 임금 체계를 설계할 때 비정규직 또는 외주 하청으로 채워지는 전형적인 직무의 특성을 분류하고 해당 직무에 적용되는 시장 임금 정보를 체계화함으로써 여러 기관들이 공동으로 활용할 수 있는 준칙(기준)을 마련할 수 있다. 또한 이러한 직무 특성을 감안해 공공 부문 공통의 직업별 교육 훈련 체계를 제공함으로써 이들의 경력 개발 체계를 마련할 수도 있다. 이 모든 변화들은 개별 기업 차원에서 엄두를 낼 수 없는 큰 과제이기 때문에 정부 또는 비슷한 성격의 공공 기관이 공동으로 업종 차원에서 추진해야 할 것이다.

한 걸음 더 나아가 정부와 공공 부문 정규직을 대상으로 하는 직무형 노동 시장 구축 방안을 체계적으로 추진해야 한다. 철저하게 연공주의에 기초한 공공 부문의 보수 책정과 인사관리 방식을 일거에 직무주의로 전환할 수는 없더라도 10년의 장기 계획을 갖고 서서히 그러나 꾸준히 직무주의 체계로 바꿔나가는 것은 충분히 가능한 일이다.

직무형 노동 시장으로의 전환은 정부가 아니라 민간 기업의 노사가 앞장서서 협의하고 타협해서 추진할 일이지만 개혁의 동력을 이끌어내고 일정 궤도에 진입take-off할 때까지는 정부와 공공 부문에서 선도적인 역할을 해야 한다. 특히 표준적인 직무를 분석·분류하고 그에 상응하는 시장 임금 정보를 체계적으로 제공할 수 있는 주체는 정부뿐이다. 그리고 직무 표준에 따른 교육 훈련과 자격 관리 체계를 제공하는 것도 정부의 역할이다. 다만 정부가 노사와 긴밀히 협의하고 점차 이들의 참여를 확대함으로써 궁극적으로는 노사가 주도적으로 직무형 노동 시장을 완성해나가도록 해야 한다. 그리고 이 개혁 과정은 언제까지 완결하겠다거나 무엇은 반드시 관철해야 한다는 식의 닫힌 프로세스가 아니라 노동 시장의 연공주의적 제도와 문화를 직무 중심으로 바꿔나가는 일련의 흐름으로 이해하는 것이 현실에 가깝다.

직무주의가 뿌리내리게 되면 근로 시간의 탄력적 운용이 훨씬 수월해질 뿐 아니라 전직에 따른 임금과 승진에서의 불이익을 줄여 노동 이동을 촉진하고 여성들의 경력 단절을 줄일 수 있다. 또한 4차 산업혁명에 따른 노동 형태의 변화에도 유연하게 대응할 수 있고 전형적인 고용 형태의 근로자를 중심으로 편성된 사회보험 체계를 점차 모든 취업자를 포괄하는 보편적인 안전망으로 개편해나갈 수 있을 것이다.

	성장률 (%)	신규 취업자 수 (천 명)	고용률 (%)	최저임금 (%)	실질 임금 (%)	십분위 배율(배)
1993~1997	7.8	441	60.3	8.6	5.7	3.72
1998~2002	5.3	191	58.1	8.6	2.6	4.02
노무현 정부 (2003~2007)	4.5	254	59.7	10.6	3.6	4.51
이명박 정부 (2008~2012)	3.2	250	59.1	5.2	0.2	4.69
박근혜 정부 (2013~2017)	2.9	360	60.4	7.5	2.1	4.75
문재인 정부 (2018~)	2.9	180	60.9	16.8		

출처: KLI 노동통계(각년도), 한국노동연구원

[도표 3-3] **노동 개혁을 위한 한국형 제3의 길**

	연공형 이중 노동 시장	직무형 단일 노동 시장
임금	• 기업별 연공주의: 임금, 인사 관리 • 자유방임 2차 시장: 불공정	• 대기업: 탈 연공의 임금 • 중소기업과 비정규직: 직무 중심 임금
사회 안전망	• 정규직 중심의 사회보험 • 대기업 중심의 직업능력개발	• 모든 경제 활동 인구 대상의 사회 보장 • 평생학습의 보편화, 자격 중심 사회
근로 시간	• 장시간 노동 • 직장 중심의 워킹 라이프	• 노동 시장 단축과 대폭적인 유연 근무 • 직장의 경계 약화, 일-가정 양립
정년	• 주된 직장에서 50대 초반 퇴직 • 70세까지 2차 노동 시장 잔류	• 60세 정년에서 정년 폐지로 • 65세 정년 또는 연령 차별 금지
노동 시장	• 기업별로 분단화·양극화된 노동 시장 • 불공정한 보상, 낮은 여성 고용률	• 기업 횡단적이고 통합적인 노동 시장 • 공정한 보상, 높은 여성 고용률

출처: 최영기

▶▶ **최영기**

02 복지 수준-조세 부담률- 국가 채무의 재정 트릴레마

| 세 번의 경제위기를 극복한 한국

우리나라는 지난 50년간 세 번의 큰 경제위기를 극복한 경험이 있다. 첫 번째 경제위기는 1979~1980년에 있었고 두 번째 위기는 1998년 IMF 외환위기이며 마지막 세 번째 위기는 2008년 글로벌 금융위기다. 이 모든 위기에 우리는 잘 대처해왔다. 특히, 1980년대 초반 한국의 위기 극복과 성공은 중남미 국가들과의 갈림길이 되었다.

경제위기 극복의 요인으로 여러 가지를 고려할 수 있지만 그중 하나로 적절한 재정정책을 통한 대응이다. 1980년대 초에는 강력한 재정 안정화 정책이, 1998년 위기에는 국가 채무를 통한 적극적 공적 자금 투입이, 그리고 마지막으로 2008년 위기 역시 적극적 재정정책이 수행되었다. 이 모든 경제위기에 재정은 적극적인 역할을 수행해 위기 탈출에 큰 도움이 되었음을 부인할 수 없다. 현재는 과거의 경제위기에 준하는 징후는 아직 보이지 않고 있으나 고용 침체와 소득불평등성 심화 등 경제위기 시에 나타나는 문제들이 발생해 재정을 통한 정부 개입의 필요성이 강하게 나타난다고 할 수 있다.

그런데 한국경제가 직면한 중장기적 정책 제약 조건은 녹록지 않다. 우선, 인구 고령화는 전 세계에서 가장 빠른 속도로 진행되고 있다. 성장 잠재력은 2030~2060년 1.0%의 성장률을 보일 것으로 전망되어 매우 비관적인 전망이 지배적이다. 복지에 대한 국민적 욕구가 크며 세대별, 계층별 격차를 해소하기 위한 정책 대안에 필요한 재정 소요가 막대할 것으로 전망되고 있다. 또한 성장이 정체되는 상황에서 경제적 불평등이 확대·고착되어 하위 소득분위 계층의 경제적 어려움은 가중되고 있다. 마지막으로 최근 급속하게 진행되고 있는 한반도 대화 국면 조성으로 인해 통일 준비 혹은 남북 경제 협력 등에 막대한 재원이 소요될 것이며 이에 대한 대비도 필요하다. 이렇듯 '해야 할 일'과 '돈 쓸 일'은 매우 많은데 이에 대한 자금은 어떻게 조달할지가 분명하지 않다. 그중 가장 중요한 '해야 할 일'과 '돈 쓸 일'은 소득 불평등을 줄이고 국민들의 삶의 질을 높이는 데 사용되어야 할 복지 부문이라고 생각된다.

┃ 복지 수준-조세 부담률-국가 채무의 트릴레마

현재 한국의 복지 수준과 재원 분담 수준은 1인당 소득수준 3만 달러 이상이며 인구 5,000만 명이 넘는 나라 중에서 가장 낮은 나라로 간주되고 있다. 현재와 같은 인구구조의 고령화가 진행되고 삶의 질을 높이기 위해서는 복지 부문에 대한 지출을 높일 수밖에 없다. 그런데 복지 지출의 증대와 재원 분담에 대한 논의 수준은 과거 정부 때부터 '증세 없는 복지' 프레임에서 한 발짝도 진전되지 못한 상태, 즉 이른바 복지 수준-조세 부담률-국가 채무의 재정 트릴레마Fiscal Trilemma 문제가 정책 담론의 중요한 현안으로 자리 잡고 있다.

재정 트릴레마는 세 가지 좋은 정책 판단 기준이라고 할 수 있는 '높은 복지 수준-낮은 조세 부담률-낮은 국가 채무 비율'을 동시에 만족시키기는 불가능하며, 이 셋 중 둘을 만족시키면 다른 하나는 희생될 수밖에 없는 모순적 상황을 나타낸다. 가령 [도표 3-4]에서 스웨덴과 같이 높은 복지 수준을 누리면서 국가 채무 비율을 낮게 유지하려면 대폭의 조세 부담률의 상승이 불가피하며, 낮은 조세 부담률을 유지하면서 높은 복지 수준을 누리려면 일본과 같이 높은 국가 채무를 필요로 하는 상황이 바로 재정 트릴레마의 예라고 할 수 있는 것이다. 한국은 '낮은 조세 부담률-낮은 국가 채무 비율' 등 재정 건전성은 유지했지만 복지 수준은 OECD에서 가장 낮은 수준이다. 따라서 복지 수준-조세 부담

률-국가 채무의 세 가지 축pillar 중 복지 수준 향상을 위해서는 국
가 채무 증가 혹은 조세 부담률 증가는 필연적이라고 할 수 있다.

│ 재정 트릴레마 극복을 위한 정책 담론

현재 한국의 사회·경제 상황은 성장의 과실이 고용 증대로 연
결되지 않고 있으며 자영업을 비롯한 소상공인들의 소득 창출 기
회 저하 등으로 노동 소득 분배율이 추세적으로 하락하고 있는 실

[도표 3-4] **복지 수준-조세 부담률-국가 채무의 트릴레마**

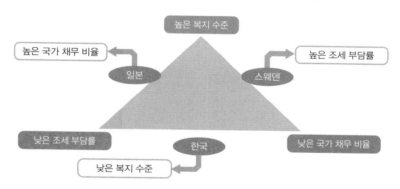

	복지 수준 (2017년)	조세 부담률 (2015년)	국가 채무 비율 (2015년)
한국	(저) 10.1%	(저) 18.5% (25.2%)	(저) 45.8%
스웨덴	(고) 27.8%	(고) 33.6% (43.3%)	(저) 51.7%
일본	(고) 23.7%	(저) 18.6% (30.7%)	(고) 221.8%

주: 수치들은 일반 정부 기준의 GDP 대비 비율이며 일본의 국가 채무 비율은 2014년 기준임.
출처: OECD.

정이다. 경제 전체에 광범위하게 자리 잡은 사회·경제적 불평등 구조의 개선 없이는 새로운 경제성장의 동력을 찾기도 어렵다고 볼 수 있다. 따라서 정책의 우선순위로 불평등 완화와 국민 삶의 질 향상을 둔다면 국가 채무 증가 또는 조세 부담 증가는 필연적이므로 재정 트릴레마 문제에 대해 어떤 형식으로든 대처할 필요가 있다.

우선적으로 급속한 고령화에 따른 복지 지출의 자연적 증가에 대한 재원 조달 방안에 대한 책임 있는 전망이 필요하다. 우리 사회의 빠른 고령화 속도를 보면 2025년경에 고령화 비율(65세 이상 인구 비율)이 20%를 초과하는 초고령화 사회를 맞을 것으로 예상된다. 고령화 정도와 복지 수준은 매우 밀접한 관계에 있으므로 이에 대한 대비가 필수적이다. 일본과 스웨덴은 각각 2006년과 2017년에 초고령화 사회로 접어들었다. 이때의 GDP 대비 복지 지출 비중은 일본과 스웨덴 각각 18.1%와 26.7%였다. 일본의 경우 낮은 조세 부담률을 유지했지만 높은 국가 채무로 대응했으며, 스웨덴은 높은 조세 부담으로 이러한 높은 복지 수준을 유지할 수 있었다. 한국은 2017년 현재 14%의 고령화율을 보이고 있는데 10.1%의 복지 수준이 적어도 2006년의 일본 수준으로 올라서려면 GDP 대비 8% 만큼의 복지 지출이 증가해야 한다. 이에 대한 재원 조달을 일본처럼 할 것인지 아니면 스웨덴처럼 할 것인지가 관건이다.

다음으로는 우리나라가 현재 어느 정도 재정에 여유가 있어

[도표 3-5] **고령화 관련 여러 지표들**

	초고령사회 진입 시점	복지 수준 (%)	조세 부담 (%)	국가 채무 (%)	1인당 GDP (달러)
한국	2017→2025	10.1	18.5	45.8	38,350
스웨덴	2017	26.7	33.6	51.7	50,179
일본	2006	18.1	17.1	161.8	33,103

주: 1) 한국의 2017년 고령화 비율은 14%임. 또 복지 수준, 조세 부담률, 국가 채무, 1인당 GDP에 대한 비율은 2017년 수치임.
　　2) 1인당 GDP는 미국 달러 PPP 기준임.
　　3) 복지 수준, 조세 부담, 국가 채무는 일반 정부 기준의 GDP 대비 % 비율임.

충분한 재정지출을 할 수 있는지를 사전에 가늠해보는 것이다. 이를 위한 개념이 바로 재정 여력fiscal space인데 이는 특단의 조치를 취하지 않으면 채무불이행을 선언하게 될 수준의 국가 채무 비율과 현재 국가 채무 비율 간의 차이로 정의된다. 이 수치가 124%포인트를 초과하면 안전한 것으로 평가된다. 무디스는 2014년 보고서에서 한국의 재정 여력은 241.1%포인트로 확장적 재정정책이 충분히 가능한 상황이라고 평가하고 있다. 물론 재정 건전성이 심히 의심받고 있는 일본, 이탈리아, 그리스, 키프로스 등은 재정 여력이 '0'이다. IMF의 2018년 최근 재정 전망 보고서에서도 한국은 '상당한 정도substantial'의 재정 여력이 있는 것으로 조사되었다. 따라서 총지출 증가율 또는 복지 지출 비중 등 정태적 재정 목표보다는 재정정책 집행에 따라 변화하는 사회·경제의 동태적 상태를 감안해 재정지출을 결정하는 정책 집행 패러다임 전환이 필요하다고 할 수 있다.

▌재정 확대라는 '쉬운 정책'과 재정 개혁이라는 '어려운 정책'의 병행

복지 재정 확장으로 향후 어떤 형태로든 국민들의 부담이 증가할 것은 확실하다. 즉, 앞서 제기한 대로 재정 트릴레마의 덫을 피하는 것이 불가피하기 때문이다. 하지만 적극적인 재정 개혁 역시 필요하다. 그 이유는 재정 확대와 같은 '쉬운 정책'만을 쓰기보다는 '어려운 정책'이라고 할 수 있는 재정 개혁을 실천하는 것이 종국적으로 증세 혹은 국가 채무 비율 증가를 위해 국민들을 설득할 수 있는 논의의 정당성을 제공하기 때문이다. 이를 위해 대표적인 재정 개혁 방안 중 하나로 국고 보조금과 조세 지출의 개혁을 제안한다.

국고 보조금은 한 해 거의 60조 원에 달하며 비과세 감면 등과 같은 조세 지출은 40조 원에 달한다. 복지 지출의 많은 부분은 국고 보조금이나 조세 지출의 형태로 집행된다. 근 100조 원에 달하는 국고 보조금과 조세 지출에 대해서 '아껴 쓰고 잘 쓰는' 재정 개혁은 추가적인 재원 조달을 위한 국민 부담 증가 논의의 정당성을 제공할 뿐만 아니라, 튼튼하고 효율적인 재정 시스템 확보를 위해서도 필요한 조치다. 즉, 이는 효율적인 재원 배분 및 예산 낭비 방지를 위한 제도 개혁에 필수적인 조치인 것이다.

우선, 국고 보조금에 대한 개혁은 60조 원에 달하는 전체 보조금에서 재량적 지출(2015년 비중 62.6%)을 대폭 감축하는 것을 고려해볼 수 있다. 국고 보조금에 대한 연도별 사업별 한도를 설정하는 가칭 '국고 보조금 총량제' 등과 같은 정책을 실시해 점증적으로 늘고 있는 낭비성, 선심성, 이벤트성 국고 보조금이 신설되지 않도록 강력하게 관리할 필요가 있다. 한편 비과세 감면 등 조세 지출 역시 상당폭 축소할 필요가 있다. 가령, 비중이 높은 산업이나 중소기업, 에너지 부문(2018년 조세 지출 비중 28.7%)을 중심으로 현재보다 대폭 축소해 과세 기반을 확대할 필요가 있다. 그러나 국고 보조금이나 조세 지출 등은 그것이 귀속되는 수혜 계층이 있기 때문에 개혁하기란 무척 어려운 일이다. '쉬운 정책'과 '어려운 정책'이 병행해 성공하기 위해서는 재정정책 수립의 원칙과 재정 개혁 추진을 위한 제도적 뒷받침이 반드시 필요하다.

재정 트릴레마는 숨긴다고 해서 숨길 수 있는 것도 아니고 또 이를 극복하기 위한 묘수가 하늘에서 떨어지는 것도 아니다. 재정정책 당국과 국민의 뜻을 받드는 정치권이 '어려운 정책'을 추진할 것을 약속하고 이를 제도화하기 위한 장치를 마련해야 한다.

▶▶ **류덕현**

03 높아진 의료비 부담,
어떻게 대응할 것인가?

국민의 기본권인 건강은 복지국가가 추구해야 하는 주요 목표 중 하나다. 우리나라는 국민건강보험 체계를 구축해 짧은 기간 안에 의료보장제도를 성공적으로 정착시킨 국가로 손꼽힌다. 그 결과 국민 의료비 규모나 국민 건강 수준은 놀라울 정도로 향상되어 왔다. 그러나 미래 전망이 과거처럼 밝은 것만은 아니다. 인구 고령화로 의료 수요와 국민 의료비는 빠른 속도로 증가하고 있어 현재의 의료보장 체계가 이를 감당할 수 있을지에 대한 우려가 적지 않다. 지속 가능한 의료보장을 위해 필요한 조건은 무엇일까?

▎40년간 50배 늘어난 국민 의료비

사회보장은 출산, 양육, 실업, 노령, 장애, 질병, 빈곤, 사망 등 사회적 위험으로부터 국민을 보호하고 국민 삶의 질을 향상시키는 데 필요한 소득과 서비스를 보장하는 사회보험, 공공부조, 사회복지서비스 및 관련 복지 제도를 의미한다. 의료보장은 사회보장의 일부로서 질병, 부상, 사망 등의 위험으로부터 국민의 건강권을 보호하기 위해 필요한 보건 의료 서비스를 국가가 제도적으로 제공하기 위한 일련의 체계다. 건강보험, 의료보험, 노인장기요양보험, 산재보험 등은 선진국들이 구축한 대표적인 의료보장 제도다. 이 같은 의료보장제도의 우선 목적은 질병 발생에 따른 과다 의료비 위험을 분산해 일시에 과중한 의료비 부담을 경감하는 것이다. 계층에 따른 의료 혜택의 격차를 줄이는 것도 주된 목적이며 궁극적 목적은 국민의 건강권을 실현하는 것이다.

우리나라의 의료보장 역사는 1963년 '사회보장에 관한 법률'과 '의료보험법'을 제정하면서 시작되었으나 1980년 이전까지는 유명무실했다. 사회·경제적 여건상 건강보험과 같은 의료보장제도를 구축하는 것이 무리였고, 위생 개선, 식생활 개선, 백신과 같은 필수 의료 공급 등 공중보건 투자가 더욱 시급했기 때문이다. 공중보건 개혁의 결과 1960~1970년대 각종 전염병 퇴치에 성공하는 괄목한 성과를 거두게 된다. 1980년대에 들어서 농촌 지역에서 지역의료보험 시범 사업을 실시하고 100인 이상 사업장에 대해 직장의료보험을 도입함으로써 전 국민 의료보험 실시를 위한 첫발을 내딛기 시작했다. 이후 대상 지역과 사업장을 확장하면서 1989년 의료보험 실시 12년 만에 전 국민이 의료보험 자격을 갖게 되었다. 그리고 지역의료보험과 직장의료보험의 조합들을 통합해 2000년에 현재 모습의 국민건강보험이 탄생했다.

실질적인 의료보장성 강화는 2000년 이후 크게 확대되었다. 중증 질환자의 재난적 의료비 부담을 경감하기 위해 2004년부터 본인 부담 상한제를 실시하고 있으며, 지속적으로 저소득층의 상한액을 낮추어 저소득층의 의료보장성을 강화하는 정책을 추진해 왔다. 영유아의 건강 증진을 위해 2008년에 6세 미만 입원 환자의 본인 부담금을 전액 면제해주는 정책을 도입했으며, 2017년부터는 6~15세 아동 및 청소년의 입원 진료비의 본인 부담률을 5%로 경감했다. 노인들의 의료비 부담을 줄이기 위해 국민건강보험 도입 초기부터 65세 이상의 노인에 대해서는 진료비 정액 본인 부담금 제도를 시행했고, 2008년부터는 노인장기요양보험을 도입했다. 중증 질환자의 의료보장성 확대를 위해 2008년에는 암 환자의 본인 부담률을 10%에서 5%로 낮췄으며, 2013년부터는 4대 중증 질환 보장성 강화 정책이 추진되었다. 그리고 이번 정부는 그동안 MRI, 초음파 등 일부 진료 항목에만 실시되었던 비급여 항목의 급여화를 대대적으로 확대하고 치매의 국가책임제를 공약하는 등 의료보장성 강화 정책을 더욱 적극적으로 추진하고 있다.

이와 같은 건강보험 보장성 강화 정책은 세 가지 측면에서 눈에 띄는 효과를 가져왔다. 첫째, 의료비 부담이 줄어들면서 경제적 이유로 의료 서비스를 이용하지 못했던 비율이 빠르게 줄어들었다. 예를 들어, 「지역사회건강조사」 결과에 따르면 의료 접근성이 특히 낮은 저학력 고령자 표본 중 2008년도에 경제적 이유로 의료 기관을 이용하지 못한 경험이 있는 비율이 9%에 달했으나 2015년에는 2% 수준으로 줄어들었다. 둘째, 국민들의 평균적인 건강 수준이 크게 향상되었다. 대표적인 건강 지표인 출생 시 기대수명을 보면, 1970년 62.3세에서 2016년 82.4세로 괄목할 개선이 이뤄졌다. 셋째, 의료보장성이 확대되면서 경상의료비 중 공공 부문 지출의 비중이 1970년 9.1%에 불과했으나 2016년까지 56.4%로 크게 증가했다.

좀 더 주목해야 할 효과는 국민 의료비 규모가 빠르게 증가한 것이다. GDP 대비 국민 의료비 비중은 1970년 2.8%였으나 2016년에는 7.7%에 달한다. 1인당 실질 경상의료비(2015년 가격 기준)를 계산해보면 1970년 5만 원 정도에서 2016년에는 230만 원으로 약 50배 증가했다. 같은 기간 고도성장으로 소득 증가율이 높았지만 의료비 증가율이 더욱 컸다고 할 수 있다.

의료비 지출이 이렇게 급증한 것은 의료 수요 증가와 의료 서비스의 물가 상승에 기인한다. 인구 고령화는 의료 수요 증가의 주요 원인으로 인식되고 있으며, 최근 연구에 따르면 물가를 통제하더라도 인구 고령화는 지난 30년 간 실질 의료비 증가의 약 3분의 1을 설명한다고 한다. 또한 향후 고령화 추이가 예상대로 지속되면 2030년까지 국민 의료비는 GDP 대비 10.5%로 증가할 것으로 예상했다. 여기에 운동, 식습관 등 생활방식의 악화를 고려하면 의료비 지출은 예상보다 더 높게 증가할 가능성이 있다.

▌왜 의료 지출의 효율성이 낮아지는가?

의료보장성이 강화되어 의료 지출이 늘어나더라도 높아진 의료 수요를 감당하고 국민 건강 증진을 지속적으로 개선할 수 있다면 바람직한 현상이다. 하지만 국민 의료비가 증가한다고 그만큼 국민 건강이 향상되는 것은 아니다. 단적인 예로 우리나라와 세계 각국의 의료 지출과 출생 시 기대수명과의 관계를 살펴보자.

[도표 3-6]의 (a)는 2015년 세계 179개 국가들의 1인당 의료 지출 대비 출생 시 기대수명의 관계를 보여준다. 개발도상국의 경우에는 의료 지출이 늘어나면 기대수명이 큰 폭으로 상승하며 의료 지출의 효율성이 높다고 할 수 있다. 반면 선진국들에서는 두 변수의 상관성이 낮고 의료 지출이 개발도상국과 같은 폭으로 늘어도 기대수명의 증가가 개발도상국을 따라가지 못한다. 같은 현상은 [도표 3-6]의 (b)에서 우리나라의 1970~2016년 추이에서도 관측된다. 시간이 지남에 따라 의료 지출이 기대수명을 개선하는 효과는 점차 낮아져왔다. 다시 말해 오늘날 우리나라를 포함한 선진국에서는 과거와 같은 건강 개선의 효과를 누리기 위해서는 더 많은 의료보장과 의료비 지출이 필요함을 시사한다.

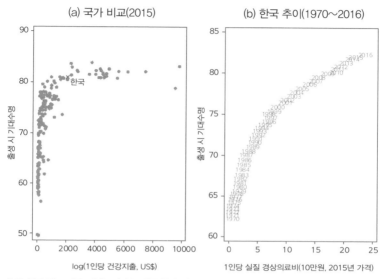

[도표 3-6] 1인당 의료 지출과 출생 시 기대수명의 관계

(a) 국가 비교(2015)

(b) 한국 추이(1970~2016)

출처: 국가 비교 자료-세계보건기구, 한국 추이 자료-국가통계포털

　　의료보장의 효율성이 낮아지는 것은 몇 가지 이유로 설명할 수 있다. 우선 의료 서비스와 의료 기술의 한계 생산성 감소를 들 수 있다. 그동안 의료 기술의 발전은 유해 질병을 퇴치하고 만성 질환 치료를 통해 조기 사망 가능성을 낮추는 데 큰 기여를 했다. 그러나 동일한 치료율을 보장하기 위한 비용은 낮아졌지만 완치율을 100%로 끌어올리고 수명을 더 연장하는 데 드는 한계 비용은 더욱 높아지고 있다. 수명을 연장하고 치료율을 높이기 위해서는 첨단의 의료 기술이 필요하기 때문이다.

　　의료보장성 강화 정책과 제도 자체도 의료보장의 효율성이 낮아지는 원인 중 하나다. 의료보장성 강화로 의료 서비스의 지불

유효 가격이 낮아지면 의료 수요가 늘어나기 마련이다. 가격이 낮아지면 처음에는 의료 서비스가 절실한 환자들에게 적절한 의료 서비스를 제공할 수 있고 이는 의료보장의 취지를 잘 실현하는 결과다. 그러나 점차 보장성이 강화되면 불필요한 의료 서비스 이용도 함께 늘어갈 것이며 그 결과 의료 이용이 건강 증진에 미치는 긍정적인 효과는 점차 낮아질 수밖에 없다.

마지막으로 의료 가격의 상승도 의료 효율성을 낮추는 원인이다. 원론적으로 보면 최근의 의료 가격의 상승은 높은 의료 수요에 비해 의료 공급이 충분히 증가하지 못했기 때문이다. 의료 수요가 증가한 이유는 앞서 설명했고, 의료 공급이 부족한 직접적인 원인은 기술과 인력에 대한 투자가 부족하기 때문이다. 특히 양의 외부성이 높은 의료 부문의 투자는 R&D 지원, 세재 지원, 규제 완화 등 정부의 적극적인 제도적·정책적 뒷받침이 필요하다.

▎지속 가능한 의료보장의 개선 방안

경제적 부담 없이 의료보장의 혜택을 누릴 수 있다면 의료보장의 효율성 저하는 문제가 아니다. 그러나 우리나라 의료보장제도의 주된 축인 건강보험은 국민들이 지불하는 보험료로 운영되는 사회보험이며 현재 약 60조 원 규모로 운영되고 있다. 의료보장성이 강화될수록 질병과 부상으로 인해 직접 지불하는 환자의 의료비 부담은 줄어들겠지만 국민들이 평균적으로 지불하는 보험료 부담은 증가하게 된다. 최근 추계에 따르면 그나마 담뱃세로 조성한 건강증진기금의 지원 덕분에 당기수지 흑자를 유지하고 있는 건강보험 재정은 2018년에 적자로 전환될 것으로 예상된다. 향후 건강보험 보장성 강화가 계획되어 있어 불가피하게 보험료율이 큰 폭으로 증가될 것으로 보인다. 국민들의 의료보장 혜택은 높게 유지하면서 개인과 국가의 의료비 부담을 줄이는 의료보장 효율성 개선에 대한 논의가 필요한 이유다.

▶ 치료보다는 예방과 관리에 중점 두기

의료보장의 효율성을 개선하려면 먼저 지출의 편익을 늘리고 비용을 줄여야 실현할 수 있다. 현재 우리나라 의료비의 상당 부분은 만성질환의 치료 목적으로 쓰이고 있다. 그러나 만성질환에 걸리지 않도록 사전에 예방하고 관리하는 것은 질병 부담을 줄이는 또 다른 방안이다. 특히 치료에 들어가는 비용 대비 예방과 관리의 비용은 현저히 낮기 때문에 건강관리는 비용−효율적인 의료보장 방안이다. OECD 국가들은 평균적으로 우리나라보다 국민 의료비 규모가 크지만 높아지는 의료비 관리를 위해 건강관리에 적잖은 투자를 하고 있다. 예를 들어, 핀란드는 정부 주도하에 당뇨병, 고혈압, 비만 등을 예방하고 치료하기 위한 특정 서비스를 제공하는 전문 의료 기관과 프로그램을 강화하고 있으며, 고용주들도 근로자의 특성에 맞는 질병 예방 프로그램을 운영하고 있다. 그 결과 핀란드는 세계 1위의 비만 국가였지만 최근에는 비만 인구 비율이 낮은 국가로 전환되었다. 우리나라도 의료보장성 강화의 방향을 건강관리로 좀 더 선회할 필요가 있다.

▶ 첨단 의료 기술의 투자와 서비스 도입

다음으로 첨단 의료 기술의 투자와 서비스 도입을 적극적으로 검토해야 한다. 최근 의료 패러다임은 맞춤형 치료와 건강관리로 변모하고 있다. 치료를 좀 더 정교화해 의료 서비스의 효율성을 높이겠다는 의도다. 또한 웨어러블 기기 등 새로운 의료기기들은 건강관리에도 적극 활용되고 있다. 그러나 이러한 기술과 서비스의 도입의 조건은 기존의 치료와 의사 중심의 전통적인 의료 전달 방식보다는 다양한 분야와 전문 인력의 융합적인 방식이다. 따라서 첨단 의료 기술 투자와 서비스 도입을 위해서는 관련 규제를 완화해 산업 간 장벽을 낮추는 노력이 절실하다.

▶ 제도 보완과 계층 간 격차 해소

한편 제도 보완을 통해 의료비를 낮추는 방안도 강구할 필요가 있다. 상대적으로 더 많은 의료 이용을 유발하는 행위별 수가제를 지양하고 포괄 수가제 등을 확대하는 것이 바람직하다. 최근에는 의료 지출에서 의약품 지출의 비중이 늘고 있는데 의약품 생산과 유통 및 건강보험약가결정 과정의 효율성을 높여야한다는 지적도 많다. 한편으로는 의료보장의 계층 간 격차를 줄이는 노력도 필요하다. 그동안 의료보장성 강화 정책으로 국민들의 건강 수준이 전반적으로 높아졌지만 계층 간 건강 및 의료 이용의 격차는 여전히 높다. 특히 비만, 흡연 등 생활 습관과 관련한 건강 지표의 계층 간 격차는 최근 증가하는 추세다. 시간이 지남에 따라 질병 부담과 의료비 부담의 격차가 초래될 것을 예상케 하는 현상이다. 이런 문제들을 적극적으로 해결해야 의료보장의 목적을 달성하고 효율성을 개선할 수 있다.

2016년 기준 우리나라의 건강보험 보장률은 62.6%다. OECD 국가 평균인 80%보다는 낮지만 미국 등 일부 국가들에 비해 높은 수준이다. 문재인 정부는 의료보장성을 좀 더 강화해 건강보험 보장률을 70%까지 끌어올리겠다는 공약을 내세웠다. 그러나 과연 보장률이 높아진다고 의료보장의 질이 높아지고 국민들의 의료비 부담이 낮아질까? 건강보험 보장률만을 가지고 의료보장의 질을 논의하는 것은 어렵다. 국가마다 건강보험의 재원, 의료수가 제도, 보험료 부담 방식, 의료 인프라 등이 상이하기 때문이다. 주목할 사실은 건강보험 보장률이 높다고 반드시 의료보장의 질이 비례적으로 높은 것은 아니라는 점이다. 영국 등 건강보험 보장률이 높은 일부 선진국에서는 의료 이용이 필요 이상으로 많아져 병원 대기 시간이 길어지거나 정부의 과도한 가격 규제로 양질의 의사들은 공공보험 환자를 받지 않는 경우도 있다. 지속 가능한 의료 보장 체계를 구축하기 위해서는 의료보장의 효율성 개선이 중요함을 시사한다.

▶▶ **홍석철**

04 급상승한 소득 불평등, 어떻게 극복할까?

▮ 소득 불평등의 가속화, 무엇이 문제인가?

한국경제는 1960년대 이후 1997년 IMF 사태에 이르기까지 세계의 모범이라 할 고도성장을 보여주었다. 아울러 고도성장 과정에서 대량의 일자리가 만들어져 분배 문제 역시 저절로 해결되었다. 말하자면 성장-고용-분배의 선순환이 이루어진 것이다. 따라서 정부에서 오직 성장에만 신경을 쓰고 일자리, 분배 문제는 별로 신경을 쓰지 않았는데도 분배 문제는 크게 불거지지 않았다. 오히려 다른 나라에 비해 빠른 속도로 빈곤을 감소시키면서 고도성장을 달성할 수 있었다. 세계은행이 1993년 발간한 유명한 보고서 「동아시아의 기적The East Asian Miracle」에서 한국을 성장과 분배를 조화시킨 성공 사례의 하나로 소개한 것은 결코 과장이 아니었다.

그러나 불과 몇 년 뒤 1997년 말 아시아를 강타한 외환위기 이후 상황은 180도로 달라졌다. 성장과 분배의 양립을 더 이상 찾아볼 수 없었다. 지난 20년간 성장률은 눈에 띄게 낮아졌다. 김대중, 노무현, 이명박, 박근혜 정부로 바뀜에 따라 성장률은 각각 5, 4, 3, 2%대의 숫자를 보임으로써 하강 추세는 의심할 여지없이 확실하다.

성장률만 저조한 게 아니라 양극화 현상도 심각하다. 수많은 연구에서 지난 20년간 한국의 소득 불평등은 확대된 것으로 나타난다. 특히 몇 년 전 토마 피케티Thomas Piketty의 저서 『21세기 자본』이 나온 뒤 조세 자료에 입각한 불평등 분석이 새로운 경향으로 나타나고 있는데, 여기서도 불평등 심화는 예외 없이 나타난다. 피케티의 연구 방법을 수용해 한국의 국세청 자료를 갖고 김낙년, 홍민기 두 연구자가 연구 결과를 내놓았다.

김낙년(2014)의 연구는 일제 강점기까지 올라가는 장기 분석인데, 그는 피케티가 여러 나라에 대해 보여준 U자 모양의 불평등 곡선을 한국에서 추출해냈다. 한국의 경우에는 자료의 한계로 인해 중간의 수십 년간은 공백으로 남아 있으나 자료가 있는 양쪽 끝의 기간만 보더라도 어느 정도 U자형의 장기 추세를 파악할 수 있다. 그의 추계 결과에 따르면 한국의 소득 불평등은 1997년 외

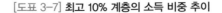

[도표 3-7] 최고 10% 계층의 소득 비중 추이

(단위: %)

출처: 홍민기, 「최상위 소득 비중의 장기 추세(1958-2013년)」, 『경제발전연구』 (2015. 12)

[도표 3-8] 주요국의 상위 10% 계층의 소득몫

(단위: %)

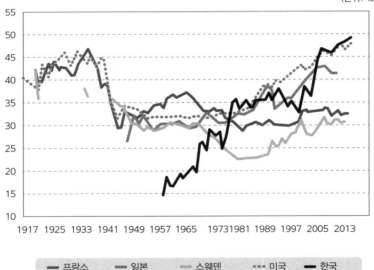

━━ 프랑스　　━━ 일본　　━━ 스웨덴　　••• 미국　　━━ 한국

출처: 홍민기, 「최상위 소득 비중의 장기 추세(1958-2013년)」, 『경제발전연구』 (2015. 12)

환위기 이후 확실히 증가 추세를 보여주고 있으며, 그 수준은 최근에 와서는 일본, 프랑스를 추월해서 미국에 근접해가고 있다는 것이다.

홍민기(2015) 박사 역시 국세청 소득세 자료를 갖고 불평등 추이를 분석했다. 이 연구는 1958년 이후 한국의 불평등이 상승 추세를 보여온 것으로 나타난다. 김낙년, 홍민기 두 연구자의 분석 결과는 전반기에 대해서는 상당히 다르지만 적어도 1998년 이후 불평등의 상승에서는 일치하고 있다. 특히 [도표 3-8]이 보여주듯이 한국의 불평등 수준은 여러 나라를 추월해 현재 OECD에서 가장 불평등한 나라인 미국에 근접하고 있다.

물론 불평등 심화는 세계적 현상이고, 한국보다 더 불평등한 나라가 후진국 중에는 많이 있지만 불평등의 상승 속도에서 한국만큼 빠른 나라를 찾아보기 어렵다는 점이 우려스러운 상황이다.

| 노동 분배율의 하락과 자본 소득 분배율의 상승

지난 20년간 또 하나 뚜렷이 나타나는 현상은 노동 분배율의 하락이다. 피케티의 연구에 의하면 이것 역시 지난 30년간 범세계적 현상이지만 문제는 한국만큼 이 문제가 심각한 나라도 드물다는 것이다. OECD 각국에서 최근 노동 분배율은 약 5%포인트 정도 하락했는데, 한국에서는 약 10%포인트 하락해 다른 OECD 국가를 능가하고 있다. 피케티는 지난 30년간 자본의 힘이 강화되고 자본 소득 분배율이 상승한 현상을 여러 선진국 통계를 통해 밝혔는데, 한국에서 이 현상이 가장 현저하게 나타나고 있다는 것은 비정규직의 팽배 현상과 떨어져 생각할 수는 없을 것이다. 한국에서 지난 20년간 비정규직의 오남용이 극심한 결과 노동의 분배 몫이 크게 하락했고, 자본 소득 몫은 증가해온 것이다. 이 현상의 다른 얼굴이 가계 소득의 하락과 기업 소득의 증가 현상이다. 노동 분배율의 하락과 가계 소득의 하락은 거의 같은 움직임을 보이며, 그것과 동시에 자본 분배율의 상승과 기업 소득의 증가가 진행되어 왔다.

이상에서 본 바와 같이 1997년 말 한국을 강타한 소위 IMF 사태 이후 심해진 소득 양극화 현상은 전혀 줄어들 기미가 보이지 않고 있다. 현재 불평등 심화는 거의 전 세계적 현상이지만 한국만큼 그 속도가 빠른 나라는 많지 않다. 뿐만 아니라, 인적 자본 투자의 상당 부분을 가계가 담당하고 있는 현실에서 가계 소득과 노동 분배율의 침체는 저소득 계층의 인적 자본 투자를 저해함으로써 장기적으로 경제성장의 동력을 훼손할 우려가 있다.

이처럼 불평등이 심화되고 있음에도 불구하고 그것을 완화할 정책 수단은 좀처럼 눈에 띄지 않는다. GDP 대비 복지 지출은 OECD 국가에 비해 턱없이 낮아서 다른 나라에서 보는 소득 재분배 기능이 나타나지 않는다.

1997년 외환위기 이후 한국 정부에 대한 IMF와 미국의 입김이 강해지면서 급속히 시장만능주의가 도입돼 도처에서 종래의 관치 경제, 발전 국가 모델과 충돌해 파열음을 일으키고 있다. 최근의 저성장, 양극화 문제는 우리 경제가 기존의 패러다임의 조화를 잃고 방황하는 결과로 해석할 수 있다.

▌ 최저임금 증가에서 소득주도 성장으로

이제는 성장지상주의 대신 성장과 복지의 조화, 시장만능주의 대신 시장, 국가, 공공의 조화를 모색해야 할 때다. 우리나라의 1인당 소득은 3만 달러 수준이지만 복지 지출 수준은 아직 다른 나라의 1만 달러 시대의 복지에 머물고 있다. 국민 소득 수준을 생각하면 현재 복지 지출의 세 배는 되어야 국제 표준에 도달한다. 그런데도 국내에서는 "복지가 성장의 발목 잡는다." "복지는 포퓰리즘이다." 등등 근거 없는 강한 주장이 난무하는 실정이다.

한국은 워낙 성장지상주의 전통이 강한 나라여서 다시 성장 논쟁이 벌어지고 있다. 문재인 정부가 출범한 지 1년이 지난 지금 소득주도 성장을 두고 치열한 공방전이 진행 중이다. 소득주도 성장은 임금주도 성장의 변종이다. 수년 전부터 세계노동기구ILO에서는 임금주도 성장을 강조해왔다. 노동자들의, 특히 저임금 노동자들의 임금을 높여주는 것은 시장에서 생산물에 대한 구매력을 높이므로 이것은 수요 증가를 통해 다시 소득 증가를 가져오는 경제의 선순환을 일으킨다는 논리다. 공급보다는 수요 측면에 착안하는 케인스주의적 발상이라고 할 수 있다.

성장론의 역사를 보면 한때 수출 주도 성장이 있었고, 그 뒤 부채 주도 성장이 있었는데, 최신 조류에 해당하는 것이 임금주도 성장이다. 한때 수출을 '성장의 엔진'이라고 불렀는데, 임금을 성장의 엔진이라고 보는 점에서 새로운 관점이다. 지금처럼 오래 가는 세계적 불황과 세계적 소득 양극화의 현실에서는 상당히 일리 있는 이론이라고 할 수 있다. 세계적 불황 속에서 나 홀로 수출 강행은 어렵고, 가계 부채가 한계를 넘은 지금 부채 주도 성장은 위험하므로 임금주도 성장이 유력한 대안이 될 만하다.

한국에서는 임금주도 성장이 소득주도 성장으로 확대됐다. 임금도 중요하지만 다른 나라보다 압도적으로 자영업자들이 많으므로 자영업 소득도 포함하고, 열악한 처지의 중소기업의 소득도 포함해 소득주도 성장으로 확대된 것이다. 임금주도 성장의 논리에 바탕을 두면서 한국적 현실을 반영한 것이 소득주도 성장이다. 현재 보수파에서는 2018년의 고용 지표, 분배 지표가 나쁘게 나타난 것을 근거로 소득주도 성장 폐기를 요구하고 있는데, 양측의 대립 양상은 거의 이념전쟁에 가깝다. 그러나 현실을 살펴보면 문재인 정부 1년간 소득주도 성장을 본격적으로 추진했다고 할 수 없다. 최저임금만 과도하게 올렸을 뿐이지 종합적으로 볼 때 소득주도 성장을 소홀히 했다. 예를 들어 복지 확충, 토지 보유세 강화를 통한 부동산 문제의 근본적 해결, 대기업의 중소기업에 대한 갑질, 횡포 근절과 경제민주화 같은 것은 대표적인 소득주도 성장의 전략들인데, 이런 것을 도무지 볼 수가 없다. 서울의 아파트 가격은 연일 폭등 양상인데, 청와대는 그것을 잡을 근본 대책인 토지 보유세 강화를 끝까지 기피하면서 효과가 의심스러운 수없이 많은 처방을 나열해왔다. 1년간 증세 규모가 5.5조 원에 그치고 있는데, 이것을 가지고는 한국이 OECD 평균의 복지 지출 100조 원을 마련하기에는 태부족이다. 요컨대 지난 1년간 소득주도 성장은 말만 요란할 뿐 전혀 실행에 옮겨진 것이 없다고 해도 과언이 아니다. 복지, 부동산, 공정경쟁 등 소득주도 성장의 주무기를 칼집에 넣어둔 채 오직 최저임금 인상에 지나치게 의존한 결과가 지금 나타나는 최악의 고용, 최악의 분배 상태가 아니겠는가. 여러 개의 엔진을 동시에 가동해 침체에 빠진 한국경제 비행기를 띄워야 하는데, 최저임금이란 하나의 엔진에만 의존한 것은 잘못이다.

그러므로 지금의 실패는 소득주도 성장의 실패가 아니라 정책 판단의 실패일 가능성이 높다. 오히려 지금이라도 늦었지만 소득주도 성장에 본격 나서야 한다. 소득주도 성장이 모든 나라에서 성공할 수 있는 것은 아니지만 한국이나 미국처럼 불평등이 심한 나라에서 성공하기 쉽다. 불평등이 심할 때 저소득층, 노동자, 중소기업 등 경제적 약자의 소득을 늘리면 그것은 소비 지출 증대로 연결되기 쉽고 성장에 불을 붙이기 쉽다. 대공황 때 뉴딜 정책의 효과가 그 증거다. 반대로 북유럽처럼 이미 분배가 평등한 나라에서는 소득주도 성장 정책이 큰 효과를 거두기 어려울 것이다.

▎혁신 성장, 대·중소기업 간 갑을 관계부터 깨라

　　보수 쪽에서 소득주도 성장의 대항마로 내놓는 것이 소위 혁신 성장이다. 우리나라 경제학자의 대다수를 차지하는 보수적 경제학자들이 압도적으로 지지하는 게 혁신 성장이고, 보수 언론과 보수 정치인들도 혁신 성장을 응원한다. 성장을 위해 혁신이 필요하다는 것은 삼척동자도 아는 상식이고, 어떻게 보면 혁신 성장이라는 것은 동어반복에 가깝다. 한국의 보수파들이 문재인 정부가 내세우는 소득주도 성장을 의심하면서 혁신 성장을 앞세우는 것은 오래 전 분배냐 성장이냐의 문제로 끊임없이 노무현 정부를 압박하던 시절을 연상시킨다. 그런데 지금은 분배가 잘 돼야 성장도 가능하다는 것이 세계은행, IMF, OECD가 이구동성으로 인정하는 추세다. 따라서 당시 성장과 분배 양자택일로 분배 정책을 공격한 것이 번지수가 틀렸듯이 지금 혁신 성장과 소득주도 성장이란 구도하에 소득주도 성장 폐기를 요구하는 것도 지나치다.

　　물론 혁신 성장은 좋은 것이고 반드시 필요하다. 문제는 한국에서는 왜 혁신이 잘 안 되느냐, 어떻게 하면 혁신이 되는가 하는 것이다. 구소련에서는 기업이 기술 혁신을 하면 당장은 포상을 받지만 그다음 해부터 생산 목표가 올라가기 때문에 길게 보면 혁신 인센티브가 없었다. 그래서 소련의 기술 혁신이 지체됐고 결국 사회주의 붕괴의 중요 원인이 됐다. 케네디 대통령의 취임사를 썼던 경제학자 갤브레이스John Kenneth Galbraith는 인도 대사로 임명받아 근무한 뒤 인도 농촌의 빈곤을 분석한 『대중빈곤의 본질』이란 책을 썼다. 당시 인도 농민들은 답답하게도 기술 혁신을 받아들이지 않고 생산성이 낮은 전통 기술을 고수하고 있었다. 갤브레이스의 분석에 의하면 그 이유는 이렇다. 현재는 농민들이 전통적 기술로 수확을 해서 겨우 연명하고 있는데 만약 기술 혁신을 시도할 경우 잘 되면 다행이지만 자칫 실패하는 날에는 가족의 생계가 위태로워진다는 것이다. 물에 빠져 허우적대는 사람에게 새로운 수영법을 가르치는 것은 오히려 익사케 할 위험이 있다.

기술 혁신은 항상 실패 가능성이 높은 모험이고, 이것이 가능하려면 최소한의 안전이 보장돼야 한다. 북유럽 복지국가가 혁신을 잘 하는 이유는 두터운 사회안전망 덕분이다. 한국에서도 성장을 위해 혁신이 필수불가결인데, 이를 위한 사회안전망과 인센티브 체제가 갖춰져 있지 않다. 생존에 허덕이는 중소기업이 어렵사리 기술 혁신을 하면 재벌이 얌체처럼 가로채간다. 중소기업이 어렵사리 기술 혁신을 해봤자 매년 가혹한 가격 후려치기를 하니 혁신을 할 인센티브가 없다. 이와 같이 한국 재벌과 중소기업 간의 심각한 갑을 관계 속에는 소련과 인도의 문제가 중첩되어 있다. 중소기업의 기술 혁신 인센티브 제공, 그리고 모험적 기술 혁신을 가능케 하는 사회안전망 없이는 혁신 성장은 불가능하다. 혁신 성장은 물론 바람직한데, 그것을 위한 경제 개혁이 전제조건이다. 이런 문제는 멀리한 채 오직 규제 완화만 외치는 것은 반쪽의 진리에 불과하다.

▶▶ 이정우

05 지속적 혁신 성장의 길을 찾다

2017년 새롭게 출범한 문재인 정부는 세 가지 정책적 어프로치를 취했는데, 소득주도 성장, 혁신 성장, 공정 경제가 그것이다. 2018년 들어 누구나 혁신 성장을 이야기하는 과정에서 갑론을박이 진행되고 있는데, 진정한 혁신 성장이 무엇일지에 대한 깊은 고민이 필요하다.

혁신 성장은 기본적으로 기존 방식으로는 어렵다는 문제의식에서 출발한다. 기존 방식이란 '상대적으로 전통적인 산업에서 거대 기업의 주도로 이루어지는 비용 위주의 세계 시장 공략, 그리고 이를 위한 내수 비용 절감'이라고 거칠게 정리할 수 있다. 이를 위해 효율성이 극단적으로 중시되고 대규모 자본 투입이 이루어지며 이 과정에서 정부의 재정이 지원되는 방식이다. 이에 반해 혁신 성장은 이러한 상황에서 벗어나 기존 방식과는 다른 혁신적 활동을 통해 고부가가치를 창출해 기존보다는 지속적인 성장을 도모하자는 것이다.

▎혁신 성장을 둘러싼 오해들

▶ 규제 완화론: 혁신 성장은 규제를 완화하고 노동을 유연하게 하는 등 기업 활동을 활발하게 하면 된다

특정 기업군을 대변할 수밖에 없는 경제 단체들과 언론에서 등장하는 것인데, 기존의 정부 규제와 노동 부문의 경직성이 혁신 성장의 핵심적인 걸림돌이라는 주장이다. 여기에는 기업의 모든 활동이 곧 혁신 성장을 가져오는 혁신적 활동이라는 전제가 깔려 있다. 그렇지만 이 전제는 성립하지 않을 뿐 아니라 부작용을 가져올 가능성마저 농후한 것이 우리의 현실이다.

규제 완화는 기업 투자, 특히 대기업 투자를 늘릴 수는 있지만 이들 기업 투자가 다 혁신적인 것은 아니다. 이를테면 박근혜 정부 때 언론 지면을 도배했던 면세점 쟁탈을 위한 대기업 간 이전 투구를 혁신 활동이라고 보기는 어렵다. 기업들 사이에 자원을 둘러싼 경쟁과 기존 시장을 지키기 위한 몸부림은 당연한 것일 수 있으나, 여기에 혁신의 의미를 부여하기는 어렵다. 오히려 기존 방식의 투자 확대는 자원 배분이나 배치의 왜곡을 가져와 기존 방

식에서의 탈피를 더욱 어렵게 만들 가능성이 크다.

특히 상대적으로 규모가 큰 기업은 경제 전반에 미치는 영향력은 크지만, 통상 이들에게서 기존 방식에서 벗어난 혁신 활동을 기대하기에는 무리가 따른다. 기존 시장을 지키고 확대하기 위해 상당한 자원과 관심이 동원되어야 하고 기존의 성공 경험에서 자유로울 수 없으며, 조직의 비대화에 따라 관행에서 벗어난 시각으로 시장과 비즈니스를 바라보기가 쉽지 않기 때문이다. 혁신 활동으로 급성장한 구글 등이 최근에 혁신을 억압하는 존재로 비판받는 상황을 생각해볼 필요가 있다.

▶ 투입 요소 중시론: 연구개발 투자 등 신기술 투자를 가속해서 신기술을 채택해 제품 및 서비스를 만들면 된다

최근 10여 년 사이에 가장 우수한 혁신 성과로 거론되는 애플사의 아이팟이나 아이폰은 애플사가 대단한 신기술을 개발하고 이를 제품으로 구현한 것이 아니다. 이명박 정부 때 우리는 왜 못하냐며 논란이 되었던 닌텐도의 위wii의 경우도 유사하다. 오히려 중요한 것은 기술이 아니라 시장에서 요구하는 바가 무엇인지를 간파하고 이를 비즈니스 모델로 어떻게 구현할 것인가다. 이를테면 4차 산업혁명 운운하면서 거론되는 주요 기술 분야에서 다른 나라보다 기술 개발이 지체돼 있으니 이들 분야에 대규모 자금 투입을 통해 압축적으로 기술 개발을 이루어내자는 주장이 설득력을 갖는 것처럼 보이지만, 오히려 보다 핵심적인 것은 이들 기

술의 특성을 파악, 어떻게 활용해서 어떤 문제를 해결할 것인가에 관한 통찰력이다. 예컨대 블록체인 기술로 무엇을 할 것인가가 훨씬 핵심적인 질문이고 중요한 의사결정 대상이다.

▶ 총동원령: 가용 자원을 총동원해서 집중적으로 시행하면 된다

하다못해 기존의 물리적 공간을 재배치하는 지하철이나 고속도로 등 유형의 설비를 구축하는 데도 몇 년 이상이 소요된다는 점을 고려해야 한다. 혁신 성장이 기존의 방식에서 벗어나는 것이란 점을 고려하면, 이를 위한 노력은 경제 전반에 걸친 기존 게임의 룰의 변화를 동반하는 것이며, 나아가 경제 패러다임의 변경까지를 고려해야 하는 길게 내다 봐야 할 사안이다. 이때 오히려 중요한 것은 재빨리 일을 처리하는 데 연연하기보다는 어떻게 우리 실정에 맞는 새로운 성장 방식으로 이행할 것인지에 관한, 즉 경로에 대한 고민과 실험이다. 한국경제로서는 익숙하지 않은 길을 가는 것이기 때문이다. 여기에는 경제 주체의 마인드와 제도 변경에 대한 고민이 따라와야 한다. 과거의 방식인 단기간에 이루어지는 대규모 동원은 일을 그르칠 가능성을 키울 수 있다.

혁신 문화가 정착되어야 혁신 성장이 가능하다

혁신이란 시장과 사람들이 직면한 문제에 상업적이거나 비상업적으로 새로운 해결책을 내놓는 것이다. 즉 기존에 해결되지 못

한 구매력 있는 시장 수요에 호소할 수 있는 해결책을 내놓거나 사회가 직면한 제반 문제에 대한 해결책을 제공해 사회가 부담해야 하는 비용을 축소시키거나 삶의 질을 올리는 것이다. 결과적으로 국내외 시장과 사회에 제공하는 가치창출에 성공하는 것이다.

혁신 성장이란 이렇게 문제를 해결하려는 일련의 혁신 활동을 의욕적으로 추진하는 조직이나 집단으로 자원이 배치되고 이들에게 자원이 지속적으로 흘러가며 이들의 혁신 활동을 고양할 수 있도록 인센티브 구조가 자리 잡을 때 비로소 가능해진다. 이들 조직을 연계하는 생태계가 조성되고 활성화될수록 이들이 수행하는 혁신 활동의 질적 수준은 제고되고 혁신 성과는 높아진다. 결국 이러한 구조가 안정적으로 구축되고 작동할 때 혁신 성장은 가능해지는 것이다.

현재는 기존 대기업 등에 의해 자금 시장과 제품 시장이 모두 장악된 상태이고 결과적으로 스타트업 등 혁신 기업이 이에 접근하기가 쉽지 않은 상태다. 즉 기존 기업이 이미 창출된 가치의 획득에만 주로 주목하면서 혁신적 활동과 혁신적 집단의 형성에 걸림돌로 기능하는 상태다. 이 상태에서는 이른바 공정 경쟁을 도모하는 공정 경제를 넘어서 제반 경제 제도를 혁신 기업이나 혁신 집단에 오히려 편향적인 방식으로 재배치하는 것이 필요하다.

근본적으로는 개별 조직을 포함해 사회 전반적으로 혁신의 문화가 정착될 때 지속적인 혁신 성장이 가능해진다. 혁신의 문화는 기존의 관행이나 발상으로부터 벗어나려는 시도가 일상적이고 독려되는 문화다. 이에 따라 변화의 추구와 다양한 실험을 통한 학습이 중요한 가치로 자리 잡는 문화다.

이를 위해 혁신적인 활동이 해당 주체의 생계와 지위를 위협하지 않아야 하며, 자신이 관심을 갖는 문제 해결에 천착하고 이를 통한 성취감을 스스로의 동력으로 활용하는 조직 내외의 환경이 갖추어져야 한다. 여기서 문제는 목표로 설정한 시장과 사회가 직면하는 문제다.

기존 기업이나 신생 기업 모두 기존의 수직적 조직 문화에서 벗어나 혁신의 문화가 정착되었을 때 일회적이지 않은 지속적인 혁신을 통한 안정적인 성장을 도모할 수 있다. 이때 기존의 사업 방식이나 사업 내용의 유지와 확장을 통해서는 지속적인 성장을 도모하기 어려운 시대가 되었음을 인식하는 것이 중요하다. 또한 기존의 관행이 강력한 관성을 발휘한다는 점에 유의하면서 지금까지의 사업 조직과는 분리된 새로운 사업 단위를 형성해, 다양한 실험을 시행하면서 혁신의 문화를 내재화해야 한다. 특히 한국의 기업은 기존 제조업 위주의 경험에 사로 잡혀서 시야가 협소해질 수 있다는 점을 감안, 목표 고객을 공략할 수 있는 다양한 방식의 시도를 통해 제조를 넘어서 서비스 영역까지 통합한 비즈니스 모델 혁신을 도모해야 한다.

정부는 여전히 정부 주도의 특정 분야 선택과 해당 분야에 대한 대규모 물량 투입으로 성과를 낼 수 있다는 사고방식에서 자유롭지 못한 게 사실이다. 단기적으로 가시적인 성과를 내겠다는 사고방식에서 벗어나야 한다. 정권이 바뀌더라도 매번 동일한 오류에서 허덕이고 있다. 지난 20여 년의 경험을 되짚어보더라도 과거와는 달리 제한적인 정보만을 가질 수밖에 없는 정부의 주도성은 축소하는 것이 바람직하다. 오히려 사회 전반적으로 혁신의 문화가 정착되고 확산될 수 있는 기반을 조성하고 혁신 활동이 효과적으로 이루어질 수 있도록 사회적 자본을 확충하고 관련 제도의 정비에 주력하는 것이 낫다. 특히 혁신 활동의 성과가 혁신자 그룹이 아닌 기존의 자원 보유자에게 넘어가는 것을 억제할 필요가 있으며, 규제 완화의 경우에도 통상적인 기업 활동이 아니라 벤처 투자에 대한 규제 등 혁신 활동이나 혁신적 그룹의 장애물이 되는 경우에 이들 특정 규제 완화의 공론화를 거쳐 혁신 친화적인 방식으로 변경할 필요가 있다.

▎'고식지계'에서 벗어나 지속적 혁신 성장으로

우리 경제에서는 20년 전의 외환위기 이후에 벤처 붐 등 일시적인 기간을 제외하면 사실상 특별한 의미를 부여할 수 있는 혁신이 일어나지 않았고 결과적으로 저성장과 양극화로 경제 동력이 사라지고 있다. 중국 특수로 잠시 가려져 있었을 뿐 기존 대기업으로부터의 성과가 더 이상 경제 전반에 확산되지 않으며, 기존 대기업조차도 혁신을 가속화하지 않으면 기존의 위상을 유지하기가 어려운 상태가 되었다. 이러한 상황에서 기존 대기업에 의존할 수밖에 없는 방식의 대규모 기업 투자는 단기적인 효과에 그치면서 한국경제의 혁신 성장의 여건을 더욱 악화시킬 가능성이 매우 크다.

2019년, 이제는 고식지계姑息之計에서 벗어나야 할 때다. 한국 경제가 잃어버린 지난 20년에서 벗어나려면 기존 방식의 재탕 및 유지가 아니라 혁신적인 기업 집단으로 경제 전반의 자원이 흘러가면서 혁신 활동이 활성화되는 혁신 성장으로 경제 패러다임이 변경되어야 한다. 이를 통해 혁신 활동으로부터의 온기가 경제 전반으로 확산되는, 즉 윗목과 아랫목이 단절되지 않는 성장이 추구되어야 한다.

▶▶ **박규호**

PART 4

한반도 평화 시대
북한은 한국경제의 기회의 창인가

북한의 비핵화는 북한경제의 개혁개방과 밀접히 관련되어 있다. 경제 제재로 인해 정상적인 대외 경제 관계가 불가능한 상태에서 의미 있는 요소 생산성 향상이나 경제성장은 불가능하다. 생존 수준의 경제 운용은 가능할 것이다. 하지만 이마저도 장기간 지속하기는 어렵다.

북한 주민의 생활 수준 향상이 늦추기 어려운 정권 차원의 과제라면 경제 제재를 풀기 위한 비핵화의 의지는 당연해 보인다. 북한이 많은 사람들의 기대에 부응해서 핵을 포기하고 경제 개발에 적극 나선다면 북한이 스스로를 혁신해나가는 것이 무엇보다 중요하다. 시장 기능 활성화, 기업 구조 개혁, 경제 운용 방식 개선 등에서의 변화들이 선행될 필요가 있다. 여기에 외부 자본과 기술의 도입, 그리고 효율적 활용이 덧붙여진다면 고성장 경제로 탈바꿈하는 것이 그리 어려운 일이 아닐 수도 있다.

외부 자본과 기술의 도입 방법은 매우 다양하다. 상업 베이스의 민간 기업 투자가 가장 효율적이고 북한의 시장 기능 활성화와 기업 구조 개혁에도 여러 가지 긍정적인 영향을 줄 것이다. 다만 지금의 북한경제 여건에서 민간 외자 기업이 할 수 있는 역할은 꽤 제한적이다. 비교적 단기에, 길어야 2~3년 안에 성과가 나타나지 않는다면 투자 지속 확대는 기대하기 어렵기 때문이다. 민간 기업의 투자 여건을 획기적으로 개선하는 노력이 수반되어야 한다. 북한의 경제 운용 방식 변화와 에너지, 도로, 철도 등 사회간접자본의 확충이 불가피하다.

투자의 회임 기간을 고려할 때 에너지 기반 시설과 사회간접자본을 상업 베이스의 민간 투자만으로 확충하는 것은 어렵다. 대일 청구권 자금, 국제 개발 기관 차관, 남한의 재정 투자 지원, 중국, 러시아 등과의 정부 간 협력 등 보다 광범위하고 장기적 관점의 공적 자금 투입이 있어야 한다.

여기서 한국의 역할이 매우 중요하게 될 것이다. 장기적 관점의 공적 자금원으로서뿐만 아니다. 한국에 대한 신용이 북한 리스크를 낮추는 데 기여할 수 있고, 남과 북의 산업 구조 차이가 상호 협력에 따른 이익 측면에서 다른 어떤 국가 경제와의 협력보다 유리하다. 남한 민간 기업의 대북 투자가 저임금 노동에 의존하는 한계 기업을 넘어 글로벌 경쟁력을 가진 기업 투자로 본격 확산된다면 북한경제에 줄 수 있는 이익은 매우 커질 것이다. 이는 한국 경제와 기업의 대외 경쟁력 강화에도 도움이 된다.

남북 간 긴장 해소와 평화적 공존의 가능성이 높아지는 지금

이야말로 북한의 경제 개발을 적극 도우면서, 한국경제의 외연 확장이라는 장기 관점에도 부합하고, 투자 효율적인 남북한 경제 협력 방안의 큰 그림을 생각해나갈 때다.

PART 4에서는 우선, 북한의 개혁개방이 어떤 지향점을 갖고, 어떤 경로를 따라 이루어질 수 있는지, 그에 따라 북한의 경제성장 속도는 어떤 차이를 보일 것인지를 전망해본다. 그다음 북한의 현 경제가 시장화의 관점에서 어느 정도의 수준인지를 평가하고, 남북 경협의 새로운 진전을 위해 합리적이고 선택 가능한 방안들이 어떤 것들이 있는지 살펴본다. 마지막으로 경제 개발의 핵심 인프라인 에너지 산업과 사회간접자본의 현실과 남북 간 협력의 기회를 탐색해본다.

▶▶ **김주형**

01 북한의 개혁개방 시나리오

| 북한의 비핵화와 경제 개혁개방

　2016~2018년 전 세계 언론에 가장 자주 등장한 이슈 중 하나는 북한 문제였을 것이다. 그리고 이 문제만큼 분위기가 드라마틱하게 진행된 주제를 찾기도 어렵다. 2016~2017년 동안 북한은 4차부터 6차에 이르기까지 세 번의 핵실험과 대륙간탄도미사일ICBM을 포함해 16번의 미사일 실험을 단행했다. 국제 사회는 북한의 도발에 심각한 우려를 표명해 제재를 강화했고 미국에서는 군사 공격 불가피론까지 확산되는 상황이었다. 그러나 2017년 말 북한의 분위기가 바뀔 수 있는 조짐이 보였고 2018년 초에는 북한의

평창올림픽 참가에 이어 남북 정상회담이 두 차례 열렸으며 지난 6월에는 최초의 북미 정상회담까지 개최되었다.

그러나 기대와는 달리 비핵화의 속도는 느리다. 미국, 남한 등 국제 사회는 북한 핵의 'CVID complete, verifiable, irreversible dismantlement'를 원하고 있지만 2018년 8월 현재 북한은 핵과 미사일의 추가 실험을 멈추고 일부 핵미사일 관련 시설을 폭파하거나 해체하는 정도에 머무르고 있다. 핵 폐기의 가장 어려운 문제, 즉 북한이 이미 보유하고 있는 핵과 미사일, 핵물질의 신고, 그리고 이의 폐기에 이르기에는 난관이 많다. 이미 핵을 가진 나라가 완전하게 핵을 폐기한 경우는 핵이 더 이상 필요 없거나 오히려 보유에 따르는 직간접적 부담으로 인해 자발적으로 이를 없애고자 했기 때문이다. 그러나 북한의 경우, 자발적으로 'CVID'를 하려고 할지에 대해 다수의 전문가들이 의문을 표하고 있다.

북한 개혁개방의 성공은 비핵화의 진전과 맞물려 있다. 비핵화에 근본적인 진전이 없을 경우, 유엔과 미국의 대북 경제 제재는 지속될 가능성이 높다. 대북 제재 이전인 2014~2015년에 북한의 무역 의존도가 50%가량에 이르렀다. 이는 같은 기간 모든 국가의 무역 의존도 평균인 60%에 근접하는 수치다. 대외 의존도가 높은 경제는 무역 제재에 취약하다. 더욱이 2016년 이후 다섯 차례 통과된 유엔의 대북 제재는 제재 이전 북한 수출의 94%를 차단하는 효과를 가진다. 따라서 북한경제의 회복과 북한 개혁개방의 성공 가능성은 대북 제재 해제 혹은 대폭 완화 없이는 매우 제한적이다.

김정은의 경제 집중 노선과 정책의 변화

2018년 4월 조선노동당 중앙위원회에서 김정은은 핵 무력 완성을 선언함과 동시에 사회주의 경제 건설에 총력을 기울이는 경제 집중 전략 노선을 천명했다. 이는 2013년 3월, 조선노동당 중앙위원회 전원회의에서 결정한 '경제 건설과 핵 무력 건설 병진 노선'을 수정한 것이었다. 이는 핵 개발과 경제 발전을 동시에 추구하는 전략을 오로지 경제에 집중하는 것으로 바꾸겠다는 선언이다. 김정일 시기의 노선인 '선군先軍 정치'까지 포함시켜 본다면 북한의 국가 노선은 '선군 – 핵·경제 병진 – 경제 집중'의 순서로 경제가 더욱 강조되는 추세다.

김정은의 경제 정책은 자본주의적 요소를 일부 받아들이는 측면이 있으나 중국과 베트남의 초기 개혁개방 수준에는 크게 미치지 못한다. 북한에서 가장 주목할 만한 개혁은 농업 부문에서 포전담당제를 도입해 국가와 3~4가구로 이루어진 협동농장의 분조가 농업 생산량을 일정 비율로 나누는 개혁을 시도한 것이다. 그러나 이마저도 중국의 개혁개방 시기의 농가책임제household responsibility system와 비교해서는 개혁의 강도가 훨씬 떨어진다. 중국의 경우는 협동농장을 가족농으로 바꾸고 개혁 이전의 물량만큼은 정부에게 납부하되 잉여 농산물은 자유롭게 처분하도록 했다. 북한의 다른 정책은 성공 가능성이 더욱 제한적이다. 북한은 기업의 관리 책임제를 도입해 임금과 고용에 있어 일부 자율권을 허락했다. 그러나 이 정책은 창업과 기업 활동의 자유, 그리고 소유권 개혁 없이는 의도한 성과를 내기 어렵다. 경제개발구도 마찬가지다. 북한 내부에 동원 가능한 자본이 빈약할뿐더러 대북 제재가 지속되는 상황에서 이 개발구에 투자하려는 국제 자본은 없을 것이다. 오히려 북한의 경제성장에 가장 긍정적인 영향을 미친 정책은 김정일 시기와 달리 더 이상 시장 거래를 단속하지 않고 이를 암묵적으로 허용한 것이다. 시장을 인정한다는 것은 경제를 자유화한다는 의미이며 시장을 기초로 한 자유로운 경제 활동은 자본주의의 근간이다. 그러나 북한은 아직 시장을 법적·제도적으로 인정하는 데까지는 이르지 못하고 있다.

북한은 2018년 4월 사회주의 경제 건설에 총력을 집중하는 경제 집중 노선을 천명하면서 그 방법을 '주체화, 현대화, 정보화, 과학화'로 밝혔으며 이를 통해 자력갱생하겠다고 피력했다. 그러나 북한은 경제성장의 방법을 잘못 짚었다. 무엇보다 북한과 같이 무역 의존도가 비교적 높은 나라는 자력갱생하기 어렵다. 생산 설비와 원자재 등이 수입에 크게 의존하고 있고 이를 수입하기 위해서는 수출이 필요하다. 또 정보화와 과학화를 이루려면 기술의 수입이 필요하다. 이와 같이 정책의 수단이 서로 상충될 뿐 아니라 이런 방법으로 경제를 발전시킬 수도 없을 것이다.

북한과 같은 저개발국 성장의 가장 중요한 동력은 교육과 제도의 개선이다. 북한에서 교육의 질이 상승하기 위해서는 이념 교육 중심의 커리큘럼을 바꾸고 학생들을 노력 동원에서 배제할 필

[도표 4-1] 북한 변화 시나리오와 연평균 경제성장률 전망

시나리오	연평균 경제성장률
북한 제도 변화(자본주의로의 체제 이행)와 남북한 경제 통합(제재 해제 가정)	13%
남북 경제 통합 없이 체제 이행(제재 해제 가정)	4~7%
체제 이행과 남북 통합 없이 현재 경제 정책 지속 (제재 해제 가정)	0~3%
제재가 지속되며 현재 경제 정책 지속	−7~0%
제재가 지속되며 시장 활동을 단속함	−10%까지 하락할 수 있음

출처: 저자 작성

요가 있다. 그리고 제도 개선의 핵심은 체제 전환이다. 특히 북한이 가장 필요로 하는 제도 변화는 '1) 협동농장의 가족농화, 2) 시장 거래의 공식적 인정, 3) 기업의 사유(혹은 비국유 기업의 공식적 인정)와 기업 활동 자유 인정 등이다. 이 핵심 제도의 변화 없이 북한이 장기적으로 지속 성장할 수 있기는 어렵다.

[도표 4-1]은 북한의 제도 변화와 정책 시나리오에 따른 성장률 전망이다.

▎북한의 개혁개방 모델과 시나리오

현재까지 어떤 모델을 따라 경제를 발전시킬지 북한이 명시적으로 언급한 바는 없다. 혹자는 중국, 베트남 모델을 따라 경제 개발을 진행할 것이라고 주장한다. 그러나 이 모델은 자본주의로의

체제 전환을 의미하는 것으로 북한이 현재까지 취한 정책의 패턴으로 볼 때 당장 이를 추진할 가능성은 높지 않다.

향후 비핵화 과정이나 비핵화 이후 북한이 남한과 국제 사회에 제시할 경협안을 보면 김정은이 원하는 발전 모델을 보다 명확히 이해할 수 있다. 현재까지 남북 경협안으로 거론되었거나 중국, 베트남의 사례에서 볼 수 있는 방안 중 대표적인 것은 다음과 같다. ① 전력과 에너지 지원, ② 관광, ③ 철도와 가스관 통과료 부과, ④ 철도와 도로 건설, ⑤ 기존 방식으로 개성공단을 재개하고 확대하는 것(인력을 북한이 관리, 북한 내 경제와 전후방 연관 효과가 없음), ⑥ 개성공단과 유사한 복수의 특구 단지를 개발해 남한 및 외국과 경협, ⑦ 지역에 제한 없이 외국인 직접 투자, ⑧ 북한 근로자의 남한 내 취업 허용.

만약 북한의 제안이 ①~⑤라면 북한의 개혁개방 의지는 약한 것으로 판단할 수 있을 것이며 ⑦, ⑧은 북한의 개혁개방 의지가 확실한 것으로 평가할 수 있다. ⑥은 그 중간으로 판단된다. 만약 ①~④의 방식만으로 경협이 이루어질 경우 북한은 사회주의 경제 재건을 의도한다고 볼 수 있으며 그럴수록 북한이 중국이나 베트남과 같은 개혁개방을 택할 가능성은 낮아진다. 현재로서 북한이 체제의 부담을 무릅쓰고 제안할 수 있는 최대치는 ⑥, 즉 복수의 특구 단지 개발까지로 보인다. 남한의 시각에서도 복수의 특구 개발안은 북한의 발전과 남북 경제 통합을 고려할 때 추진할 가치가 있는 대안이다.

만약 특구가 성공한다면 다음과 같은 경제적·제도적 효과가 나타날 것이다. 북한 내로 외국인 직접 투자를 비롯한 투자가 증가할 것이며 북한의 수출도 크게 늘어날 것이다. 또한 특구와 다른 지역 경제 사이에 전후방 연관 효과가 발생할 경우 특구는 북한 내 다른 지역의 경제 성장도 견인할 수 있다. 또한 북한 정부가 원할 경우 특구 실험을 통해 검증된 정책과 제도를 다른 지역으로 확산시킬 수도 있다. 물론 마지막 두 효과는 특구의 설계에 반영될 부분이며 정책 의지가 필요한 분야이기 때문에 반드시 일어난다는 보장은 없다.

경제특구가 성공하기 위해서는 법적·제도적·물적 인프라 면에서 투자나 방문에 충분한 유인이 제공되어야 한다. 예를 들면 통행, 통신, 통관 등에 제한과 규제가 대폭 완화되거나 없어져야 한다. 그리고 과실 송금 문제, 분쟁 해결 제도 등도 정비해야 한다. 이를 위해서는 북한의 법과 정책의 수정이 필요할 뿐만 아니라 현재 실행 중인 국제 사회의 대북 제재도 해제되어야 한다. 따라서 특구 개발도 비핵화와 연동되어 진행될 수밖에 없다.

만약 비핵화의 진전으로 대북 제재가 해제된다면 남북 경협과 국제 사회의 지원과 투자가 가능해질 것이다. 이때 북한이 원하는 경협안과 남한의 경협안을 절충하고 타협해야 할 것이다. 우리는 북한의 안을 고려하되 북한의 장기적 경제 발전과 남북 경제 통합을 염두에 둔 방안을 제시해야 할 것이다. 무엇보다 북한경제의 성장과 변화 동력인 시장화를 촉진하며 북한 발전에 국제 사회가 관여할 수 있도록 방안을 구상해야 한다. 예를 들어 다른 국가와 연결될 수 있는 철도, 가스관 사업 등의 규모가 큰 경협은 국제화가 필요한 사업이다. 개성공단과 같은 중형 규모의 경협은 북한의 제도 개선을 조건으로 진행되어야 할 것이다. 즉, 임금을 북한 정부가 아니라 근로자에게 직불하고 3통(통행·통신·통관) 해결을 전제로 경협을 시작할 필요가 있다. 주로 민간이나 NGO에서 할 소형 경협의 경우는 북한 주민과의 직접 접촉을 통해 시장을 대상으로 한 기업 활동이 촉진되도록 장려할 필요가 있다.

북한의 본격적인 개혁개방을 위해서는 국제 금융 기구 가입이 필요하다. 국제 금융 기구는 북한의 통계 제도를 정비하고 그 질을 제고하는 데 기여할 수 있다. 또한 국제 금융 기구에서 제시하는 조건을 충족하는 과정에서 북한 제도와 법이 국제 규범과 유사해질 수 있다. 그뿐 아니라 국제 금융 기구의 공적 자금이 투입되면 상업적 대북 투자와 무역에 따르는 위험이 크게 낮아질 것이며 그 결과 더욱 많은 대북 지원과 투자가 일어날 것이다.

┃ 북한 개혁개방의 성공을 위한 네 가지 노력

이상의 논의가 시사하는 점은 다음과 같다. 첫째, 북한의 개혁개방이 성공하려면 북한 비핵화에 획기적인 진전이 필요하다. 따라서 우리 정부는 북한의 개혁개방과 비핵화를 위한 노력을 동시에 기울여야 한다. 둘째, 북한의 바람직한 미래를 내다보고 이를 촉진하는 경협안을 만들어야 한다. 이를 위해 기존의 방안을 업그레이드 하는 정도가 아니라 북한경제의 시장화·국제화에 기여할 수 있는 전략적 방안을 모색할 필요가 있다. 셋째, 현재 북한의 정치 여건을 고려할 때 복수의 특구 안이 남북이 합의할 수 있는 유력한 방안으로 판단된다. 이러한 특구 방안의 성공을 위해 남한과 북한이 각각 실행해야 할 제도와 정책이 무엇인지 이해하고 이를 협의해야 할 것이다. 넷째, 북한의 개혁개방과 그 성공을 위해 국제 사회의 관여가 필수적이다. 따라서 가능한 한 빠른 시점에 북한의 국제 금융 기구 가입을 추진할 필요가 있다.

▶▶ **김병연**

02 북한경제의 시장화
어디까지 와 있나

북한과 경제 협력을 하려면 북한의 경제 환경에 대한 정확한 이해가 필수다. 그러나 한국의 많은 사람은 북한을 여전히 사회주의 계획 경제의 틀에만 맞춰놓고 분석하고 있다.

김정은 집권 후 북한경제에서도 엄청난 변화가 일어나고 있고, 심지어 대형 국영기업소에서도 시장경제형 경제 관리 체계를 도입하고 있지만, 이에 대해선 외부에 많이 알려지지 않았다. 개인적으로 볼 때 북한의 내부 시장화는 중국이 개혁개방 정책을 펴던 1980년대 중반 상황을 넘어섰다고 판단한다. 이 글에선 현재 북한의 시장화 실태를 진단해본다.

▌모범 사례가 된 '돈주' 투자 국영 기업

대북 소식통에 따르면 2018년 5월 중순 평안남도 지방공업 관리국 계획부 주최로 공장 기업소 지배인 수백 명이 모인 가운데 생산 계획 총화總和(북한에서 일정 기간의 활동이나 사업을 종합하여 마무리한다는 뜻, '결산'과 같은 의미) 열렸다. 이날 회의에는 중앙당에서 내려온 간부가 참석해 '사회주의 기업책임관리제' 실시에 관해 설명했다. 소식통에 따르면 이 간부는 이날 "완전한 공장 가동으로 생산량 달성은 물론 노동자들의 월급과 배급까지 해결해 기업을 살려낸 순천시멘트연합기업소의 경영 사례를 모범적 사례로 평가했고, 다른 기업들도 따라 배우라고 했다."고 한다. 이는 상당히 놀라운 소식이었다.

순천시멘트연합기업소는 북한에서 가장 큰 국영 시멘트 공장이다. 연간 300만 톤 생산 능력을 갖추었지만, 중앙에서 원자재를 공급해주지 않아 오랫동안 가동 중단 상태였다. 소속 노동자들이 배급과 월급을 받지 못해 장마당(북한의 시장)에 나가 장사를 해야 했다.

몇 년 전부터 국가계획위원회에서는 공장 기업소에 생산량을 할당하고 대신 지배인들이 운영 자금을 스스로 해결해 기업을 살리라고 독려했다. 그러면서도 운영 자금을 개인인 돈주(북한의 신흥자본가)에게 받는 것은 '비사(비사회주의) 행위'라며 통제했다. 그런데 돈주의 투자가 없이는 다른 곳에서 돈을 받을 데가 없었다. 그러니 중앙의 요구는 현실과 동떨어진 것이었다.

고민하던 기업소 간부들은 결국 결단을 내렸는데 공장에서 그나마 설비가 가장 좋은 소성로 3호기를 돈주들에게 몰래 불법 임대한 것이다. 돈주들이 돈을 대고, 여기서 생산되는 시멘트를 시장에 팔아 공장과 돈주가 3 : 7로 수익을 나누기로 했다. 이때만 해도 국영 기업의 주요 생산 설비를 임대하는 것은 불법이어서 공장 간부들이 큰 처벌을 받아도 할 말이 없는 상황이었다.

돈주들의 투자가 들어오니 소성로는 완전가동이 됐다. 평양에 건설 수요가 많아 시멘트는 생산만 하면 팔려나갔다. 돈주는 시멘트처럼 수요가 많고 값이 오르는 품목은 투자금을 현금으로 회수하는 것보다 현물로 받는 게 유리해, 나중에 생산량의 60%를 챙겨갔다. 공장은 나머지 40%를 역시 시장에 팔아 노동자 월급과 배급을 주었고, 다른 생산 시설도 하나둘 복구시켜나갔다.

그런데 과거라면 처벌을 받아도 할 말이 없던 이런 행위가 모범 사례로 소개된 것이다. 이제 북한의 모든 국영 공장 기업소들이 개인들의 투자를 받아 공장을 가동하는 것이 당연한 시대가 된 것이다. 지금 북한이 대북 제재를 받고 있어서 그렇지, 문만 열리면 수많은 기업이 외국으로 나와 투자를 요구할 것이 분명하다. 이건 북한경제에서 엄청난 혁명이 벌어졌다고 볼 수 있다.

사실 김정은은 집권 이후부터 경제 관리 체계 개선 방안 마련을 지시하고 '상무조TF'까지 만들었다. 그리고 2015년경엔 기업이 생산과 투자를 늘리면 합당한 몫을 받아가게 법도 만들었다. 하지만 70년 넘게 이어진 사회주의 경제 관리 시스템에 따른 타성이 이런 원칙을 바로 도입하지 못하게 막았다. 간부들이 처벌을 받을까 봐 눈치만 본 것이다. 하지만 순천시멘트 간부들이 앞서 나가 시범을 창조함으로써 이제 북한 공기업의 시장경제화는 거스를 수 없는 대세가 된 것이다.

▎막 오른 개인 기업 전성시대

북한에선 지금 10명 미만의 개인 기업도 우후죽순처럼 생기고 있다. 이제 북한에선 돈주가 10명 미만의 기업을 만들어 직접 사장이 되어 사람을 뽑거나 해고할 수 있다. 지금까지 한 번도 국가가 내려놓은 적이 없는 고용과 해고의 권리가 개인에게 간 것이다.

물론 이것이 아직 완전히 합법적인 것은 아니어서, 개인이 직접 자기 이름을 걸고 사업을 할 수는 없다. 대신 개인이 사업을 하려면 힘 있는 기관을 등에 업고 그들이 뒤를 봐주는 대신 수익금을 바치게끔 계약을 하면 된다. 국가에 세금 내지 않고, 소속된 기관에 세금을 내는 셈이다. 힘 있는 기관은 중앙당, 보위부, 보위사령부 등 노동당과 군부, 체제 유지를 위한 권력 기관 등을 들 수 있다.

평양에서 오락장을 운영했던 한 탈북자는 2013년 한 중앙급 기관에 '적(명의)'을 걸고 한 달에 300~500달러씩 입금하기로 계약했다고 한다. 그 외 부차적으로 150달러 정도의 뇌물을 담뱃값이

나 식사비 등의 명목으로 건네주어야 했다고 한다.

　오락장 명의는 해당 중앙 기관 종업원들의 휴식 공간으로 등록했다. 물론 실질적 경영 사장은 계약을 맺은 사람이다. 그는 오락장 수입이 꽤 좋았다고 했다. 종업원 휴식 공간은 명색일 뿐이고, 실제는 평양의 아이들이 방과 후에 찾아와 놀았다고 한다.

　김정은 체제 들어서 북한에 우후죽순처럼 생겨나는 개인 사업은 이런 식이다. 김정은 체제는 기업소와 회사 등이 자체로 알아서 책임자가 종업원의 생활을 책임지라고 지침을 내렸다. 이들 책임자는 산하에 이런 식의 개인 기업들에 명의를 빌려주고 종업원 명절 공급 등을 맡아서 하고 있다. 이렇게 명의를 빌려 하는 사유 기업을 북한에선 '입금조'라고 부른다. 기관이 힘이 있을수록 입금조의 숫자가 많고, 수익도 많은 알짜 기업이 많이 들어온다.

　심지어 지금은 국영 기업의 이름을 빌리지 않고 버젓이 영업하는 소규모 작업장도 늘어나고 있다. 이러한 영업장 대부분은 기술자들과 돈 있는 사람들 10명 미만이 공동으로 투자해 운영되는 경우가 주류를 이루고 있다. 아직은 완제품을 생산해낼 능력이 없기 때문에 주로 오토바이와 컴퓨터, 휴대폰, 가전제품 같은 것을 수리해주는 형태가 많다. 예전엔 자동차가 고장 나면 운전사가 직접 수리를 했지만, 지금은 기술자 몇 명이 운영하는 수리소에 가서 돈만 내면 깔끔하게 수리를 해준다고 한다.

　개인들이 운영하는 영업소가 많이 생기자 중국 장사꾼들이 들여오는 물품도 달라지고 있다. 과거에는 장마당에서 바로 팔 수 있는 완제품들을 들여왔으나 지금은 북한에서 가공할 수 있는 반제품 형태의 수입 상품이 늘고 있다. 즉 옷을 만드는 천이나 상표, 소규모 개인 영업자들로부터 주문받은 전자 부품과 운수 수단의 부품 위주로 들여오고 있다. 중국에서 완제품을 들여오기보다는 저렴한 반제품을 들여와 값싼 북한 인력이 완제품을 만들면 질을 그대로 보장하면서도 가격은 대폭 낮출 수 있어 인기가 있다. 개인 작업장이 늘면서 북한산이 중국산보다 더 비싼 경우도 있다. 목제 가구의 경우 북한 장인들이 많은 시간을 투자해 수작업으로 생산해낸 가구가 중국 제품보다 훨씬 더 비싸다. 함흥에서 개인들이 제조한 자전거, 오토바이 타이어 역시 질이 좋아 중국산보다 값이 훨씬 더 비싸지만 잘 팔리고 있다.

이렇게 개인 작업장이 늘고 있는 것은 북한 당국이 통제를 거의 하지 않기 때문이다. 통제하면 걸릴 수 있지만 사실상 묵과하는 것이다.

▌ 경쟁적인 광고와 호객행위

이제는 개인 사업장끼리 경쟁하는 것이 북한에선 일반적인 일이 됐다. 그 과정에서 과거엔 찾아보기 어려운 일도 많이 벌어지는데 대표적인 사례가 광고다. 요즘 평양의 유명 식당들은 국영 TV를 내세운 광고 전략도 경쟁적으로 벌이고 있다. 상업 광고가 허용되지 않기 때문에 이들은 교묘하게 광고를 한다.

식당에 조선중앙TV 기자가 찾아와 유명한 요리와 주류에 대해 인터뷰를 한 뒤 "손님들은 이런 훌륭한 봉사망을 만들어주신 당의 은덕에 진심으로 감사하고 있다."라고 찬양한다. 이 프로그램이 TV에 나가면 자연스럽게 식당을 홍보한다. 촬영이 끝나고 촬영 기자와 아나운서를 한 끼 잘 대접하고 약간의 금액(대략 100~200달러 정도)만 쥐여주면 끝이다. 이 뇌물이 곧 광고료인 셈이다.

개인 사업장 경쟁 덕분에 미인들의 몸값이 폭등하는 일도 벌어진다. 미모의 여성들이 남성들의 시선을 한 몸에 받고 잘 나가는 남자와 결혼하는 일은 북한이라고 예외는 아니지만, 최근 들어 전통적으로 중시하던 가정 토대는 점점 따지지 않고, 얼굴만 따지는 경향이 두드러졌다. 돈주들이 운영하는 각종 식당이나 서비스 시설들이 우후죽순처럼 생기면서 미녀 유치 경쟁이 벌어지고 있기 때문이다. 얼굴이 예쁜 여성이 있어야 손님들이 더 많이 찾아오고 단골손님도 잃지 않을 수 있다는 타산 때문에 돈주들은 면접 때 외모를 먼저 따진다.

또한 북한에 차량이 많아지면서 각 지역마다 '연유판매소(주유소)'들이 우후죽순처럼 생겨나고 있는데, 이곳이 미인 유치 경쟁에서 가장 앞서나가고 있다고 한다. 전통적으로 미모의 여성들이 채용되던 외국인 전용 호텔이나 간부들이 자주 출입하는 고급 식당들에서 일하던 젊은 여성들까지 높은 보수를 약속받고 대거 주유소로 옮긴다고 한다. 월급은 외모에 따라 다른데, 최소 한 달에 중국 인민폐 250위안(약 4만 1,000원)부터 시작하는 것으로 알려졌다.

이 정도 금액이면 최소한 4인 가정이 굶지 않게 부양할 수 있다.

일부 주유소에선 여성들이 휘발유 판매 외에도 외화벌이 물건 거래나 고급 여과 담배 판매 등까지 하면서 월급 못지않은 부수입을 올리고 있다고 한다. 주유소에 차를 몰고 찾아오는 사람들은 대개 북한에서 돈이 많은 사람이기 때문에 잘하면 부자와 사귈 기회도 생긴다.

평양시와 라선시 등 북한의 대도시에 최근 생겨나고 있는 대형 기업형 백화점에 들어가면 여성 판매원들이 판매량을 채우기 위해 호객 행위에 열심이다. 호객 행위는 장마당에선 흔히 볼 수 있지만, 국가 운영 상점들에서 이런 활동이 벌어지는 것은 매우 이례적이다.

이는 백화점 내 상품 매대를 맡은 여종업원들은 지배인으로부터 그날의 판매 목표를 할당받고 그 목표를 달성하지 못하면 질책을 당하며, 장기간 판매 목표를 달성하지 못하면 백화점에서 쫓겨나기 때문이다. 백화점 판매원 직업은 북한에서도 선호하는 직업이기 때문에 종업원들은 친인척들이나 주변의 지인들에게 자기가 맡은 매대에 와서 물건을 사줄 것을 부탁하는 등 판매량 채우기에 안간힘을 쓰고 있다고 한다.

과거 북한에선 백화점에 상품이 별로 없기 때문에 판매 경쟁을 벌일 이유가 없었다. 하지만 최근 장마당이 살아나면서 백화점도 생존 경쟁을 해야 한다. 북한 백화점 물품의 대부분은 중국산으로 알려졌다.

▌개인 사업의 영역도 활짝 열려

한편 소규모 회사를 차릴 돈이 없더라도, 혼자서 장사 등의 '개인 사업'을 할 수 있는 길도 얼마든지 열려 있다. 이 경우 소속된 기업에 한 달에 30~50달러 정도 바친다. 그럼 생활총화와 같은 조직 생활도 전혀 참가하지 않고 한 달 내내 통제를 벗어나 개인 생활을 할 수가 있다.

이런 개인 사업자들이 우후죽순 생겨나면서 많은 것이 바뀌고 있다. 평양에 배달문화가 번창하는 것을 대표적 사례로 들 수 있다. 배달원을 북에선 '전문 판매공'이라고 하는데, 이젠 평양에서 '치맥'까지 배달해 먹을 수 있다. 대동강맥주의 경우 전문 맥줏집보다는 전문 판매공을 통해 집에 배달시켜 먹는 것이 훨씬 낫다고 한다. 평양에는 대동강맥주 전문집이 100개도 넘지만, 냉동보관 설비와 가스 주입 설비, 맥주 코크 등이 제대로 갖춰지지 않은 전문집이 많아 집마다 맛이 크게 차이가 난다.

하지만 맥주를 전문으로 다루는 판매공들은 평판이 좋아야 계속 고객 주문을 받기 때문에 프로 의식이 있다. 이들은 '경흥관'처럼 평양 시내에서 맥주로 유명한 전문집에 뒷돈을 주고 뒷문으로 맥주를 뽑아낸다. 보통 비닐로 된 통에 담는데, 뽑아낸 맥주를 곧바로 밀봉해 냉동 보관했다가 배달한다. 대동강맥주는 1리터 배달에 북한 돈으로 5,000~6,000원 받는다. 돈 좀 있다는 사람 중에도 이런 배달 맥주를 병맥주보다 더 좋아하는 사람들이 많다.

이외 프로판 가스를 채워주고 먹고 사는 사람, 등짐을 운반해 주고 먹고 사는 사람 등 개인 사업자의 영역은 다양하다.

통일 시장 등 북한의 모든 장마당 앞에는 '몰이꾼'이란 직업이 존재한다. 장마당에 찾아온 사람들을 구슬러 판매업자에게 데려가 소개비를 받는 직업인데, 한국의 호객꾼 비슷한 일이다. 상품 유형에 따라 다르지만 대체로 구매자 한 명당 북한돈 1,000원 정도의 보수를 받는다고 한다.

이런 사례는 수없이 꼽을 수 있다. 북한의 시장화는 되돌릴 수 없는 흐름이 된 동시에 점점 가속화가 심화될 것이다.

▌향후 전망

하지만 강력한 대북 제재 속의 변화는 분명히 한계가 있다. 물자가 부족하고, 주민들의 구매력이 점점 떨어지면 시장화도 어느 선에서 정체될 수밖에 없는 것이다.

그러나 북한이 핵을 폐기하고 북미 관계가 개선된다면 북한은 급진적인 시장화 단계에 들어설 것으로 보인다. 상품의 해외 판로가 열리기 때문에 국영 기업과 개인 기업들이 저마다 수출용 상품을 개발해 외국에 팔려고 노력할 것이다. 이 과정에 신흥 부자 계층이 탄생하고 규모의 기업이 자라나게 될 것이다.

▶▶ **주성하**

03 한반도 신경제 시대 열리나

한반도 정세가 대화 국면으로 급반전되면서 남북 경협에 대한 기대가 한껏 높아지고 있다. 그러나 비핵화와 평화 체제 수립이 끝까지 잘 진행될 수 있을지는 아직 미지수이며 경협을 어렵게 하는 여러 제약 요인이 남아 있으므로 신중하고 점진적인 접근이 필요하다. 제도적 환경의 획기적 개선, 긴밀한 남북·민관·국제 협력 체제 구축, 현실적인 사업성 검토 등 어려운 숙제들을 풀어야만 비로소 '한반도 신경제' 시대를 열어나갈 수 있을 것이다.

UN의 대북 제재 언제 풀리나

남북 경협이 재개되려면 UN의 대북 제재가 먼저 풀려야 한다. 현재 북한은 UN 제재와 미국을 비롯한 각국의 독자 제재를 받고 있는데, UN 제재가 풀릴 상황이 되면 각국의 독자 제재도 함께 풀릴 가능성이 높다. UN의 대북 제재는 2006년부터 시작되었지만 2015년까지는 군수물자와 일부 사치품에 한정된 제한적 조치에 불과했고 통상적인 무역과 투자까지 가로막은 것은 아니었다. 그러나 2016년 이후 여러 차례의 안보리 결의를 통해 강력한 제재 조치가 계속 추가된 결과 남북 경협은 거의 아무것도 할 수 없게 된 것이 현실이다.

UN의 주요 제재 규정은 ① 북한의 주요 상품(광산물, 수산물, 의류, 기초금속 등) 수출 금지, ② 북한과의 금융 거래 금지, ③ 대북한 무역을 위한 공적 및 사적 금융 지원(대출, 보험 등) 금지, ④ 북한과의 합작 사업 중단 및 금지, ⑤ 북한의 일부 중요 상품(전기전자, 기계, 철강금속, 자동차) 수입 금지 및 석유 제품 수입 제한(연간 50만 배럴) 등으로 요약할 수 있다. 이들 제재 조치는 하나하나가 모두 심각한 걸림돌이므로 이 중 일부만이 아니라 모두가 포괄적으로 해제되어야 비로소 경협의 본격 추진이 가능해진다.

그렇다면 UN 제재는 언제쯤 풀릴 수 있을까? 최근 이란 핵협상 사례를 보면 상당한 시간이 필요할 가능성이 높아 보인다. 이란에 대한 주요 경제 제재는 협상 중은 물론이고 협상 타결(핵협정

체결) 시점에서도 해제되지 않았으며 비핵화 이행 및 검증까지 모두 끝난 후에야 비로소 해제되었다. 협상 초기에 약간의 제재 완화가 이루어지긴 했지만 그 의미는 크지 않았다. 또 이란이 국제 사회와의 관계 개선에 상당히 적극적이었는데도 협상에 2년 이상, 이행과 검증에 6개월 정도의 시일이 걸렸다.

북한의 경우에도 비핵화 이행과 검증까지 모두 끝나야 제재를 풀어준다면, 북한의 핵 개발 수준이 이란보다 훨씬 높기 때문에 제재 해제까지 너무 오랜 시일이 걸릴 가능성이 높다. 따라서 비핵화 과정이 완료되기 전이라도 북한이 협상에 적극 협조하면서 선제적으로 일부 비핵화 조치를 이행할 경우 주요 제재를 풀어주는 선에서 타협하는 것이 현실적인 방법이다. 그 시점이 언제가 될지는 북미 양측의 정치적 결단에 달린 문제여서 현재로서는 자신 있게 예상하기 어렵다.

| 기존 사업 재개에서 출발

대북 제재가 풀릴 경우 남북 경협은 기존 사업을 재개하는 것에서 출발할 수 있는데, 가장 중요한 사업이었던 개성공단을 재가동하는 것이 최우선 과제가 될 것이다. 개성공단은 전력, 용수, 통신, 도로 등 주요 기반 시설이 갖춰져 있고 수도권과 인접해 있어 남측 기업들이 사업하기에 가장 좋은 곳이다. 또 이미 개발된 1단계 부지 중 절반 이상이 빈 땅으로 남아 있어 앞으로도 사업 규모를 크게 키워 나갈 수 있다.

개성공단 재가동을 위해서는 실무적으로 면밀한 준비가 필요하다. 기존 입주 기업이 재입주하려면 지난 번 공단 폐쇄 후 받은 경협 보험금을 반환하고 생산 시설을 보수해야 하는데, 이를 위한 자금 조달이 잘 이루어질 수 있도록 준비할 필요가 있다. 기존 입주 기업 중 일부는 재입주가 어려울 가능성도 있는데, 그 경우 해당 부지와 시설을 다른 기업에 양도하는 절차를 진행해야 한다. 재가동을 계기로 개성공단 관리 제도를 크게 개선하는 방안도 북측과 협의할 필요가 있다.

재가동만이 아니라 발전적 확대를 위한 선제적 준비와 투자도 필요하다. 무엇보다 중요한 과제는 노동력 확보다. 개성 인근의 노동력은 크게 부족하므로 대규모 노동자 숙소를 건설해 타지역 노동력을 유치해야 한다. 또 1단계 부지 중 미입주 부지에 대한 신규 투자를 진행해야 하는데, 여기에 외국 기업까지 참여시켜 사업을 국제화할 수 있다면 더욱 바람직할 것이다.

또 하나의 중요 사업이었던 금강산 관광도 재개될 수 있을 것으로 보인다. 북측이 원산과 금강산을 묶어 국제 관광 특구로 지정해놓는 등 개발 의지가 강하며 기존 사업권자인 현대아산도 꾸준히 사업 재개를 준비해왔기 때문이다. 다만 관광이 중단된 지 너무 오랜 시일이 지났으므로 호텔, 상점, 식당 등 각종 시설 보수와 협력 업체 모집 등에 다소 시간이 걸릴 수 있다. 북측이 현대아산의 독점권을 박탈하면서 새로운 개발 회사를 세워놓았기 때문에 앞으로 원산·금강산 특구 개발을 누가 주도할 것인가도 문제가 될 수 있다. 현대아산을 비롯한 남측 참여자들과 북한 당국 및 북측 회사 사이에서 원만한 파트너십을 형성할 수 있도록 지속적인 노력이 필요할 것이다.

▌경협 추진, 경제특구 모델 확대에서부터

경협의 본격 추진이 가능해질 때 특히 신경을 써야 할 문제는 제도적 환경을 개선하는 것이다. 언뜻 생각할 때에는 핵 문제만 해결되면 모든 일이 일사천리로 잘될 것 같지만, 현실은 그렇지 않을 가능성이 높다. 북한의 핵 개발 수준이 낮았고 남북 관계가 비교적 양호했던 김대중, 노무현 정부 시절에도 남북 경협은 순탄치 않았다.

북한 당국은 남북 경협을 통해 경제적 이익을 얻고 싶어 하지만, 동시에 남북 교류의 확대가 정치적 위협 요인으로 작용할 가능성을 경계한다. 따라서 북한 당국은 남북 경협이 비교적 활발하게 진행되던 시기에도 여러 가지 규제를 가했다. 그중 특히 중요한 사항은 첫째, 남북 간 육로 운송 및 통행을 허용하지 않은 것, 둘째, 남측 기업가나 기술자의 북한 상주를 허용하지 않고 일시적 방북조차도 제한적으로만 허가한 것, 셋째 남측 기업 관리자가 북측 인력을 직접 관리하는 것을 허용하지 않은 것이다.

이런 식의 비정상적 규제 때문에 남북 경협은 발전 잠재력에 크게 못 미치는 제한적 수준에 머무를 수밖에 없었다. 한 가지 다행스러운 점은 북한 당국이 경제특구로 지정한 사업, 즉 개성공단과 금강산 관광에서는 첫 번째와 두 번째 규제를 충분치는 않았지만 어느 정도는 철폐했다는 것이다. 즉 경제특구라는 형식을 통해 북한 내부 사회와 분리시킨 지역에서는 기본적인 사업 환경을 갖춰준 것이다.

앞으로 북한 비핵화가 순조롭게 진행되고 남북 관계가 크게 발전하게 된다 하더라도 북한 당국은 남북 경협이 북한 사회에 미치는 정치적 영향을 차단하려 할 것이며, 이 점에서 경제특구는 편리한 사업 모델이 될 수 있다. 우리 기업 입장에서도 특구가 아닌 지역에 개별적으로 투자하기보다는 정부의 지원과 보호를 받을 수 있고 기반시설과 관리 제도가 갖춰져 있는 특구에 집단적으로 진출하는 것이 훨씬 더 유리하다. 따라서 앞으로 남북 경협의 확대는 기존 특구인 개성공단과 금강산 지구의 확대 발전, 그리고 새로운 경제특구 또는 개발구의 설치를 통해 이루어질 가능성이 높다.

남북 경협만이 아니라 북한의 여타 국가와의 경협에서도 역시 특구 방식이 유망하다. 북한 당국은 김정은 정권 출범 이후 경제특구·개발구 개발 방침을 계속 표명해왔다. 이제까지는 불안한 정세 때문에 본격적 사업이 이루어지지 않았으나 북한의 대외관계가 정상화된다면, 중국, 러시아, 일본 등 주변국 기업들과 우리 기업들이 함께 참여하는 국제적인 경제특구 개발을 모색해볼 만하다. 하지만 북한 경제특구의 미래가 밝은 것만은 아니다. 개성공단 사례에서 알 수 있듯이 북한의 특구 개발 정책이 너무 소극적이며 제도적 환경은 국제 수준에 크게 미달하기 때문이다. 대부분의 개발 비용과 리스크를 북한 당국이 아니라 외부 개발 사업자가 지게 된다는 점, 노동 시장이 없어 임금이나 노동력 공급 같은 핵심 변수가 어떻게 결정될지 예상하기 어렵다는 점, 제반 경영 환경을 둘러싸고 북한 당국과 투자 기업 간에 갈등이 발생할 소지가 크다는 점, 정세 변화로 사업이 중단될 위험이 상존한다는 점 등 해결하기 어려운 중요한 문제들이 남아 있다는 점에 유의해야 한다.

┃ 남북·민관·국제 협력 3박자 조화 필요

　　정부는 기존 경협을 확대 발전시키는 것에 그치지 않고 한반도 경제 지도를 새롭게 그림으로써 남북한과 동북아 경제의 공동 번영을 추구한다는 원대한 구상을 가지고 있다. 이 구상에서 특히 주목할 만한 부분은 북한 전역에 걸친 대대적인 기반시설 건설 및 국제 연계 사업이다. 그러나 기반시설 건설은 막대한 비용과 오랜 시일이 소요되는 어려운 프로젝트이며, 들어간 비용과 시간에 비해 경제적 효과가 저조할 가능성을 배제할 수 없다. 따라서 각각의 사업에 대한 경제성 검토를 철저히 실시하고 사업 간 우선순위 및 추진 속도를 적절하게 설정해야 할 것이다. 민간 기업이 진출할 경제특구 사업과 기반시설 건설 사업을 긴밀하게 연계하는 것이 특히 중요하다.

또한 한반도 경제 지도를 새롭게 그리는 작업에는 여러 당사자들이 개입하게 되므로 일반적인 개발 사업보다 추진 과정이 훨씬 복잡하고 어려우며 시간도 더 오래 걸릴 가능성이 높다. 북한에서 대부분의 사업이 이루어지는 만큼, 우리 정부나 기업이 원하는 대로가 아니라 모든 사안을 북한의 관련 당국과 협의하고 협상하며 처리해야 한다는 것이 무엇보다 큰 문제다. 오랫동안 남북 관계가 경색되어 있었고 상호 간에 협력해본 경험이 부족하며 남북 양측 모두 근본적인 체제 대결 상황을 의식할 수밖에 없으므로, 남북 협력 과정에서는 많은 어려움이 발생할 것으로 예상된다. 또 북한의 대외관계가 정상화되면 IMF, 세계은행, 아시아개발은행 등 국제 금융 기구가 개입하며 북한을 국제경제에 편입시키는 절차가 시작될 것이다. 한반도 경제를 유라시아 대륙으로 확장·연계하기 위해 중국, 러시아, 일본 등 외국 정부도 북한 개발에 참여할 수 있다. 이러한 국제 사회의 개발 지원은 북한의 국제경제 편입을 돕고 우리 정부의 재정 부담을 줄일 수 있는 유력한 수단이지만, 이해관계자의 증가에 따라 개발 과정에서 이런저런 혼선과 이해관계 충돌이 나타날 가능성이 없지 않다. 따라서 대규모 국제 협력을 효율적으로 추진할 수 있는 체계가 필요한데, 여기에도 많은 노력과 오랜 시일이 소요될 것이다.

한반도 정세가 크게 좋아짐에 따라 앞으로 남북 경협이 대대적으로 추진되어 우리 경제에 큰 보탬이 될 것이라는 기대가 널리

퍼져 있다. 하지만 이런 기대는 현실과 다소 동떨어진 것일 수 있다. 대북 제재 해제 여부 및 시점은 여전히 불투명하며, 해제 이후에도 여러 가지 어려움을 해결해야 하므로 경협 추진 속도는 흔히 기대하는 것보다 훨씬 느릴 가능성이 높다. '한반도 신경제(지도) 구상'이라는 이름 아래 거론되고 있는 많은 대형 사업은 막대한 비용과 오랜 건설 기간을 필요로 하므로 우리 경제와 재정에 큰 부담이 될 수 있다. 여러 어려움과 부담을 견뎌내며 장기적·지속적·효과적으로 사업을 추진해야 비로소 '한반도 신경제' 시대를 열 수 있을 것이다.

▶▶ **김석진**

04 남북 경협의 핵심 과제, 에너지 산업

| 열악한 북한의 에너지 산업 현황

　　1990년대 초까지 세계 평균 수준의 에너지를 소비하던 북한이 현재는 에너지 최빈국으로 전락한 상황에서 헤어나지 못하고 있다. 세계에너지기구IEA, International Energy Agency에 따르면 2015년 북한의 1인당 에너지 소비는 연간 0.312 TOE[1]로 비OECD 국가 평균인 1.322 TOE의 23.6%에 불과하다. 1990년까지 비OECD 국가 평균보다 월등히 많은, 세계 평균 에너지 소비 수준을 유지하다가 그 후 지속적으로 하락하고 있다.

　　이와 같은 북한의 에너지 공급 감소는 석탄, 석유, 전력 등 에

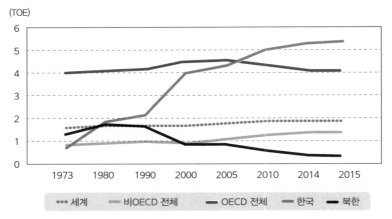

출처: 『세계 에너지 밸런스(World Energy Balances)』, IEA(2017)

너지 산업의 기능이 크게 저하되어 개선되지 못하고 있음을 의미
한다. 에너지 산업 자체의 부실뿐만 아니라 에너지 산업에 각종
중간 투입재를 공급하는 연관 산업들의 동반 부실, 당국의 정책
능력 부재, 자본과 기술의 부족 등이 겹쳐 있으며, 2011년부터는
석탄의 대규모 수출에 따른 내수 공급 감소와 같은 정책적 요인까
지 영향을 미치고 있다.

석탄은 북한의 전력 생산과 난방, 취사 등의 민생 에너지를 담
당하는 가장 중요한 에너지원이다. 북한은 45억 톤의 무연탄과
165억 톤의 갈탄 자원을 보유하고 있는 것으로 알려져 있다.[2] 탄
광은 특급, 1급 탄광 100여 개소와 2급에서 5급 탄광 500여 개소
등이 국토 전역에 걸쳐 개발되어 있다. 특급과 1급 탄광은 다수의
탄광이 결합된 연합기업소 형태를 갖추고 있으며, 중앙이 관리한

다. 2급에서 5급 탄광은 지방의 중소탄광관리국이 관리한다.[3] 주요 무연탄 탄전으로는 평안남부탄전, 평안북부탄전, 고원탄전 등이 있으며, 갈탄 탄전으로는 안주탄전, 함북북부탄전, 함북남부탄전 등이 있다. 전기 부족으로 대부분의 탄광이 갱내 침수 상태에 있고, 갱목을 비롯한 각종 중간 투입재의 공급 부족으로 정상적인 채탄 활동이 어려운 상황이며, 인력 위주의 채탄으로 생산 능력이 크게 떨어져 있다. 모든 탄광에서 수질, 토양 오염, 폐석, 지반 침하, 폐시설물 등의 광해가 광범위하게 발생해 있다.

북한의 석유 인프라는 2개의 원유 정제 설비와 조·중우호송유관 그리고 세 곳의 연유창 등으로 형성되어 있다. 함북 선봉의 승리화학공장연합기업소와 평북 신의주의 봉화화학공장연합기업소가 북한이 가지고 있는 2개의 원유 정제 설비다. 전체 정제 능력은 350만 톤(하루 평균 7만 2,000배럴) 정도로 우리나라 정제 능력[4]의 2.3%에 해당한다. 1990년 구소련이 붕괴되면서 러시아로부터의 지원성 원유 공급이 중단되어 승리화학공장연합기업소는 현재까지 가동이 정지된 상태로 관리되고 있으며, 봉화화학공장연합기업소는 중국으로부터의 연간 50만 톤 내외의 원유를 수입해 가동률 30% 선에서 가동되고 있다. 당국이 원유를 수입해 정제하고, 별도로 정제유를 수입해 각급 기관과 기업소, 군부대, 단체 등에 배급하고 있으나 그 규모가 크게 위축되어 있고, 반면 시장에서는 장마당을 중심으로 석유 수요가 증가하고 있어 정제유 밀수가 광범위하게 이루어지고 있다. 당국이 배급한 물량의 상당 부분이 시장으로 불법 유출되어 밀수 물량과 함께 유통되는 등 석유의 유통 체계도 크게 문란한 실정이다.

북한에는 8개의 화력발전소와 30여 개소의 수력발전소가 있는 것으로 파악된다. 8개의 화력발전소 가운데 5개는 러시아의 지원으로 건설한 열병합발전소이며, 2개소는 중국 지원으로 건설했다. 1개소는 북한이 자력 건설하였으나, 기술적 어려움을 겪다가 철거했다. 화력발전소의 총 발전 용량은 296만 킬로와트로 무연탄 발전소 241만 킬로와트, 갈탄 발전소 35만 킬로와트, 중유 발전소 20만 킬로와트로 구성되어 있다. 지역별로는 청진화력과 선봉화력이 북동부 지역에 위치하고 있으며, 12월화력은 남포 지역에 위치하고 있고, 나머지는 모두 평양을 중심으로 하는 중서부 지역에 집중되어 있다.

북한의 수력발전소는 국토 전역에 걸쳐 건설되었으며, 전체 용량은 470만 킬로와트다. 동부 지역에는 부전강, 허천강, 장진

[도표 4-3] 남북한 전력 산업 비교

구분	남한	북한	남북 비교(북한=1)
발전 설비(천kW)	105,866	7,661	13.8 : 1
발전량(억kWh)	5,404	239	22.6 : 1
주파수	60Hz	60Hz	동일
송전 전압(kV)	765/345/154	220/100/60	상이
배전 전압(V)	200	200/100	

출처: 에너지경제연구원

강, 부령, 금강산, 내중리발전소 등과 같이 일제 강점기에 건설된 발전소들과 서두수, 금야강, 안변청년, 원산청년, 어랑천 등과 같이 해방 이후에 건설된 것들이 있다. 중서부 지역에는 수풍, 위원, 운봉, 태평만, 대동강, 강계, 독로강, 태천, 삼수, 백두청년, 희천, 예성강 등의 수력발전소들이 있으며, 대동강에도 미림, 순천, 봉화, 성천 등 4개소의 갑문발전소가 있다. 이 가운데 수풍, 태평만, 위원, 운봉 등 압록강 수계의 4개 발전소는 북한과 중국이 공동으로 운영하는 발전소다.

북한 전력 산업의 기능 저하는 발전, 송배변전 등은 물론 연료, 부품, 기술 등이 포함되는 복합적인 문제에 기인한다. 발전 부문 자체의 문제는 물론이고 각종 중간재 공급과 관련된 연관 산업들의 동반 부실 상황은 여전히 현재진행형이다. 설비 노후도가 많

[도표 4-4] **북한 화력발전 설비 노후도**   [도표 4-5] **북한 수력발전 설비 노후도**

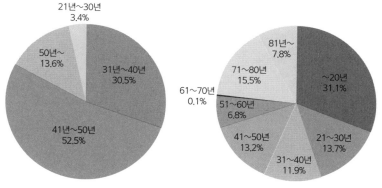

출처: 에너지경제연구원

이 진행되어 기계적인 문제가 자주 발생하나 부품, 기술 등의 문제로 적정 유지 관리가 어려운 상황에서 무리한 가동을 지속하고 있는 것으로 파악된다. 화력발전의 경우 대부분 구소련과 중국이 건설한 설비들로 전체 설비의 96.6%가 30년을 초과한 설비들이며, 40년을 넘은 설비들도 52.5% 달한다. 수력발전 설비도 완공된 지 30년을 초과한 설비들이 전체의 55.1%가 넘으며, 50년이 넘은 설비들도 전체의 30.1%에 달한다.

화력발전소들은 구소련과 중국 등 원조국으로부터의 부품 공급과 기술 지원이 중단되면서 심각한 기술적 어려움을 겪고 있으며, 수력발전소의 경우도 외국 수차의 수입이 어려워져 북한이 자체 제작한 수차를 채용하면서 잦은 고장과 출력 저하 등의 문제를 겪고 있다. 연료 측면의 문제들도 개선되지 못하고 있다. 화력발

[도표 4-6] **북한 발전 설비 이용률 추이**

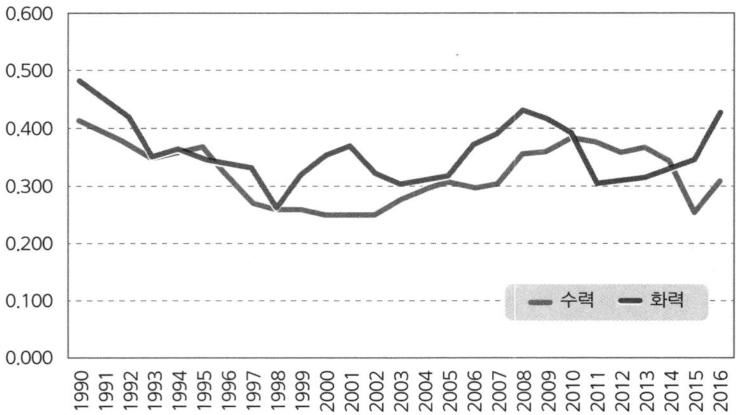

출처: 에너지경제연구원

전의 경우, 석탄 공급의 부족, 저열량탄 사용, 혼소용 중유 부족 상황이 지속되고 있으며, 수력발전의 경우도 유역변경식 수로와 중소 하천의 겨울철 동결과 가뭄 등의 어려움을 겪고 있다. 북한 당국의 각고의 노력에도 불구하고 이와 같은 문제들이 크게 개선되지 못한 채 30년 가까이 지속되고 있다. 북한 화력발전 설비의 이용률[5]은 1990년 48.5%에서 2016년 42.8%로 낮아졌으며, 수력발전 설비의 이용률도 41.5%에서 31.1%로 낮아졌다.

▍ 남북 에너지 협력, 어떤 사업들이 가능한가

북한 에너지 부문의 문제들은 사회주의 에너지 시스템의 한계와 국가 역량의 한계가 결합되어 누적된 문제들로 북한의 내부적 역량으로는 해결하기 어려울 것으로 보인다. 여전히 전통적인 계획 경제와 에너지 배급제가 에너지 산업을 규율하는 중심적 원리로 유지되고 있는 반면, 전국에 걸친 시장경제의 확산, 다양한 루트의 밀수 등에 따른 에너지의 상업적 거래가 일반화되어 있어 에너지의 생산, 수출입, 운송, 저장, 소비 등의 전 과정이 매우 혼란스러운 상황이다. 체제 특성상 사유재산과 소유권이 제약되고 민간 영리 법인은 존재할 수 없다. 에너지 공급은 크게 부족하나 구매력 있는 유효 수요도 크게 부족하다. 사회 전체가 민간 비즈니스를 경험한 적이 없으며, 서방의 비즈니스 관행을 경영학적·경제학적 개념으로 이해하기 어렵고, 관련된 법적·제도적·금융적 사업 환경도 크게 부족하다. 자본과 기술의 부족은 국가 경제를 구성하는 모든 경제 부문과 경제 주체들의 동반 부실 상황을 초래해 어느 한 부문에 역량을 집중해도 연관 산업 부실의 늪에서 벗어나기 어려운 구조다. 모든 인프라와 설비들은 적정 유지 관리를 하지 못한 채 무리한 가동을 이어가고 있으며, 생산-판매-재투자의 기본적 원리가 순환되기 어려운 실정이다. 사회 내부에 축적된 에너지 정책 역량도 크게 부족해 실용적 정책을 통해 난관을 타개할 국가의 에너지 정책 기능도 기대하기 어렵다.

결국 북한이 체제를 개혁하고 시장을 개방해 서방의 자본과 기술, 상업 에너지 시스템commercial energy system 등을 도입하고, 정책 역량non-physical capacity을 강화하고 민간 기업을 육성하는 방안이 유일한 길이라 할 수 있다.

▶ 단기 협력 방안

북한의 핵무기 개발과 미사일 개발을 둘러싼 국제정치적 지형은 매우 엄중하다. 이러한 상황이 타개되기 전에는 어떠한 경제 협력의 추진도 불가능하다. 현재 진행 중인 일련의 남북 간, 북미 간 회담 정국이 국제 사회의 대북 제재를 해제할 수 있을 정도의 성과를 거둘 경우, 비로소 경제 협력 논의가 가능하게 될 것이다. 북한이 적극적으로 개혁개방을 추진하고 현존하는 국제 제재가 해제될 때 전개 가능한 남북 에너지 부문의 단기 협력 사업으로는 ① 중단된 에너지 협력 사업의 재개, ② 판문점 선언 관련 사업,

③ 후속 남북/북미 회담에서 합의되는 사업 등이 예상된다.

중단된 에너지 협력 사업으로는 개성공단 에너지 공급 사업, 금강산 관광 지구 에너지 공급 사업, 정촌 흑연 개발 합작 사업[6], 대북 인도적 에너지 지원 사업, 단천 3개 광산(대흥, 룡양, 검덕) 공동 개발 협력 사업[7] 등이 있으며, 이들은 상황이 개선되면 바로 재개될 수 있을 것으로 예견된다.

판문점 선언 관련 사업도 단기적 협력 사업으로 유력하다. 4·24 남북 정상회담의 공동선언문인 판문점 선언은 "10·4 선언에서 합의한 사업들을 적극 추진하며"라고 합의하고 있다. 10·4 선언에서 합의된 사업들 가운데 에너지 부문의 협력 사업과 관련되는 사업들은 개성공단 2단계 개발, 해주 지역 경제특구 건설, 남포, 안변 조선협력단지 건설 등이 있다. 이들은 각각 적정 에너지 공급을 위한 에너지 부문의 협력 사업들을 동시에 전개해야 하는 사업들이다.

북한의 비핵화가 전개되는 과정에서 다양한 후속 회담들이 남북 간, 북미 간에 진행될 것이며, 그 과정에서 단기적인 대북 에너지 지원 사업들이 합의될 가능성이 매우 높다. 1994년의 북미 제네바 협약, 2007년의 6자회담 2·13 합의 등의 경우에서 보는 바와 같이 북한은 비핵화의 보상책으로 에너지 지원을 요구할 가능성이 매우 높기 때문이다.[8] 어떤 협력 사업들이 협상 테이블 위에 오르고 합의될지는 알 수 없으나, 국가 간 합의 사업이므로 가장 먼저 이행될 것으로 예상할 수 있다.

▶ 중장기 협력 방안

에너지 부문이 중장기 협력 방안은 석유, 석탄, 전력, 가스 등 모든 에너지원의 공급과 관련 인프라를 포함해 광범위하게 구상될 수 있으며, 정책 분야 협력 사업을 제외할 경우, ① 대북 에너지 교역 사업, ② 북한 에너지 분야 투자 사업, ③ 남·북·러 에너지 협력 사업 등으로 분류될 수 있다.

대북 에너지 교역 사업은 현재 거의 전부 중국에 의존하고 있는 석유 제품, LPG, 석탄, 에너지 이용 기기 등을 남한이 공급하고, 북한이 수입하는 협력 사업이다. 남한의 대북 제재, 미국과 국제 사회의 제재가 해제되고 북한이 시장을 개방할 경우, 에너지 재화의 교역이 남북 교역의 중요한 교역 분야로 부상할 가능성이 예상된다. 북한은 현재, 공식 수입과 밀수를 포함해 대략 61만 4,000톤 정도의 정제유를 수입하고 있으며,[9] 그 규모는 북한의 개혁개방과 동시에 크게 증가할 것으로 예상된다. 현재 북한에서 LPG 수요는 도시 가구를 중심으로 확산되고 있어서 LPG의 대북 수출도 유망하다. 2010년 5·24 조치로 중단된 북한 무연탄 수입도 재개될 것이며, 북한에 풍부한 갈탄도 대북 투자 사업에 대한 구상 품목으로 수입될 것으로 예상된다. 가정, 상업, 산업 부문의 다양한 에너지 이용 기기도 교역 품목으로 유력하다. 특히 남한 제품에 대한 선호도가 높은 가정·상업용 가전기기, 냉난방기기, 취사기기, 태양광 패널과 같은 조명기기 등의 대북 수출이 빠르게 확대될 것으로 예견된다.

에너지 분야에 대한 투자 사업은 북한 에너지 산업의 복구, 중장기 공급 능력 확충을 위한 인프라 건설 투자 사업으로 다양한 비즈니스 모델과 역동적 사업 능력을 갖춘 민간 기업과 풍부한 재원을 보유한 금융 기관이 결합한 형태로 진행될 것이며, 북한과의 합작, 합영 방식의 협력 체제, 또는 현지법인 설립 등의 형식으로 진행될 수 있을 것으로 예상된다.

북한의 전력 부문은 발전 설비에서부터 송배변전 설비에 이르는 거의 모든 인프라를 현대화하거나 재구축해야 하는 상황으로 파악된다. 그러므로 북한경제의 회복과 전력 수요 증가 추이와 연계해 북한의 주요 발전소들은 모두 현대화되어야 하고, 점진적으로 신규 발전소도 건설되어야 한다. 송전망과 배전망은 거의 새로이 건설되어야 하며, 변전소들도 현대화되어야 한다. 석유 분야도 원유 정제 설비 현대화, 석유 유통 사업 등에서 협력 사업들이 예상되며, 석탄 사업에서도 석탄광 현대화 사업, 연탄공장 건설 사업, 광해처리 사업 등이 예상된다. 가스 분야에서도 천연가스 발전소 건설, LPG나 천연가스를 활용하는 도시가스 사업, 산업용 가스 공급 사업 등이 예상되며, 원자력, 신재생에너지 분야에서도 다각적인 협력 사업들이 전개될 수 있을 것으로 예견된다.

이외에도 주변국과 연계된 협력 방안들도 유망하게 부상할 가능성이 있다. 주변국들과 연계된 협력 방안으로는 남·북·러 전력망 연계 사업, 남·북·러 천연가스 파이프라인 건설 사업, 아시아 슈퍼그리드 사업 등이 있다. 남·북·러 전력망 연계 사업, 남·북·

러 천연가스 파이프라인 건설 사업은 이미 한·러 정상이 여러 차례 합의했고, 북·러 정상도 합의된 바 있으나 북한 변수로 인해 아직 본격적으로 추진되지 못하고 있는 사업이다. 북한 변수가 해결될 경우, 급물살을 타게 될 것으로 보인다. 아시아 슈퍼그리드 사업은 아시아 전체의 전력망을 단계적으로 모두 연계해 역내 전력 공동체를 형성하기 위한 다국가 사업이다. 지금은 북한을 제외한 연계 루트 위주로 논의가 진행되고 있으나, 북한 변수가 해소된다면, 북한을 포함하는 다각적인 연계 루트에 대한 구상이 부각될 것으로 예상된다.

남북 에너지 협력의 산업적 기회는?

남북 에너지 협력은 북한의 에너지 산업을 복구하고 중장기적 성장 기반을 갖출 수 있도록 북한을 지원하기 위한 사업으로 인식되어서는 곤란하다. 협력 과정에서 서구적 비즈니스 기법을 전수하고 산업 기술을 이전하는 등은 지원이라 할 수 있으나 협력 사업 그 자체는 철저히 상업적으로 설계된 민간 비즈니스로 추진되어야 한다. 앞에서 이야기한 남북 에너지 협력 사업들은 현재 예상 가능한 대표적인 사업들을 서술적으로 분류한 것에 지나지 않으며, 실제 가능한 스펙트럼의 일부에 지나지 않는다. 북한의 개혁개방이 우리에게 펼쳐줄 산업적 기회는 에너지의 생산, 수출, 수입, 저장, 전환, 수송, 가공, 이용 등의 전 과정에 걸쳐 광범위하게 나타날 것으로 예상된다.

　석탄 부문의 산업적 기회는 주요 탄광의 현대화, 북한 석탄의 도입, 연탄 사업의 진출, 광해처리 사업 등이 유망하다. 북한의 600여 개 탄광은 거의 전량 현대화 투자가 필요한 상황으로, 유망 탄광을 현대화하기 위한 남북 합영/합작의 사업 기회가 예상되며, 민생용 에너지 문제의 유력한 해결 방안으로 취사와 난방을 동시에 해결할 수 있는 연탄 산업의 북한 진출 기회도 예상된다. 북한 무연탄과 갈탄의 상업적으로 수입하는 사업도 유망하며, 발전소 개보수 등과 같은 대북 투자 사업의 투자 원리금 회수 방안으로 북한 갈탄을 개발해 도입하는 사업 기회도 설계될 수 있다.

　석유 부문에서도 몇 가지 산업적 기회가 논의될 수 있다. 북한에 대한 석유 제품 수출의 가능성이 높다. 북한 석유 시장은 지금은 그 규모가 크지 않지만 북한이 개방되고 산업이 활성화되면서 빠르게 성장할 것으로 예상되고 있다. 북한의 정제 산업이 미미해 상당 부분의 정제유를 수입에 의존하게 될 것으로 예측된다. 석유 산업 상류 부문 협력 사업으로는 북한 지역 원유 자원 공동개발 협력 사업을 들 수 있다. 북한 지역에는 서한만 지역 대륙붕과 내륙 지역, 동한만 지역 등 원유 부존 가능성이 높은 것으로 알려진 유망 지역이 있으나 아직 본격적인 시추가 이루어지지 못한 상황이다. 남북이 공동으로 원유 개발을 전개하는 협력 사업이 유망하다. 중류 부문에서도 북한 지역 내륙 송유관 건설 및 남북 송유관 연결, 원유 및 석유 제품 수출입 기지 건설, 비축 기지 건설 등의 협력 사업이 논의될 수 있으며, 하류 부문의 석유 유통망 구축 협력 사업도 유망하다. 북한에는 평양을 중심으로 주유소가 빠르게 증가하고 있으나 아직 전국적인 주유소 네트워크는 형성되지 않은 상태다.

남북 에너지 협력이 가장 많이 예상되는 분야는 역시 전력 부문이다. 전력 부문의 산업적 기회는 산업 전체에 걸쳐 나타나게 될 것으로 보여 일일이 나열하기 어렵다. 전력 분야 협력 사업은 전후방 연관 산업이 방대해 전구에서부터 가전기기 등 모든 전력 이용 기기 산업, 중전기기, 경전기기 산업, 전선·케이블 산업, 컴퓨터·전자 산업, 기타 주변기기 산업 등과 엔지니어링, 건설, 토목, 금융 등을 포함하는 광범위한 산업적 기회를 제공할 수 있을 것으로 기대된다.

전력 분야에 한정해 논의할 경우, 가장 먼저 북한 전력 부문에 대한 긴급 지원 협력 사업이 예상된다. 긴급 지원은 북한 발전 설비에 대한 긴급 정비 지원과 긴급 전력 공급 등으로 구분될 수 있다. 긴급 정비는 우리 기술진이 북한 발전 설비를 진단하고 현장에서 바로 정비하거나, 부품 준비 등 단기간의 준비 기간을 거쳐 우선적인 기술적 조치를 지원함으로써 설비의 가동 여건을 개선하는 협력 사업으로 발전 설비 개보수 계획 수립을 위한 선도적 사업이다. 긴급 전력 공급이 요청되는 상황이 있을 경우의 협력 방안으로는 고정식 발전선BMPP, Barge Mounted Power Plant과 FSRUFloating Storage, Re-gasification Unit 등의 전력 공급 방안도 활용 가능하다.

중장기적으로는 발전 설비 개보수와 신규 발전소 건설을 위한 협력 사업이 유력하다. 북한의 모든 발전소는 개보수 대상으로 파악된다. 북한의 중장기 전력 수요 증가에 대비하는 신규 발전소 건설도 불가피하다. 순환유동층CFBC, Circulating Fluidized Bed Combustion, IGCCIntegrated Gasification Combined Cycle 등의 신규 석탄발전소, 가스 복합 화력발전소 등이 유력하며, 신재생에너지 발전, 원자력 발전 등도 협력이 가능한 분야다. 북한의 송배변전 분야 협력 사업은 현존 설비의 철거와 전면 재구축, 용량 증대를 위한 증설 분야에서 광범위하게 전개될 것으로 예상된다. 북한의 현존 송전선, 배전선, 변전 설비 등은 모두 교체 대상이다.

동북아 전력망 연계 사업과 아시아 슈퍼그리드 사업도 전력 부문의 주요 산업적 기회 요인으로 논의될 수 있다. 특히, 남·북·러 전력망 연계 사업은 북한이 수용하면 즉시 타당성 분석을 위한 공동 연구 사업을 거쳐 착수할 수 있는 사업으로 실현 가능성이 높다. 아시아 슈퍼그리드 사업은 현재 한·중·일을 연결하는 사업 위주로 논의되고 있어 북한을 통과하는 노선은 상대적으로 장기적인 사업으로 분류될 수 있다.

천연가스 부문의 산업적 기회도 예견된다. 다만, 북한 지역에 언제부터 천연가스 공급이 가능하게 될 것인가 하는 점이 관건이다. 북한 지역에 대한 천연가스 공급은 중장기 에너지 믹스 전략 등 북한 내부적인 정책 결정에 의해 정해지기보다는 남·북·러 천연가스 파이프라인 건설 사업과 같은 외부적 요인에 의해 촉발될 가능성이 높다. 이러한 사업도 남·북·러 전력망 연계 사업과 같이 북한이 수용하면 바로 추진이 가능한 사업이다. 북한이 러시아와 남한을 연결하는 파이프라인의 북한 통과를 수용하면, 타당성분석을 위한 공동 연구 단계에서부터 북한 지역에 천연가스 발전소를 건설하는 협력 사업이 포함되어 동시에 추진될 것으로 예상된다. 통과료는 천연가스 공급국인 러시아가 북한에 지불하게 되는데, 현금이 아닌 천연가스로 지급하게 될 가능성이 높기 때문이다. 중장기적으로는 북한 주요 도시 지역에 대한 도시가스 공급 인프라 건설 협력 사업도 유망하다.

▌남북 에너지 협력, 어떻게 대비할 것인가?

북핵 문제가 해결되어 모든 대북 제재가 해제되고 북한이 개혁개방하는 상황이 오면, 도처의 자본과 기술은 북한을 블루오션으로 인식하고 앞 다투어 진출하려는 상황이 전개될 수도 있다. 특히 북한과 전통 우호국이라는 연고 의식을 가지고 있는 중국과 러시아의 진출 의지가 높을 것으로 예견된다. 북한과 1,200킬로미터에 달하는 국경을 마주하고 있는 중국은 북한에 원유 정제 공장인 봉화화학공장과 2개의 화력발전소를 건설해준 바 있으며, 지금도 압록강 수계에 4개 발전소를 공동으로 운영하고 있다. 북한이 수입하는 소비재의 대부분과 원유 등 에너지 교역의 대부분을 독점하고 있어 북한에 대한 강한 연고 의식을 가지고 있다. 러시아도 마찬가지다. 북한에 원유 정제 공장인 승리화학공장과 여섯 개 화력발전소를 건설해주었으며, 오랜 기간 동안 북한경제를 지원해온 역사적·기술적 연고 의식이 매우 높다. 일제 강점기 시대에 수력발전소와 송배전선 등 북한의 산업 체계를 형성한 바 있는 일본도 연고 의식을 가지고 있으며, 특히 전후 배상 보상금 활용 방안으로 에너지 인프라 분야에 대한 진출 의지가 높을 것으로 추정되고 있다.

이처럼 에너지 부문의 남북 협력 사업들도 주변국 또는 국제사회와의 적지 않은 경쟁 구도가 불가피하게 될 것이다. 이에 대응하기 위해서는 남북 관계 개선 초기의 정부 역할이 매우 중요하다. 아직 주변국들이 진입하기 어려운 단계에서부터 남북 간의 합의로 많은 사업들이 전개될 수 있도록 정부가 선도적 역할을 해주어야 한다. 대북 인도적 에너지 지원 사업도 전개하고, 당국 간에 되도록 많은 사업들을 합의해 민간이 이행할 수 있도록 이전해야 하며, 남북의 기술표준, 품질 규격 등 산업 표준을 일치시켜가는 노력도 중요하다. 정부는 남북 에너지 산업의 미래에 대한 비전을 설계해 그에 입각한 중장기적 남북 에너지 협력 추진 전략을 마련해야 하며, 정부 부처 간의 기능 조정은 물론, 민간의 에너지 협력 사업들을 선도하고 조정하는 역할을 담당해야 한다.

산업계도 자기 비즈니스 영역에서 구체적이고 체계적인 준비를 서둘러야 한다. 남북 에너지 협력 사업에 대해 모두 높은 관심을 보이고 있으나 거의 준비되지 못한 상황이다. 북한에 대한 학습이 부족하고, 구체적인 협력 사업의 설계도 부족하다. 무엇을 할 것인지, 어떻게 할 것인지에 대한 추진 전략과 실행 계획이 마련되어야 한다.

북한의 비핵화와 국제 제재의 해제, 남북 관계의 개선, 북한의 개혁과 개방 등은 남한, 북한, 미국을 포함한 국제 사회가 모두가 공동으로 추진하고 있는 거대한 흐름이다. 모든 것이 해결되는 시점이 언젠가는 올 것이다. 한꺼번에 빨리 올 수도 있고, 오랜 시일을 거쳐 단계적으로 올 수도 있다. 그 어떤 경우라도 남북 에너지 협력은 우리 에너지 산업에 주어진 사명이고 운명이다. 그럼에도 불구하고 우리는 여전히 준비가 부족하다. 지금 이 시점에도 관심, 희망, 우려 등은 높지만 구체적이고 실질적인 준비를 위한 노력은 전개되지 못하고 있다. 정부를 비롯해 산·학·연이 서로 유기적으로 연계해 다가올 남북 에너지 협력 시대에 대비하기 위한 내적 역량을 강화하는 노력이 절실히 요청되는 시점이다.

▶▶ 김경술

05 북한경제가 다시 일어서기 위한 조건

▎북한경제는 왜 침체의 길로 접어들었나?

2017년 북한의 1인당 소득은 1,300달러 정도다.[10] 1,300달러는 전 세계적으로 최하위 국가의 소득 수준에 해당한다. 북한 경제는 언제부터 이런 상황에 빠지게 되었을까? 그리고 그 원인은 무엇일까?

이 질문에 대해서는 크게 두 가지 답이 제시되어왔다. 첫째는 '전통설'이라고 부를 수 있는 견해다. 이 견해에 따르면 분단 이후 북한은 비교적 왕성한 경제성장을 이룩했고, 그 결과 1980년대 중엽까지도 남한과 북한은 소득 수준에서 큰 차이가 없거나 오히려 북한이 다소 높았다. 하지만 1980년대 동구권 경제의 전반적인 침체 그리고 그로 인한 사회주의 경제의 해체라는 외생적 충격으로 인해 북한경제는 파국을 맡게 되었다는 것이다.[11]

하지만 '수정주의적 견해'라고 부를 만한 최근의 연구들은 이러한 견해를 부정한다. '전통설'이 기반하고 있는 북한경제의 성장률 추계는 사회주의 국가들의 통계가 가지고 있는 고질적인 과장들을 적절하게 걸러내지 못한 것이었다. 이러한 문제들을 걸러내고 보면, 북한경제의 성장률은 이미 1960년대부터 매우 낮은 수준에 머물렀고 이후에도 계속 비슷한 수준을 유지했다. 그 결과 남한과 북한의 소득은 1970년대 초부터 격차가 벌어지기 시작했고 이러한 추세는 오늘날까지 이어졌다.[12]

분석에 사용한 자료나 분석 방식 그리고 여러 가지 북한경제의 정황은 전통설보다는 수정주의적 견해가 북한의 장기 추세를 더 잘 설명하고 있다고 판단된다. 이러한 평가는 우리를 다음 질문으로 인도한다. 도대체 왜 북한경제는 1960년대에 성장에 실패하고 침체의 길로 접어들기 시작했을까?

1953년 종전 이후 북한은 소련, 중국 등의 지원에 힘입어 전후 복구에 매진했다. 그 결과 1950년대 말이 되면 전쟁 이전 수준으로 경제가 회복하고, 여기에 기초해서 1961년에는 경제 개발을 위한 제1차 7개년계획을 추진한다. 1950년대에 있었던 단기적인 경제 개발 계획들과는 달리 제1차 7개년계획은 사회주의 사회 건설을 위한 본격적인 경제성장을 추구했다는 점에서 매우 야심차

고도 중요한 정책이었다.

불행하게도 이 계획은 목표를 달성하지 못했다. 북한 정부는 제1차 7개년계획이 종료되는 1967년에 사업의 종료를 선언하는 대신 3년 연장을 발표했다. 물론 1970년에 계획을 종료하면서 공식적으로는 계획을 초과달성했다고 발표했지만, 이것을 있는 그대로 받아들이기는 힘들다.

제1차 7개년계획의 '실패'는 같은 시기 남한경제의 발전과 크게 대비된다. 남한 역시 1962년에 제1차 경제개발 5개년계획을 발표했다. 여러 가지 혼란과 어려움에도 불구하고 남한은 제1차 5개년계획을 매우 성공적으로 완료했으며, 이후 1990년대까지 계속해서 경제 개발 계획을 진행했다. 그리고 이 기간 동안 연평균 10% 이상의 경제성장을 달성함으로써, 그 결과 오늘날 세계 10위권의 경제 규모와 1인당 3만 달러의 소득 수준을 갖추게 되었다. 결국 해방 이후 비슷한 수준에 있던 남한과 북한의 경제가 서로 다른 길을 걷게 된 대분기Great Divergence는 1960년대에 이루어졌다고 할 수 있다.

▎도로 · 철도 등 교통망이 경제를 좌우한다

북한은 1960년대 경제개발계획에 왜 실패했을까? 당연히 북한은 국가 주도의 경제성장을 추진했을 것이다. 하지만 국가가 경제성장을 주도하고 자원 배분에 깊이 관여하는 것은 동시대 남한도 마찬가지였다. 북한은 자립적 경제 발전을 취한 대신 남한은 외부로부터 원조와 차관을 대량으로 받았기 때문에 서로 다른 결과를 낳았으리라는 추론도 사실과 부합하지 않는다. 1950년대에 북한이 소련과 중국으로부터 받은 원조는 총 20억 달러 규모인 것으로 추산되는데, 1인당 원조 수령액을 비교해보면 남한과 북한이 이 시기에 받은 원조액은 큰 차이를 보이지 않는다.[13] 결국 1960년대 북한의 경제 발전 실패는 국가가 주도하는 사회주의적 방식을 택했기 때문이 아니라, 경제 개발 계획의 내용에 문제가 있었기 때문이라고 보는 것이 타당할 것이다.

그런 점에서 주목할 만한 것은 교통 관련 사회간접자본 투자다. 근대의 경제성장은 규모의 경제economies of scale에 기반한다. 산업혁명 이후 등장하고 일반화된 기계화된 공장은 전근대적인 방식으로 생산하는 것보다 훨씬 더 많은 양의 물건을 값싸게 생산한다. 이러한 기계화된 생산이 이루어지려면 전국에 있는 다양한 자원들을 공장으로 원활하게 운반하고, 공장에서 생산한 제품들을 전국으로 신속하고 값싸게 배송할 수 있어야 한다. 따라서 근대 경제성장의 핵심인 기계화와 규모의 경제는 교통 기반 시설을 전제로 가능하다. 아울러 교통 기반 시설의 구축은 다양한 연쇄효과를 통해 공업화를 촉진해 경제성장을 가속화한다.

1960년대에 남한과 북한 정부는 교통 기반 시설을 구축하는 데 매우 상반된 모습을 보였다. 남한 정부는 1960년대 초부터 철도와 도로 건설을 위해 많은 노력을 기울였다. 1962년에 세계은행으

로부터 처음 받은 원조도 철도 건설과 관련한 것이었으며, 1960년
대 말부터 1970년대 초에는 경인고속도로와 경부고속도로 등을
건설했다. 이러한 노력의 결과 남한에는 도시 내 그리고 각 지역
을 연결하는 교통망이 촘촘하게 건설되었다.

북한은 해방 이후 오늘날까지 철도를 주력으로 하고 도로를
보조로 하는 교통 기반 시설 정책을 추진했다. 그럼에도 불구하고
철도 건설은 매우 낮은 수준에 머물렀다. 1945년부터 2015년까지
70년 동안 1,507킬로미터가 건설되었는데, 이는 1900~1945년
기간 동안 총 3,797킬로미터가 건설된 것과 크게 대비된다([도표
4-7], [도표 4-8] 참조). 해방 이후 남한은 복선화를 통해 철도 규모를
해방 이전보다 거의 두 배 가까이 늘렸지만 북한은 복선화된 구간
이 거의 없다. 나아가 남한은 세계적 추세에 발맞추어 도로 중심
으로 교통망을 건설했기 때문에 도로 건설은 철도 건설보다 더 큰
규모로 이루어졌지만, 북한의 도로 건설은 철도보다 낮은 수준에
머물렀다.

이처럼 북한이 교통 기반 시설 구축에 소극적이었던 것은 규
모의 경제에 기반하는 근대 경제성장을 제대로 추진하지 않았음
을 시사한다. 실제로 1950년대부터 1960년대까지 북한이 추진한
경제 발전 방식은 반대 방향으로 이루어졌다. 북한은 생산 시설을
주요 도시에 모아 대규모 공장을 만들고 생산성을 높이기보다는
소규모 생산 시설을 전국에 설립하는 방식을 택했다.

이러한 정책 구상은 1950년대 초부터 추진되었다. 김일성은

[도표 4-7] **철도 총연장: 남한과 북한(1910~2015)**

(단위: 천km)

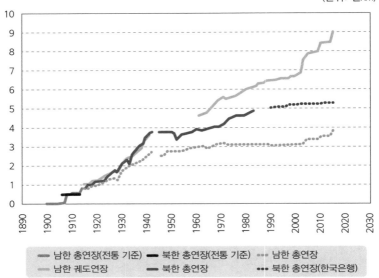

	남한 총연장(전통 기준)	북한 총연장(전통 기준)	남한 총연장
	남한 궤도연장	북한 총연장	북한 총연장(한국은행)

출처: 김두얼(2017)

[도표 4-8] **남북한 철도의 증가(1900~2015)**

(단위: km)

	남한		북한
	총연장	궤도 연장	총연장
1900-2015	**3,873**	**9,001**	**5,304**
1900-1945	2,725	3,614	3,797
1945-2015	1,148	5,386	1,507
1945-1990	367	2,820	1,248
1990-2015	782	2,566	259

출처: 김두얼(2017)

1952년에 행정구역 개편을 실시했다. 그는 군郡을 경제의 기본 단위로 설정한 뒤, 각 군이 농업과 공업을 모두 가지고 각자 필요한 생필품을 해결하도록 지시했다. 이런 맥락에서 1958년도에는 전국에 1,000개의 공장을 지었다.

이러한 정책을 펼친 이유는 크게 두 가지였다. 첫째는 외부로부터의 공격이 있을 때 일정 지역이 지배를 당하더라도 다른 지역이 경제적으로 피해를 입지 않고 생존할 수 있도록 하기 위함이었다.[14] 평화 시에 추진할 법한 행정구역 개편을 한국전쟁이 진행 중이던 1952년에 단행했다는 사실 역시 정책의 목표가 무엇이었는지를 단적으로 보여준다.

둘째는 김일성 스스로가 근대 경제성장이 규모의 경제에 기반하고 있음을 이해하지 못한 것이었다. 근대 경제성장은 기계화된 생산이라는 기술 변화와 아울러, 이러한 기술이 작동할 수 있는 인적·물적 자원의 원활한 이동을 전제로 한다. 하지만 김일성은 행정 구역 개편을 통해 각 지역의 연결성을 단절하는 정책을 실시했다. 심지어 대규모 생산에 수반하는 상품과 자원의 이동을 낭비라고까지 생각하는 발언을 하기도 했다.[15]

결국 기계화를 통한 생산성 증가를 도모하지 않은 상태에서 생산을 늘리는 방법은 노동 시간을 늘리면서 동시에 노동 강도를 높이는 것이었다. '천리마 운동'처럼 제1차 7개년계획 기간 동안 북한 정부가 생산 증진을 위해 추진한 일련의 정책들이 대표적이다. 하지만 이러한 방식이 얼마 지나지 않아 한계에 봉착하고 생산성 증대를 이루지 못한 것은 당연한 귀결이었다.

| 경제성장, 기반 시설 구축이 먼저다

이상의 논의는 오늘날 북한경제의 장기 침체와 관련해서도 몇 가지 중요한 시사점을 제공한다. 먼저 기존 연구들은 북한 경제가 장기 침체로 접어들게 된 원인을 유인 체제 왜곡이나 정보 부족 같은 사회주의 경제에 내재한 일반적인 문제들로부터 찾았다. 하지만 이상의 논의는 일반적 요인들이 중요했음을 인정하면서도, 동시에 일반적 요인들보다 더 근본적인 원인을 제시한다. 북한 정부는 애당초 근대 경제성장을 추구하지 않았다는 것이다. 기계화된 대량 생산과 이를 뒷받침하는 사회간접자본이 부재한 상태에서는 아무리 경제 주체의 유인 문제나 정보 문제 등을 해소한다 하더라도 경제가 장기적인 성장의 길로 접어들 가능성은 높지 않다.

다음으로 북한경제가 현재 추진하는 경제 개발 정책들의 한계가 무엇인지를 이해하는 데에도 도움이 된다. 1970년대 이후 오늘날까지 북한의 경제 개발 전략은 근본적으로 변하지 않았다. 지난 20여 년 동안 북한 정부는 특구 중심의 경제 개발 정책을 추진했다. 하지만 이러한 특구 중심 경제 개발 정책들은 특구들이 경제 발전을 선도한다는 취지보다는 특구를 다른 지역과 분리하는 것에 더 중점을 두었다. 대내외적으로 정치적 안정을 우선시하는 이러한 정책 노선은 근대 경제성장의 기본적인 원리와 배치되며, 전자가 우선시되는 한 후자를 기대하기는 어렵다.

궁극적으로 북한경제의 과거와 현재에 대한 이상의 논의는 북한경제의 미래를 예측하고 설계함에 있어서도 염두에 두어야 한다. 인적·물적 자원과 상품의 자유로운 이동은 경제성장의 전제조건이다. 이러한 흐름이 원활하게 이루어질 수 있도록 하는 기반시설의 구축은 국가가 경제성장에 기여하는 가장 전통적이고도 효율적인 투자다. 너무나 당연해 보이는 이러한 원리를 이해하고 실행하지 못하는 한, 그 나라 경제의 발전은 기대하기 어렵다. 과거의 북한이 그러했고, 현재의 북한 역시 다르지 않다. 미래의 북한은 달라질 수 있기를 기대한다.

▶▶ 김두얼

PART 5

국내 경제 이슈와 전망
금융, 부동산, 혁신 성장과 개혁

2019년도 한국경제의 주요 이슈와 전망을 몇 가지 주제로 한정하기는 쉽지 않다. 하지만 어떤 주제는 해를 거듭하면서도 지속적인 정책 개입을 요구하는 것도 있고 또 어떤 주제는 새롭게 제기되는 것도 있다. 가령 가계 부채 문제와 부동산 문제는 경제 정책 당국의 해묵은 골칫덩어리 문제다. 사실 이 둘은 불가분의 관계를 가지고 있다고 해도 과언이 아니다.

가계 부채의 문제는 금융안정성과 직결되며 이를 부동산금융의 문제로 파악할 필요가 있다. 특히, 우리나라에만 있는 독특한 제도인 전세를 가계 부채에 포함해 총량 규모를 파악해야 할 필요가 있다. 또한 가계 부채가 급속하게 증가한 원인으로 지속적인 경기 부양 정책의 결과로 파악하는 견해도 있다. 아울러 금융 안정을 위한 적절한 거시정책을 정립하지 않을 경우 가계 부채 불안정으로 인한 금융위기의 발생 가능성이 높아질 수도 있다.

다시 부동산 광풍이다. 자고 일어나면 가격이 천정부지로 뛰는 부동산 시장은 과연 안정될 수 있는 것인가? 또 이에 대한 정책적 처방이 과연 작동할지에 대한 의문이 커지고 있는 실정이다. 서울 강남권을 비롯한 수도권과 지방의 부동산 시장에 대한 양극화가 뚜렷해지고 있는 가운데 수도권에서도 전체적인 부동산 가격 상승이 목격되고 있다. 정책 당국이 쓸 수 있는 카드는 공급 확대 정책, 대출 규제 정책, 그리고 세제 정책 등이다. 특히 금리 인상은 경기 위축에 대한 우려와 높은 수준의 가계 부채 비중으로 인해 적극적으로 행사되지 못하고 있어서 이런 정책 환경에서 정부 당국이 쓸 수 있는 수단이 별로 없다. 2018년의 부동산 시장을 전망하고 내년도 전망을 냉정하게 가름해본다.

　문재인 정부가 새롭게 도입하려고 하는 국민연금 관련 정책이 관심을 끌고 있다. 이는 638조 원의 막대한 규모의 기금을 운용하는 국민연금기금의 스튜어드십 코드 도입이다. 즉, 국민연금기금이 적극적으로 주주권 행사를 하겠다는 것이다. 스튜어드십 코드 도입이 과연 기업 지배구조를 개선할 수 있으며 또 경영 성과를 높일 수 있을지에 대한 갑론을박이 진행 중이다. 이를 기업에 대한 경영권 간섭이 아니라 경영에 대한 감시로 파악할 필요가 있으며 국민연금기금의 본래 목적인 장기 투자 전략으로 바라봐야 할 필요가 있다는 견해에 대한 자세한 소개와 설명을 이 책에 담고 있다.

　지금 시점에서 문재인 정부의 혁신 성장 정책의 성과를 논하는 것은 다소 이른 감이 있다. 기본 방향 설정과 세부 대책을 수립하고 이것이 구체적 성과를 내기까지는 시간이 걸리기 때문이다. 하지만 분야별 정책의 추진 방향, 접근 방식, 추진 체계, 실행력 등 정책의 타당성을 중간평가하고 그 평가 결과를 기반으로 향후 정책 방향을 논하는 것은 의미 있는 일이다.

마지막으로 국내 경제 이슈를 논할 때 노동 문제를 빼놓을 수는 없다. 최저임금 인상과 관련된 논란뿐만 아니라 성장을 함에도 불구하고 그만큼 늘어나지 않는 일자리 문제는 현 정부의 발목을 크게 잡고 있는 실정이다. 소득주도 성장론이 최저임금 인상을 넘어 소득 분배의 불평등성을 완화하고 새로운 성장 동력으로 자리매김하기 위해 어떠한 관점에서 이를 바라봐야 하는지를 설명하는 글을 마지막에 배치했다. 또한 이를 통해 한국경제가 균형 잡힌 경제 체제로 갈 수 있을지 여부를 타진하고 있다.

▶▶ **류덕현**

01 심각한 가계 부채 문제, 어떻게 해야 하나?

｜ 과도한 가계 부채, 왜 문제가 되는가?

금융은 돈을 빌리고 빌려주는 것이다. 금융이 일어나면 돈을 빌려준 경제 주체에게는 채권이라는 자산이 생기고, 돈을 빌린 경제 주체에게는 '부채'가 생긴다. 금융은 여러 경제 주체 사이에서 발생한다. 가계와 기업 간에도 발생하고, 기업과 정부 사이에서도 발생하고, 가계와 가계 간에 그리고 기업과 기업 간에도 발생한다. 그리고 금융에 금융 중개 기관이 개입되어 가계와 은행 간, 기업과 은행 간에도 금융이 발생한다.

이렇게 발생하는 다양한 부채 중 가계 부문 전체의 부채를 합한 집계변수가 '가계 부채'다. 가계 부분은 수많은 개별 가계들로 구성되어 있는데, 이들의 총부채를 모두 합한 것이 가계 부문의 총부채, 즉 가계 부채인 것이다. 대차대조표로 말하면 개별 가계들의 대차대조의 우변, 즉 대변에 있는 부채 항목들을 모두 더한 것이다. 물론 가계 부문은 다른 부문에 빌려주기도 하며 그에 따라 가계 부문은 빌려주거나 투자한 만큼의 자산을 갖게 되는데, 가계 부채는 이러한 다른 부문에 빌려준 채권 혹은 자산을 차감한 '순부채net debts'가 아니라 '총부채gross debts'다. 경제학자들이 순부채에 관심을 갖지 않는 이유는 집계변수로서 가계의 순부채는 모든 경제 주체(혹은 가계)에 대해 더하면 자동적으로 0이 되므로 의미가 없기 때문이다. 물론 집계변수로서의 가계 총부채도 모든 개별 가계가 동일한 자산 및 부채의 분포를 가지면 의미가 없다. 그러나 개별 가계들 사이에 자산/부채의 분포가 크게 차이가 나는 경우에는, 집계변수로서의 가계 총부채의 증가가 금융 안정과 경제성장에 중요한 영향을 미칠 가능성을 배제할 수 없기 때문에 가계 총부채의 추이를 주의 깊게 살펴보아야 한다.

실제로 최근의 연구들은 총부채로서의 가계 부채 증가가 경제와 금융의 안정성에 부정적인 영향을 미칠 수 있음에 주목하기 시작했다. 2008~2009년 미국발 금융위기는 세계 여러 나라에 걸쳐 실물 부분에 커다란 충격을 주었는데, 특히 가계 부채와 모기지 공급이 급증했던 국가들에서 성장률 하락 충격이 보다 컸다. 최근의 한 논문에 따르면,[1] 지난 50년간 30개 선진국의 데이터를 볼 때 가계 부채의 GDP 대비 비율이 증가하면 3~4년 지나면서부터 GDP 성장의 감소를 가져오는 경향이 있음이 발견된다. 2017년 발표된 또 다른 논문의 연구는 가계 부채가 1%포인트 증가하면 장기적으로는 경제성장률을 0.1%포인트 하락시키고, 특히 가계 부채가 GDP 대비 80%를 넘으면 이러한 가계 부채의 성장률 하락 효과가 더욱 크게 나타남을 발견했다.[2]

과도한 가계 부채가 금융위기 가능성을 높이고 성장률도 하락시킬 수 있다는 이러한 최근의 연구 결과들은 우리에게 중요한 정책적 시사점을 제공한다. 특히 가계 부채가 과도하게 높은 수준으로 증가해 금융 안정을 크게 저해하는 사태가 발생하지 않도록 정부와 중앙은행이 가계 부채 총량을 조절하는 정책적 노력을 기울이는 것이 중요함을 시사하고 있다.

그런데 이러한 가계 부채를 억제하는 금융 안정 정책을 시행하기 위해서는 먼저 가계 부채가 과도한 수준인지에 대한 엄밀한 판단이 필요하며, 그러한 판단을 위해서는 무엇보다도 우선적으로 가계 부채 총량의 규모부터 정확히 파악하는 것이 매우 중요하다.

▎전세금도 가계 부채임을 잊지 말아야

금융 안정을 위한 가계 부채 규모에 대한 정확한 파악이 필요함에도 불구하고, 우리나라는 그동안 가계 부채의 규모를 크게 과소평가해왔을 가능성이 매우 높다. 그동안 우리나라는 금융 기관으로부터의 가계 대출만을 집계한 가계 부채 통계로 가계 부채의 규모를 파악해왔다. 이러한 가계 부채 규모 추계 방법은 가계가 돈을 빌릴 때 금융 기관을 통한 간접금융에만 의존하는 대부분의 나라에서는 큰 문제가 없다. 그러나 우리나라는 다른 나라와 달리 금융 기관으로부터의 가계 부채에 더해, 다른 가계로부터의 가계 부채가 커다란 수준으로 존재한다.

특히 우리나라에만 독특하게 전세를 통한 가계 간 부채가 큰 규모로 존재하기 때문에, 이를 가계 부채에 포함해 가계 부채의 총량 규모를 파악해야 한다. 김세직과 신현송(2013)의 논문이 밝힌 바에 따르면,[3] 전세란 집주인이 세입자에게 집을 빌려주는 것이기도 하지만 동시에 세입자가 집주인에게 전세금을 빌려주는 금융 계약이다. 따라서 전세가 이루어지면 이에 따라 가계 부문에 가계 간 직접 부채가 발생한다. 준전세의 경우에도 동일하게 세입자의 보증금이라는 가계 간 직접 부채가 발생한다. 따라서 우리나라의 경우 가계 부채의 총체적 규모를 파악하기 위해서 전세 보증금/준전세 보증금 형태로 거래되는 가계 간 직접 부채('전세 부채'로 명명)를 포함해 가계 부채를 계산해야 한다.

가계 부채 계산 시 전세 부채를 포함시켜야 함은 직관적으로도 당연하다. 예를 들어, 어떤 가계가 2년 계약으로 자신의 집을 전세를 주고 전세금으로 1억 원을 받고, 또 2년 만기로 은행에서 1억 원을 빌렸다고 하면, 이 가계가 2년 뒤 갚아야 될 돈, 즉 부채로 대차대조표의 우변에 기록되는 액수는 2억 원이다. 2년 뒤 전

세금 1억 원을 돌려줘야 하고 은행에서 빌린 돈 1억 원 또한 돌려줘야 하기 때문이다. 단, 전세 부채의 규모가 나라 전체의 입장에서 매우 작다면 이를 무시하고 가계 부채를 계상할 수도 있겠으나, 그 규모가 크다면 당연히 포함해 계산해야 한다. 그리고 가계 부채는 본질적으로 '총부채'이기 때문에 이중 계산의 문제도 전혀 발생할 수 없다.

이에 최근 김세직, 고제헌(2018)은 '전세 부채'를 포함한 우리나라 가계 부채 규모를 1990~2016년의 기간에 대해 추정했다.[4] 이 논문은 먼저 전세 보증금과 준전세 보증금을 더한 가계 간 직접 부채인 '전세 부채'를 '인구주택총조사', '가계금융복지조사' 등의 데이터를 이용해 추정했다. 그리고 이에 한국은행이 보고하는 금융권으로부터의 간접 부채인 '가계 신용'을 더해 보다 정확한 한국의 가계 부채('KS 가계 부채'라 명명) 규모를 추정했다.

이 논문의 추정 결과, 2016년의 경우 전세 보증금 부채와 준전세 보증금 부채를 합친 전세 부채 규모는 735조, 전세 부채에 금융권으로부터의 가계 부채인 가계 신용을 더한 KS 가계 부채 총액은 2,078조에 달했다. 이 논문은 2017년 전세 부채 추정을 위해 필요한 데이터 중 일부가 아직 공개되지 않은 상태에서 전세 부채가 2016년에 비해 2%만 증가한다는 매우 보수적인 가정하에 2017년의 가계 부채도 추정했다. 이 추정에 따르면 2017년의 가계 부채는 2,201조(=1,451조+750조)에 달한다.

[도표 5-1] 가계 부채 추이(1990~2016)

(단위: 억 원)

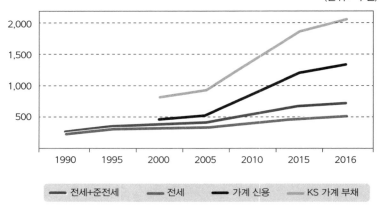

출처: 김세직, 고제헌(2018)

김세직, 고제헌(2018)이 추정한 우리나라의 현재 가계 부채 수준은 GDP의 127% 정도까지 이르렀다. 이러한 GDP분의 가계 부채 비율은 스위스, 호주와 함께 세계 1~2위를 다투는 수준이다. 최근 롬바르디 등(2017)[5]은 GDP분의 가계 부채 비율이 80%의 임계치를 넘으면 가계 부채가 경제성장을 저해할 수 있다는 연구 결과를 제시하고 있는데, 이 연구 결과에 비추어 볼 때도 우리나라는 이미 매우 높은 수준의 가계 부채 비율을 보이고 있다.

▎경기 부양 정책이 세계 최고 수준에 이른 가계 부채의 원인

결국 우리나라의 가계 부채 문제는 총량 기준으로 일반이 생각하는 것보다 훨씬 심각한 상황일 수 있다. 특히 가계 신용 대비

50%를 상회하는 수준인 전세 부채를 배제하고 그동안 가계 부채를 계상해옴에 따라 심각한 과소평가가 이루어져왔다. 이러한 그간의 과소평과를 보정하면 우리나라 가계 부채 총량은 세계 최상위 수준에 이르렀다.

가계 부채가 세계 최상위 수준에 이를 때까지 급속히 증가한 중요한 원인으로 무엇보다도 정부의 지속적인 경기 부양 정책을 들 수 있다. 이에 더해 정책 당국의 가계 부채 총량에 대한 그간의 과소평가와 그에 따른 가계 부채 문제의 심각성에 대한 과소평가가 급격한 가계 부채 증가에 기여해왔을 수도 있다.

김세직, 고제헌(2018)의 추정에 따르면, 지난 20년간의 지속적인 경기 부양 정책 속에 가계 신용과 전세 부채를 합한 가계 부채가 급격히 누적되어 왔다. 특히 1997년 외환위기에서 벗어난 2001년 이후 여러 정권에 걸쳐 지속적으로 이루어진 만성적 부동산 경기 부양과 저금리 정책이 가계 부채를 급속하게 증가시켜왔을 가능성을 배제하기 어렵다.

우리나라의 건설 투자는 여러 정권에 걸친 지속적 건설 경기 부양의 결과로 1997년 외환위기 이후 GDP 대비 15~17%나 되는 매우 높은 수준을 지속적으로 유지해왔다. 최근인 2014~2016년 기간 중에만도 소위 초이노믹스에 따른 인위적 건설 경기 부양책으로 인해 주거용 건물 투자가 230조나 증가했다. 그리고 초이노믹스에 따른 건물 투자에 따라 동기간 중 가계 신용도 320조가 증가해 가계 부채 부담을 크게 증가시켰다. 이러한 건설 경기 부양은 경제성장률을 단기적으로 높게 보이게 할 수는 있지만, 결국 가계 부채의 누적 증가와 이에 따른 금융위기 부담을 가중시킨다. 미국의 경우 1990년대 9%대를 유지하던 건설 투자가 2000년대 초중반 11%까지 높아진 후 이에 따른 가계 부채 증가가 결국 서브프라임모기지 사태와 금융위기로 연결되었음에 유의해야 한다.

김세직(2017)[6]에 따르면 한국은행의 기준 금리도 2001년 이후 실질 금리 기준으로 평균 0.4%의 매우 낮은 수준에서 오랜 기간 유지되어왔다. 매우 낮은 실질 기준 금리는 경제의 실물 부문 수익률을 나타내는 한계 생산과 비교해서도 매우 낮은 수준에 오랫동안 머물러왔다. 2000년대 초반 이후의 만성적인 저금리는 주택담보 대출, 전세 대출을 포함한 가계 부문의 은행권으로부터의 차입 인센티브를 증가시켜 가계 신용을 증가시키고, 주택 가격과 전세 가격의 상승을 불러 일으켜 전세 부채를 증가시켰을 가능성을 전적으로 배제하기 어렵다.

▎시급한 가계 부채 문제에 대한 정책 대응

가계 부채 문제가 과연 얼마나 금융위기 압력을 증가시켜 금융 안정을 위협하는지 평가하기 위해서는 우선 무엇보다도 가계 부채 총량에 대한 보다 정확한 추정이 필요하다. 특히 우리나라의 경우 전세 부채를 고려하지 않고 가계 부채 총량을 추정하면, 가계 부채 문제의 심각성을 과소평가하게 되어 그 결과 적절한 위기 예방 정책을 실시할 시점마저 놓쳐버릴 수도 있다. 우리나라의 가계 부채 총량은 전세 부채를 포함해 정확히 계상하면 지난 20년간에 걸쳐 급격히 누적되어 이미 세계 최상위 수준에 다다랐음을 알 수 있다.

가계 부채 총량이 많다는 것만으로 반드시 금융위기 위험성이 크게 높아진다고 할 수는 없다. 가계 부채 총량이 많아도 가계 부채의 분포가 특수한 경우에는 그 위험성을 걱정하지 않아도 되는 경우도 존재하기 때문이다. 예를 들어, 1,000만 명으로 이루어진 경제에서 각 경제 주체들은 1억 원의 은행 예금만을 자산으로 그리고 1억 원의 은행 대출만을 부채로 갖고 있다고 하자. 이 경우 이 경제의 가계 대출은 각 경제 주체의 대변 항목을 합친 1,000조(=1억×1,000만)원이나 되지만, 각 주체들의 은행으로부터의 부채는 은행 예금으로 갚을 수 있기 때문에 이 경제는 위기 위험성이 없는 특수한 경우다. 한편 1,000만 명으로 이루어진 경제에서 500만 명은 2억 원의 은행 예금을 갖고 있고 나머지 500만 명은 2억 원의 은행 대출만을 부채로 갖고 있다고 하자. 이 경우에도 이 경제의 가계 대출은 마찬가지로 1,000조(=2억×500만)원이지만, 대출받은 500만 명 중 상당수가 대출받은 돈으로 위험한 투자를 한 경우 이 경제는 위기 위험성이 상당한 경우다. 따라서 물론 자금 수요자와 공급자가 분리되는 두 번째 경우가 보다 현실적인 경우이지만, 가계 부채가 금융 안정성에 미치는 영향을 정확히 평가하기 위해 가계 부채 총량에 대한 평가 후 그 다음 단계로 가계 부채의 분포나 구성에 대해서도 면밀한 평가를 하는 것이 필요하다. 그런데 이를 위해서는 이러한 가계 부채의 총량과 더불어 분포와 구성에 대한 분석도 가능하게 해줄 다양한 기초 통계 자료가 필요하다. 그러나 아쉽게도 현재 우리나라는 가계 부채 구성과 분포에 대한 정밀한 통계와 이에 입각한 연구가 불충분한 실정이다. 이렇게 가계 부채 분포와 구성에 대한 정보가 부족한 상황에서는, 정책 당국은 일단 세계 최고 수준에 다다른 가계 부채 총량을 매우 심각한 현실로 받아들이고 이에 맞추어서 보수적으로 정책적 대응을 하는 것이 보다 안전하다.

우선 지난 20년간 누적적으로 이어져온 경기 부양 정책이 가계 부채 급증의 원인임을 인식하고, 이러한 경기 부양 정책을 앞으로도 지속하면 금융위기 압력을 마지막 한계점까지 더욱 높일 수 있다는 경각심을 갖고 향후 거시정책의 방향을 재정립하는 것이 필요하다. 또한 미국의 금리 인상 등 향후 예상되는 외부 충격이 이미 과도한 수준으로 누적된 가계 부채에 영향을 미침으로써 만에 하나 금융위기로 이어지는 것을 미리 예방하기 위해 가계 부채를 미리 줄이거나 더 이상 증가하지 않도록 억제하기 위한 정책 방안을 늦기 전에 마련할 필요가 있다.

단, 금융 안정을 위한 거시정책 재정립의 필요성에도 불구하고 정책 당국은 그동안 실시해온 정책의 부작용 때문에 새로운 정책을 실시하기 어려운 딜레마에 빠질 수도 있다. 예를 들어 오랜 저금리 정책으로 누적된 가계 부채가 더 이상 증가하는 것을 억제하기 위해서는 금리를 인상하는 것이 바람직한 상황으로 정책 당국이 판단하더라도, 금리 인상이 자칫 누적된 가계 부채의 채무 불이행을 통해 금융 불안정으로 이어질까 봐 금리를 인상하지 못하는 정책 딜레마에 빠질 수 있다. 그리고 이러한 정책 딜레마 상황은 시간이 지날수록 점점 더 심각해질 수 있다. 이러한 정책 딜레마 상황으로 돌이킬 수 없을 만큼 더 빨려 들어가지 않기 위해서도 거시정책의 빠른 재조정에 대한 심각한 검토가 필요하다.

▶▶ 김세직

02 2019년 부동산 정책, 서울과 지방의 간극을 좁혀라

| 양극화가 심해진 부동산 시장

문재인 정부 2년차인 2018년 국내 부동산 시장은 한마디로 '양극화 심화'로 정리된다. 저금리와 함께 시중의 자금이 부동산으로 몰리면서 집값이 고공행진을 하자 당국의 수술 작업이 본격화한 여파다. 2017년 6·19 대책과 8·2 대책을 잇달아 쏟아낸 데이어 2018년에는 6·23 종부세 개편책을 내놓은 데다가 9·13 종합부동산 대책이 발표되면서 부동산 시장의 소용돌이가 한층 심해졌다. 하지만 여전히 '강남불패'가 꺾일 기미는 보이지 않는다. 충남·경남 등 지방 부동산 시장에서 아파트 미분양이 속출한 것은

물론 정도가 더 심해진 데 비해 서울 강남권을 중심으로 한 요충지에서는 분양만 했다 하면 청약 과열이 반복되는 양상이다. 특히 지방에선 인허가를 마치고 분양 대기 중인 물량도 적잖아 시장 분위기가 빠른 시간 내에 반전될 가능성은 낮아 보인다.

다만, 9·13 대책의 후폭풍으로 서울에서도 관망세가 짙어져 매물이 급감하고 주택 가격도 주춤하는 등 변화가 일고 있다.

주택도시보증공사가 집계한 2018년 1분기와 2분기의 아파트 초기 분양 계약률(아파트 분양 개시 후 3~6개월 기간 동안의 총 분양 가구 수 대비 실제 분양 계약 체결 가구 수 비율)을 보면 서울은 99~100%로 거의 '완판'을 이어갔고 대구·대전·세종도 96~100%로 성적이 매우 좋

[도표 5-2] **국내 주요 지역 아파트 초기 분양 계약률**

(단위:%)

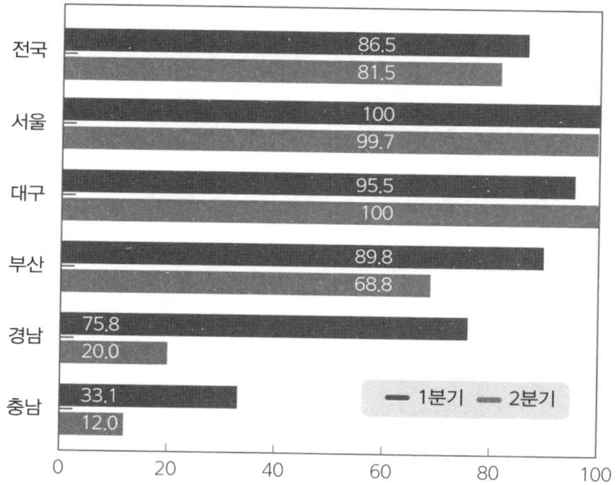

주: 2018년 1분기와 2분기 비교, 초기 분양 계약률
출처: 주택도시보증공사(2018)

은 편이었다. 이에 비해 부산은 1분기 89.8%에서 2분기 68.8%로 계속 주저앉았다. 경남은 1분기 75.8%이던 게 2분기엔 20%로 뚝 떨어졌다. 워낙 시장이 좋지 않던 충남도 1분기 33.1%에서 2분기에는 12%로 더 내려앉아 상황이 악화했다. 견본주택을 열고 마케팅을 했어도 효과가 거의 없었던 셈이다. 2018년 5월 충남 지역의 미분양 물량은 9,111가구로 서울과 경기 지역의 미분양을 합한 8,647가구보다도 많을 정도다. 시장이 이렇게 돌아가자 지방의 자

[도표 5-3] **국내 주요 지역 아파트 가격 변동률**

(단위: %)

	매매가	전세가		매매가	전세가		매매가	전세가
전국	0.91	-0.54	인천	0.05	-0.44	대구	1.07	0.29
수도권	2.4	-0.42	경기	0.91	-0.87	광주	1.47	0.76
서울	5.46	0.29	세종	1.16	-1.56	대전	0.53	0.22
(강북)	4.62	0.51	5대광역시	0.07	-0.24	울산	-2.1	-2.21
(강남)	6.16	0.1	부산	-0.85	-0.69	기타 지방	-1.7	-1.15

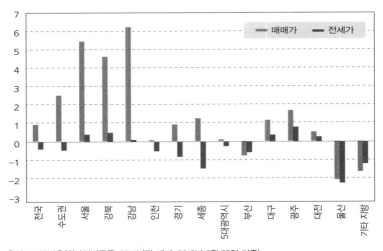

출처: KB국민은행(가격변동률: 2017년말 대비, 2018년 7월 23일 기준)

산가들조차 지방보다 서울 부동산을 사들이기 위해 자금을 대기
시키면서 양극화는 가속되는 추세다.

▮ 공급 확대로 돌아선 당국

문재인 정부가 들어선 뒤 초기에 쓸 수 있는 카드를 대부분 쏟
아냈지만 당국이 밀어붙이는 정책의 효과는 시장에 원하는 방향
으로 먹히지 않고 있다. 집값을 잡겠다고 당국이 센 처방을 잇달
아 도입한 것이지만 가격 지표만 보면 절반의 성공에 그쳤다는 평
가가 많다. 2017년 말과 비교하면 2018년 7월까지 반년이 조금
넘는 기간에 전국의 집값은 1%에 육박하는 상승을 나타내고 있지
만 하락 안정세가 뚜렷해졌다. 다만 서울은 5.5%에 달하는 상승세
를 이어갔고, 그 가운데서도 강남은 상승률이 6.2%에 달했다. 인
천·경기를 포함한 수도권 전체로는 2.4% 상승했다. 지방 집값은
확실히 잡혔다. 오히려 정책 의도와 달리 큰 폭의 하락세까지 연
출됐다. 광주·대구·대전·세종 등을 빼곤 대부분 적잖은 폭의 하락
세를 나타냈다. 지방 대도시 가운데서도 부산은 0.9% 가까운 하락
을 보였고 울산은 하락률이 2.1%에 달했다. 지방 집값은 2017년
하반기부터 하락세로 전환해 낙폭이 커지는 추세다.

더 유의해서 볼 대목은 거래량이 눈에 띄게 줄어들었다는 것
이다. 전국적으로 주택 거래량은 2018년 3월 17만 7,000가구에서
6월에는 13만 6,000가구로 4만 가구가 넘게 감소했다. 거래량 감

소는 서울과 수도권뿐 아니라 지방에서도 공통적으로 나타난 현상이다. 2018년 3월과 6월 사이에 거래량이 전국적으로 확연하게 줄었다.

시장이 전반적인 하락 안정세로 접어들었다 해도 당분간 당국의 부동산 수요 억제책은 지속될 전망이다. 서울 지역을 중심으로 여전히 급등의 불씨가 남아 있기 때문이다. 당국이 8월 하순으로 접어들면서 부동산가격안정심의위원회를 거쳐 집값이 추가로 불안해진 서울 종로·동대문·동작·중구 등을 투기 지역으로, 경기 광명·하남시를 투기 과열 지구로 지정한 게 그런 맥락이다. 9·13 대책은 그 종합판이라고 할 수 있다.

변화 조짐도 나타나고 있다. 수도권에 신규 택지 14곳을 발굴해 24만 가구를 공급한다는 계획도 함께 제시했기 때문이다. 수요 억제만으론 집값을 잡는 데 한계가 있다는 판단에 따른 것으로 보인다. 부동산 가수요를 잡으면서 대규모 공급 방안을 통해 실수요자의 불안감을 달랜다는 게 당국의 속내다. 수요 억제책에 집중한 게 오히려 집값 안정이라는 정책 목표와는 반대 결과를 가져온 것도 영향을 미쳤지 싶다.

시기적으로 다소 늦은 감이 있지만 일단 들썩이던 부동산 시장을 안정시키는 데 효과를 낼 것으로 예상된다. 다만 새로운 택지 개발이 쉽지 않은 상황이란 게 함정이다. 1곳당 1만 5,000~2만 가구에 달하는 뉴타운급 택지를 수도권에서 구한다는 것은 거의 불가능하다. 5,000가구 안팎의 미니 신도시급 택지 조성이 불가피할 터이고 그마저도 쉽지는 않은 게 현실이다. 더욱이 수요가 몰리는 지역이 아닌 멀리 떨어진 곳에 택지를 조성한다면 오히려 역효과가 날 가능성도 없지 않다.

부동산세 '나비효과'

문재인 정부는 출범과 함께 부동산 시장을 시장 주도 패러다임에서 사회·정책 주도 패러다임으로 바꿨다. 대통령에 대한 콘크리트 지지가 이어진다면 정부는 부동산 시장을 억누르는 강공책을 더 내놓을 게 분명하다. 2018년 6·13 지방선거에서 정부 여당이 압승한 뒤 조치를 보면 이런 경향은 확연해졌다. 당국은 선거가 끝나자 곧바로 종합부동산세 강화안을 만지작거리다 결국 부동산 보유세 개편을 뼈대로 한 6·23 대책을 내밀었다. 당국이 낸 개편안은 '부자 증세'라는 프레임 속에서 큰 반발 없이 진행될 것으로 예상된다.

보유세 개편이 가져올 '나비효과'는 만만치 않다. 국내에서 부동산 보유에 따라 매겨지는 세금은 크게 재산세와 종합부동산세로 나뉘는데 그 부담이 점차 커지면서 시장을 옥죌 것으로 예상된다. 최종 매매 금액에 따라 일괄적으로 세율을 적용하는 미국과 달리 한국의 부동산 보유세는 시세가 아닌 공시 가격(시세의 70% 수준)을 기초로 하고 여기에 공정시장가액비율(재산세 60%, 종합부동산세 80%)을 적용해 계산된다. 이 비율을 오는 2021년까지 100%로 올린다는 게 부동산 정책 당국의 계획이다. 공시 가격도 시세에 더 근접하는 방향으로 개편되고 있는 상황에서 공정시장가액비율이 함께 오르면 보유세 부담 대상자의 폭이 넓어지고 부담액도 늘어난다. 부동산 시장에 미치는 충격의 강도도 예상 외로 커질 수 있다.

부동산 시장에서 수요에 영향을 미치는 변수가 많지만 그중에서도 중요한 두 가지를 꼽는다면 '세금'과 '금리'다. 주거용 부동산에 대한 보유세 강화는 이미 시행에 들어갔고 앞으로 더 확대될지 지켜봐야 한다. 9·13 대책으로 종합부동산 세율이 올라간 데다 공시 가격, 공정시장 가액 비율이 본격적으로 뜀박질을 하는 만큼, 충격파는 더 커질 전망이다. 아직 종부세 인상에 따른 세금 통지를 받지 않아 체감하지 못하지만, 정부 발표를 토대로 어림잡아보면 종부세 부담은 2배 이상 늘어날 것이다. 3주택 이상 보유자에 대한 추가 과세도 이뤄지는 만큼, 해당자들이 매물을 쏟아낼지가 앞으로 시장 향방에 결정적 영향을 미칠 것이다. 주거용과 달리 상가 건물 같은 수익형 부동산에 대한 보유세 부담을 늘리는 것은 당분간 쉽지 않을 전망이다. 건물주들이 세금 부담 상승분을 세입자에게 전가시킬 경우 임대료 상승으로 소상공인 부담이 커지고, 물가 상승 등 경기에 미치는 파급 효과도 적지 않기 때문이다. 수익형 부동산 보유세 강화 카드를 만지작거리는 순간 정부로서는 정책적·정치적 위험을 크게 져야 한다. 결국 주거용 부동산에 대한 세부담을 늘리는 것은 관련 수요를 약간 줄일 수는 있겠지만 금리가 미치는 영향에 비하면 크지 않다.

| 금리 인상 먹구름이 다가온다

　　금리 인상은 점점 피하기 어려운 선택지로 접근하고 있다. 2018년 8월 현재 한국은행은 미국에서 금리를 여러 차례 올리는 와중에도 경기 상황을 고려해 기준 금리를 1.5%에 묶어둔 상태다. '일자리' 창출이 쇼크 수준을 벗어나지 못한 데다 국내 경제 지표가 개선될 기미를 보이지 않고 미중 무역전쟁으로 대외 불확실성도 커져 금리를 올릴 상황이 못 된다는 판단에서다. 그래도 금융시장에선 2018년 10~11월 중에는 기준 금리를 한 차례 인상하는 것이 불가피할 것으로 내다보고 있다. 한미 간 금리 역전 현상이 가속화하면 자본 유출 등 또 다른 부담을 키우기 때문이다. 미국이 지난 6월과 9월 잇달아 정책 금리를 2.5%까지 올려 한미 간 금리 차는 0.75%포인트로 벌어졌다. 한국이 움직이지 않는데 미국이 2018년 12월에 추가로 금리 인상에 나선다면 한미 간 금리 차는 1%포인트로 커진다. 국내 금리 인상 압력이 커지는 배경이다.

　　금리 인상기에는 부동산에 대한 기대수익률도 높아질 수밖에 없다. 저축은행 예금 금리가 이미 2.8%대를 기록하고 있고 금리 인상에 따라 3%대 금리 상품도 나올 것으로 예상된다. 자산가들 사이에서 대표적인 수익형 부동산 상품으로 꼽히는 중소형 빌딩 시장의 기대수익률도 3%가 기준점이 될 것으로 보는 전문가들이 많다. 반면 강남, 홍대, 이태원 등 주요 상권에 위치한 건물의 임대 수익률은 대부분 2~3%대에 그친다. 돈 빌려서 수익형 부동산에 투자하는 것은 무리라는 얘기다.

| 옥죄어오는 대출 규제 정책들

2018년 상반기에 이자상환비율(RTI)을 대출에 적용하면서 투자 심리가 크게 위축된 상태다. 연간 부동산 임대 소득을 연간 이자 비용으로 나눈 RTI를 감안하면 대출 금리 3.5%를 기준으로 월세 500만 원은 나와야 10억 원 정도 대출을 받을 수 있다. 같은 월세를 받는다면 금리가 오를 경우 대출금이 줄어드는 구조다. RTI 기준보다 더 많은 대출을 일으키려면 더 높은 이자를 물 수밖에 없다. 기준 금리마저 인상된다면 조달 금리가 4%대를 쉽게 넘어설 게 분명하다. 임대 수입이 금융 비용을 맞추지 못하면 '레버리지 효과'를 기대할 수 없다. 빌린 원금과 이자를 갚기 위해 자금을 계속 추가로 투입해야 하는 만큼 유동성 위기에 몰릴 수도 있다.

대출 규제 강화는 주거용 부동산 시장에서도 마찬가지다. 신DTI(총부채상환비율), DSR(총부채상환능력비율) 등이 도입되면서 대출이 크게 억눌렸다. 부동산 담보물의 가치가 높으면 대출 한도를 높여 받을 수 있는 LTV(주택담보대출비율)에 비해 대출 원금과 이자가 개인 연소득에서 차지하는 비중인 DTI가 적용되면 소득이 충분치 않을 경우 대출을 받기가 어렵다. 한발 더 나간 신DTI는 현재 소득뿐 아니라 주택담보대출 만기 때까지의 생애소득을 기준으로 삼기 때문에 대출이 한층 더 까다롭다. 연간 대출 원리금 상환액을 연간 소득으로 나눈 DSR도 주택담보대출 외에 신용 대출·학자금 대출·할부금·마이너스 통장 사용액까지 포함해 주택 대출 여력을 줄인다.

9·13 대책으로 주택을 한 채 이상 가지고 있으면 원칙적으로 주택담보대출이 금지되는 만큼, 시장 수요를 위축시키는 효과는 더 커질 것으로 예상된다.

▌ 부동산 급등, 과연 끝날까

문재인 정부의 부동산 정책 설계자는 김수현 대통령비서실 사회수석비서관으로 알려져 있다. 그가 2011년에 낸 책의 제목이 『부동산은 끝났다』란 점은 시사하는 바가 크다. 부동산으로 돈을 버는 시대가 막을 내렸다는 주장인데 시장 전체론 맞는 말이다. 하지만 세부적으로 들여다보면 그렇게 간단하지가 않다.

최근 3년간 사상 최대 규모의 건축 인허가와 건설이 이뤄지면서 국내 주택 시장은 공급 과잉 우려가 커졌다. 아파트 입주 물량도 많이 늘어 2018년에 44만 가구가 넘어섰다. 역대 최고 수준이다. 지방을 중심으로 한 미분양 증가도 우려할 만하다. 전국적으로 보면 미분양이 6만 가구를 넘어서 3년 전과 비슷한 수준이지만 전체 미분양의 80% 넘는 물량이 지방에 몰려 있다. 거기에 정부의 강력한 대출 억제책으로 주택담보대출 증가 속도가 둔해지면서 부동산 시장 움직임이 전반적으로 느려졌다. 금리 인상이 이뤄지면 부동산 시장 위축이 가속될 가능성도 적잖다. 기준 금리가 오르면 대출 금리를 밀어올려 부동산 수요를 줄일 것이기 때문이다.

문제는 현실에서 다르게 작용할 수도 있다는 점이다. 우리나라 부동산 시장에서 실제로 그런 상황이 벌어졌다. 지난 2005년 하반기부터 2008년 리먼브라더스 사태로 금융위기가 터지기 전까지 금리 인상기였지만 부동산 가격은 오히려 올랐다. 2010년 하반기부터 2012년 상반기 사이에도 금리가 오르는 시기였지만 부동산 가격은 상당 기간 상승세를 탔다. 양극화가 가속된다는 점을 감안하면 서울의 핵심 지역 주택 시장은 완전히 식지는 않을 것이다. 다만 2018년도 12월에 서울 송파구에서 1만 가구에 육박한 대규모 아파트 단지(송파 헬리오시티)가 입주에 들어가는 만큼 다소간의 눌림 현상이 발생할 가능성도 있다. 이곳 외에도 12월에는 서대문구, 동작구, 은평구 등에서도 새 아파트가 들어서 총 1만 3,000가구가 넘는 물량이 시장에 유입된다. 2019년도 상반기까지 추가로 1만 5,000가구 이상이 입주해 전반적인 공급 부족이 완화되는 만큼 시장 안정은 가속화될 가능성이 크다.

▎인구 변화가 부동산 안정의 가늠자

부동산 시장의 변수들이 하나로 집약된 게 인구다. 인구가 늘어나는 곳에선 주택 수요가 커질 수밖에 없고 거래량과 가격도 뛰게 마련이다. 그런 점에서 한국의 부동산 시장 전반은 장기적으로 약해질 것이다. 출산율이 떨어져 인구 감소 위기로 몰리고 있기 때문이다. 하지만 그 안에서도 사람이 몰리는 곳은 나쁘지 않을 것이고 최소한 현상을 유지해나갈 게 분명하다. 서울도 인구 1,000만 명을 깨고 주저앉은 것만으론 시장이 좋아질 수 없는 환경이지만 지방에서 몰리는 투자와 증여를 염두에 둔 수요 등으로 크게 나쁘진 않을 전망이다. 물론 서울도 대규모 재개발, 재건축 사업이 쉽지 않아져 종전 같은 흐름은 깨질 것이다. 서울시는 용산전자상가, 청량리 종합시장 일대 등 27개 도시 재생 활성화 지역에 투자를 집중하기로 했다. 이미 1단계 도시 재생 활성화 지역에 선정된 서울역 일대, 해방촌, 익선동, 성수동이 각광을 받는 게 그런 맥락이다. 대규모 개발에 기댄 재건축 투자는 끝나가지만 그 반대편에 또 다른 시장이 열리는 셈이다.

장기적으론 취학 아동의 수가 지속적으로 줄고 노령화하는 인구구조도 부동산 시장에 쓰나미가 될 것이다. 지금까지 문재인 정부의 주거 복지 정책은 철저하게 '청년' '신혼부부'에 맞춰져 있다. 청년주택을 지으면 세금 감면과 용적률 혜택을 주고, 신혼부부가 집 걱정을 안 하고 살 수 있게 공급을 늘리고 입주 자격도 완화했다. 하지만 노인용 주거 복지는 뚜렷하지 않다. '시니어 하우징' 지원과 상품 개발이 이뤄질 여건은 더 무르익고 있다.

미국은 3년 전을 기준으로 3,000만 명가량이 도시 주거 지구에 살았다. 도시 고밀도 주거 지구의 인구 성장이 외곽 지역을 넘어서면서 지금은 더욱 많은 인구가 도시 주거지에 몰렸을 것으로 관측된다. 일본에서는 지방에 집주인이 떠나 방치된 빈 집이 늘고 있다. 인구 감소와 고령화의 여파다. 고령화와 인구 변화가 빠른 속도로 진행되는 한국도 그런 추세를 그대로 따라갈 것이란 예상이다. 결국 서울과 지방의 몇몇 대도시를 위주로 한 부동산 시장의 재편 속도는 날이 갈수록 더 빨라질 가능성이 높다.

▶▶ 장종회

03 국민연금이 대기업
경영 체질을 바꿀 수 있을까?

▌국민연금의 주주권 행사, 어떤 영향을 가져올까?

　국민연금이 마침내 스튜어드십 코드stewardship code에 가입했다. 코드 가입이 법적인 의무나 강제가 아닌데도 국민연금 스스로 주주권 행사를 적극적으로 하겠다고 가입을 한 것이다. 6월 말 기준 638조 원의 노후 자금을 운용하며 자본시장과 기관투자자 생태계의 절대 강자인 국민연금이 이 코드에 가입한 것만으로 자본시장의 중대한 변화로 받아들이고 있다. 주식 시장에서 자금을 조달하고 매일같이 가치 평가를 받는 기업으로서는 더 긴장해야 할 사건일 것이다. 지금까지는 이익만 잘 내면 만사형통이었는데 이제는 지배구조, 환경, 사회적 책임 등 단기적인 이익 창출과 무관한 부문도 잘 관리해야 좋은 가치 평가를 받을 수 있게 되었기 때문이다. 더구나 국민연금은 국내 주요 기업의 주요 주주로서 국내 상장사 시가총액의 7% 정도를 보유하고 있어, 기업 지배구조와 경영 활동에 영향력을 행사할 수 있는 위치에 있다. 그렇다면 과연 국민연금의 스튜어드십 코드 가입이 자본시장 생태계를 어떻게 변화시킬 것이며 기업 경영에는 어느 정도 영향을 줄까.

여기에 대한 평가는 매우 극단적이다. 먼저 투자자의 입장에서는 한국 기업의 주가를 오랫동안 짓눌러온 코리아 디스카운트를 해소하는 데 큰 도움이 될 수 있는 기대감이 커졌다. 특히 스튜어드십 코드가 문제인 정부의 기업 지배구조 개혁과 함께 진행되면서 현대모비스나 삼성물산 건처럼 액티비스트 펀드activist fund들에게 단기적인 투자 기회의 창이 넓어지는 등 투자 시장에서는 코리아 디스카운트가 금방이라도 해소될 것 같은 자기실현적 기대가 커지고 있다. 반면 상장기업의 입장에서는 당장 경영 간섭, 경영권 침해 등을 우려하며 국민연금의 스튜어드십 코드 도입이 경영을 불확실성을 높이고 이해상충에 취약한 국민연금의 지배구조로 볼 때 정부가 민간 기업의 경영에 간섭하는 연금 사회주의로 가는 길이라고 비판하고 있다. 그런데 상반된 두 시각은 스튜어드십 코드의 성격과 본질에 비추어 볼 때 과도한 측면이 있다. 현실은 한국 기업의 코리아 디스카운트가 금방이라도 해소될 것이라는 과도한 기대나 국민연금의 경영 간섭으로 건강한 기업들이 경영권 분쟁에 휘말리며 기업 가치가 훼손될 수 있다는 비관적 시간의 중간에 있을 가능이 높다. 왜 그런가에 대해 다음과 같은 사실 관계에 주목해보자.

▌ 국민연금의 주주권 행사는 건설적인 장기 투자 전략

먼저, 스튜어드십 코드의 성격을 정확하게 이해할 필요가 있다. 이 코드는 호전적이고 비우호적인 방식으로 주주권을 행사할 것을 권고하는 규범이 아니다. 오히려 정반대다. 이 코드는 연기금, 보험같이 장기 투자를 해야 하는 전통적인 기관투자자들이 장기적인 수익률 제고를 위해 기업의 환경, 사회, 지배구조 등의 관리 실패로 인해 발생하는 위험을 줄일 수 있도록 경영진과 대화를 통해 문제를 해결하도록 하는 것이 목적이다. 주총에서 표 대결을 염두에 두고 공격적으로 주주권을 행사하는 헤지펀드 주주행동주의shareholder activism와는 구별될 필요가 있다. 헤지펀드의 주주권 행사를 기업 경영권 간섭으로 볼 수 있다면 공적 연기금 등 전통적 기관투자자의 주주권 행사는 기업의 경영에 대한 감시의 성격이 강하다고 할 수 있는 것이다.

둘째, 국민연금기금은 기금의 운용 철학과 운용 목적상 장기 투자자이지 헤지펀드가 아니다. 가입자의 생애 주기만큼 긴 장기 부채를 지급할 목적으로 만기가 긴 자산에 투자해 장기적 가치를 극대화하는 장기 투자자다. 그렇기 때문에 국민연금의 주주권 행사 역시 장기적인 관점에서 긴 호흡으로 이루어져야 장기투자자 산을 운용하는 수탁자로서 책임에 부합한다고 할 수 있다. 이런 점에서 스튜어드십 코드는 국민연금기금의 운용 속성과 잘 부합한다고 할 수 있다. 때문에 주주권 행사도 그 취지에 맞게 투자 기업 경영진과의 지속적이고 건설적인 대화를 통해 위험을 관리하고 기업의 장기 가치를 제고하는 방식으로 이루어질 수밖에 없다. 한마디로 국민연금에 있어 주주권 행사는 장기적인 투자 전략이고 장기적인 이벤트일 수밖에 없다.

셋째, 그렇기 때문에 국민연금이 주주권 행사를 위해 사용할 수 있는 수단은 헤지펀드와 달리 제한적이다. 매년 주주총회에서 안건에 대해 의결권을 행사하는 것 외에 사용할 수 있는 수단은 회사 경영진에 대한 서신이나 이들과의 대화가 대부분이다. 서신이나 대화는 글로벌 사례로 보면 국민연금과 비슷한 공적 연기금이 가장 즐겨 사용하는 수단으로 그 자체가 우호적이며 지속적인 대화를 통해 문제를 해결하는 방식이다. 그래서 특정한 주제, 가령 이사회 구성원과 관련된 주제에 대해 서신이나 대화를 시작하면 기업들이 수용하고 시정하는 데 평균 3년 정도가 걸리며 최대 10년 정도 걸리는 경우도 있다. 세계적으로 주주권 행사에 가장 적극적인 공적 연기금인 미국의 캘퍼스CalPERS가 주주권 행사를 주로 하는 기업은 이익 실적이 좋지 않으면서 환경 사회 지배구조ESG 등급도 낮은 기업들이다. 이것을 포커스 리스트Focus List라고 하는데, 이들을 대상으로 가장 많이 사용하는 수단이 서신과 비공개 대화다. 국민연금을 비롯한 공적 연기금의 이 같은 주주권 행사 특성, 즉 건설적이고 반복적인 대화를 통해 문제를 해결하는 방식은 긴 투자 시계와 인내를 필요로 하는 것으로 단기적인 수익보다 장기적인 수익과 기업 가치 제고에 부합하는 것이다. 이런 점에서 주주총회에서 비우호적인 표 대결을 염두에 두고 공개적으로 언론 플레이를 하면서 투자자와 시장의 관심을 끌어내는 헤지펀드 주주행동주의와는 근본적으로 다르다.

┃ 국민연금의 경영 참여, 왜 논란이 되는가?

경영진과 비공개로 서신하고 대화하는 것을 어느 나라에서도 경영 참여라고 보지는 않는다. 그럼 국민연금의 경영 참여가 왜 논란이 되는가? 이는 지난 7월말 국민연금이 제한적으로 경영 참여 주주권을 행사하겠다고 선언한 것과 관련된다. 여기서 경영 참여란 주주권 행사 방식 중에 서신이나 대화보다 조금 더 강도가 높은 주주 제안이라는 수단을 사용하겠다는 의미다. 주주 제안은 주주총회에 상정해 표결에 붙일 안건을 소수 주주들이 직접 발의하는 것으로 경영진과 미리 충분히 협의되지 않거나 대화를 통해 해결이 되지 않았을 때 사용할 수 있는 수단으로 서신이나 대화보다는 비우호적이고 표 대결 상황을 감내해야 하는 주주권 행사 방식이다. 특히 사외이사 선임이나 기존 이사 해임 등 이사회 구성과 관련된 주주 제안이 실제 발의될 경우 자기 이해에 맞는 이사회 멤버를 관철하려는 의도가 있는 것으로 볼 수 있기 때문에 경영 참여 주주권이라 할 수 있다. 문제는 국민연금이 실제로 그렇게 할 가능성이다. 하지만 이는 몇 가지 이유에서 가능성이 낮다.

첫째, 글로벌 공적 연기금들이 그렇게 한 사례가 흔치 않다. 국민연금이 직접 사외이사를 추천해서 경영진이 추천한 사외이사와 주총에서 표 대결을 벌이는 비우호적인 상황을 국민연금이 선뜻 결정하기 어렵다.

둘째, 설사 그렇게 하더라도 그것은 기관투자자에게 관대한 미국의 기준으로 보더라도 경영 참여에 해당하기 때문에 해당 기업에 대한 주식 보유 변동을 5일 내에 공개해야 한다. 이것은 굉장한 부담이다. 국민연금이 개별 기업의 주식을 보유한 규모가 상당히 커서 가령 전략적으로나 전술적으로 자산 배분을 조정하더라도 한 번에 포지션을 조정하지 못한다. 상당 기간에 걸쳐 조금씩 매매할 수밖에 없는데, 이런 상황에서 보유 주식의 매매 내역을 거의 실시간으로 공개하게 되면 최악의 경우 투자 전략이 시장에 노출돼서 국민연금의 운용 성과에 악영향을 끼칠 수 있다. 운용 성과에 악영향을 미치면서까지 경영 참여 목적으로 주주권을 행사하는 것이 과연 수탁자 책임에 부합하는지는 법적으로 상당한 논란이 될 수 있다. 그렇기 때문에 경영 참여 주주권이 실제 행사될 가능성은 높지 않다.

셋째, 스튜어드십 코드는 앞서 언급했듯이 전통적인 기관투자자들이 우호적이고 건설적인 방식으로 기업과 소통하면서 점진적이고 장기적으로 기업 가치를 높이고 비재무 위험을 낮추는 것이 목적이다. 사외이사 표 대결, 영업양수도, 인수합병 등 중대한 경영 사안은 그 성격상 경영진과의 건설적인 소통의 의제가 되기 어렵다고 본다. 그래서 실제 글로벌 공적 연기금들도 사회나 환경 이슈처럼 경영에서 덜 민감하지만 기업의 장기적 위험 요인이 될 수 있는 의제를 가지고 주주 제안을 발의하는 것이 현재의 특징이다. 최근에는 지배구조 이슈도 단순히 이사회 의장과 CEO 분리 같은 순수 지배구조 이슈를 넘어 사회적 성격이 짙은 지배구조 의제들로 관심이 옮겨가고 있다. 가령 이사회 멤버 구성에서 성性, 인종, 지역 등의 다양성이 확보되었는가, 남녀 간 성별 임금 격차가 어느 정도인가, 경영자에 대한 보상이 일반 직원의 평균 연봉의 몇 배가 되는가 등이 전통적인 기관투자자들이 제안하는 주주 제안의 의제가 되고 있다. 회사 내에서 각종 위력에 의한 희롱과 갑질도 요즘은 주주권 행사의 의제가 되고 있으며, 미국의 기관투자자협의회에서는 여기에 대한 주주권 행사 가이드라인까지 제시하는 상황이다.

▌경영권 간섭이 아닌 경영 감시로 이해해야

이런 이유들을 종합해볼 때 국민연금의 경영 참여는 현실화될 가능성은 높지 않으며 현재의 경영 참여에 대한 법적 정의 아래서는 국민연금 가입자들을 위해 꼭 바람직한 것이 아닐 수 있다. 국민연금은 지금까지 의결권 행사 이외의 수단으로 주주권을 행사해본 경험이 많지 않다. 국민연금기금의 성격과 한국적 시장 상황에서 가장 적합하고 실효성 있는 주주권 행사 수단이 무엇인지에 대해 선험적인 조사 연구는 있었어도 실행을 해본 경험이 적다. 그리고 무리하게 투자 전략을 노출하면서까지 주주제안을 실행할 근거나 운용 성과 면에서 실익에 대한 확신이나 경험도 없는 상태이다.

따라서 주주권 행사에 대한 경험과 노하우가 어느 정도 축적될 때까지는 주주권 행사의 가장 기본인 의결권 행사의 독립성을 우선적으로 제고할 것으로 보이며, 주주권 행사 가이드라인이나 한진그룹 사태처럼 예상치 못한 ESG 사건이 발생하는 경우, 국민연금은 과거와 달리 적극적으로 회사에 진상과 개선 방안을 질의하는 서신이나 면담을 통해 비재무 부문의 경영 위험을 감시·관리하는 수준에서 스튜어드십 코드를 이행할 가능성이 높다. 다만 국민연금이 이처럼 약한 형태의 주주권을 행사한다 하더라도 우리나라 기업의 소유 구조 특성으로 인해 국민연금은 캐스팅보터로서 감시 기능의 실효성을 확보하는 데 어려움이 없을 것으로 보인다. 40% 내외의 높은 상장기업 내부 지분율로 인해 고작 5~10%를 보유한 국민연금의 감시 기능이 제대로 작동하지 않는 경우도 배제할 수는 없지만, 국내 기업의 산업 구조조정과 지배구조 개혁 흐름이 지속된다는 점, 그리고 수탁자 책임이라는 공통의 제약이 있는 기관투자자들이 외국인 투자자까지 포함할 경우 상당한 수준으로 기업 지분을 보유하고 있다는 점에서, 스튜어드십 코드 도입으로 촉발된 국민연금의 캐스팅보터이자 투자기업 감시자로서 역할은 유의미한 효과가 있을 것으로 판단된다.

▶▶ **송홍선**

04 문재인 정부의 혁신 성장, 이제부터 시작이다

┃ 문재인 정부의 혁신 성장 정책 방향과 평가

촛불 시민 혁명으로 탄생한 문재인 정부가 국내외의 엄중한 환경과 인수위 없는 정부 출범이라는 이중적 압박 속에서 출범한 지도 어느덧 1년 반이 되어가고 있다. 정부 출범 이전에 기존 정부의 정책을 평가·인수해 국정 계획을 수립하고 정부를 구성할 수 있는 시간이 없었던 문재인 정부는 출범하자마자 구성한 국정기획자문위원회를 통해 '국정운영 5개년계획'을 수립해, 향후 5년간 국정 운영의 방향과 과제를 제시한 바 있다.

경제 정책의 국정 목표인 '더불어 잘사는 경제'는 경제의 중

[도표 5-4] 문재인 정부의 주요 혁신 성장 정책 방향

	주요 정책	정책 방향
① 규제 개혁	• 새 정부 규제개혁추진방향('17.9) • 현장 밀착형 규제혁신추진방안('18.2)	• 신기술 분야 규제의 과감한 혁파 • 포괄적 네거티브 규제로의 전환 • 규제샌드박스 5법의 연내 입법 마무리
② 미래 성장 동력 창출	• 혁신성장동력추진계획('17.12) • 혁신성장전략투자방향('18.8)	• 박근혜 정부의 미래성장동력 사업을 계승·효율화 • 조기 상용화 분야와 원천 기술 확보 분야로 구분 접근 • 국과심 산하 미래성장동력특별위 중심의 추진 체계 마련
③ 지역 혁신 체계 구축	• 제5차 지방과학기술 진흥종합계획('18.2) • 제4차 국가균형발전 5개년계획('18.10)	• 연방제에 버금가는 지방 분권과 국가 균형 발전 추진 • 지역 주도의 지역 특성에 기반한 개방형 혁신 생태계 조성
④ R&D 혁신	• 제4차 과학기술기본계획('18.2) • 정부 R&D 투자혁신방안('18.2)	• 종합 정책으로서 과학기술 정책의 위상 강화 • 연구자 중심의 R&D 프로세스 혁신 추진 • 총괄 조정 기구의 재설계로 컨트롤 타워 강화
⑤ 중소 벤처 혁신 생태계 조성	• 혁신창업생태계조성('17.11) • 중소기업 R&D 혁신방안('18.4)	• 경제성장 패러다임을 중소 벤처기업 중심으로 전환 • 중소기업 전용 R&D 두 배 확대 및 성장 사다리 구축 • 중소벤처기업부를 신설해 지원 체계 강화

심을 국가와 기업에서 국민 개인과 가계로 바꾸고, 성장의 과실이
국민 모두에게 골고루 돌아가는 경제를 지향하고 있으며, 5대 국
정 전략으로 ① 소득주도 성장을 위한 일자리 경제, ② 활력이 넘
치는 공정 경제, ③ 서민과 중산층을 위한 민생 경제, ④ 과학기술

발전이 선도하는 4차 산업혁명, ⑤ 중소 벤처가 주도하는 창업과 혁신 성장을 제시하고 있다.

이러한 국정 목표와 전략에 따르면, 한국경제가 직면하고 있는 저성장, 일자리 부족, 사회·경제적 불평등 문제를 해결하기 위해서는 좋은 일자리 창출이 우선 핵심 과제가 될 수밖에 없으며 일자리 창출로 가계 소득을 늘리고 늘어난 소득으로 소비를 확대해 내수 활성화 및 성장으로 이어지는 소득주도 성장 전략을 정권 초기에 집중적으로 추진해오고 있다. 공공 부문이 좋은 일자리를 만들어 앞장서는 한편 비정규직의 정규직화, 최저 임금의 대폭 인상, 근로 시간의 단축 등을 통해 민간 일자리를 창출하고 가계 소득을 늘리기 위한 환경을 조성하는 데 치중해왔다.

소득주도 성장론의 이론적 타당성, 추진 속도와 방식의 적정성, 그리고 그 영향에 대한 사회적 관심과 논쟁으로 상대적으로 주목을 덜 받았지만, 현 정부는 지난 1여 년 동안 혁신 성장을 위해서도 다양한 정책들을 수립·추진해오고 있다.

지금 시점에서 혁신 성장 정책의 성과를 논의하는 것은 다소 이른 감이 없지 않다. 그동안 기본 방향 설정과 세부 대책을 수립하는 데 주력해왔을 뿐 아니라 구체적 성과가 나타나기까지는 시간이 필요하기 때문이다. 그러나 분야별 정책의 추진 방향, 접근 방식, 추진 체계, 실행력 확보 측면에서 정책의 타당성을 중간평가하고, 평가 결과를 기반으로 정부 정책의 향후 방향을 전망해보는 것은 큰 의미가 있다 하겠다.

이제부터 혁신 성장 정책의 주요 분야별로 정책 방향 등을 간략히 평가하고 앞으로 보완해나가야 할 점을 짚어보고자 한다.

| 핵심 규제 개혁을 위한 절호의 기회

문재인 정부가 100대 국정과제 중 하나로 '민생과 혁신을 위한 규제 재설계'를 제시한 이후, 국무조정실, 기획재정부, 4차 산업혁명위원회 등 관계 부서에서 해당 분야 규제 개혁을 위해 다양한 노력을 해왔으나 성과나 체감도 측면에서 시장의 평가는 상당히 저조하다.

정부 자체도 '2018년도 하반기 정책 방향'에서 규제 혁신이 지연되어 신성장 동력 발굴이 지체되고 있다고 진단하고 있으며, 2018년 7월에 실시한 현대경제연구원의 기업 설문조사 결과에서도 정부 정책 중 '규제 정책'이 가장 못하고 있는 것으로 평가되고 있다. 이는 정권 초기 소득주도 성장 정책 중심의 국정 운영에도 원인이 있지만 근본적으로는 초미의 사회적 관심사인 신산업·신기술 분야에 대한 규제 개혁이 전혀 진전을 보지 못했기 때문이다.

산업 자본의 인터넷 전문 은행 투자 허용, 의사-환자 간 원격 진료 허용, 차량 공유 등 사례에서 보듯이 신산업에 대한 규제는 다양한 이해관계자의 첨예한 대립으로 공무원에게만 맡겨서는 해결에 한계가 있을 수밖에 없다. 예를 들어 신산업의 육성과 소비자 보호라는 상충된 이해관계에 대한 충분한 의견 수렴이나 합리적 대안 제시 없이는 시민단체나 노조 등 이해 집단의 강한 저항에 직면할 수밖에 없다. 뿐만 아니라 이해관계자나 지지층을 의식한 국회의원들의 협조도 얻을 수 없을뿐더러 사전 전면적인 규제 해제로 인한 부작용을 두려워하는 공직자들의 적극적 추진 동력을 확보하는 데도 많은 어려움이 있기 때문이다.

따라서 포괄적 네거티브 규제 도입만을 외칠 것이 아니라, 사전에 한 번 규제하고는 장기간 존치시키는 전통적 규제 방식에서 완전히 벗어나 새로운 접근 방식을 도입할 필요가 있다. 규제 이후 진행 상황을 주시하면서 빠르게 수정해나가는 '과정으로서의 규제' 접근, 형식보다는 성과에 근거한 규제, 민간 자율 규제·가이드라인 등 연성법 체계를 적극 활용하는 유연한 규제 방식이 디지털 경제 시대의 적합한 접근 방식이다.

그리고 다양한 이해관계의 조정, 국회의 협조 등 정치적 결단이 필요한 점을 감안할 때 대통령과 청와대가 직접 챙기는 것이 필요하다. 이명박 정부 초기 국가경쟁력강화위원회에서 각종 덩어리 규제를 해소한 전례나 일본 아베 총리가 규제개혁추진회의를 부활시켜 규제 개혁을 강하게 밀어붙이고 있는 사례를 참고할 필요가 있다. 규제 개혁 작업은 재정 지원 정책보다 예산이 훨씬 적게 드는 정책인 점을 감안하면 혁신 성장 정책의 최우선 과제가 되어야 한다.

지난 7월 대통령이 매월 규제 개혁 점검 회의를 직접 주재키로 결정한 것은 사안의 엄중함을 깊이 인식한 것으로 앞으로 큰 기대가 된다고 할 수 있다. 소위 진보 정권에서 핵심 규제 개혁을 하는 것이 이해관계자를 설득하고 국회의 협조를 구하는 데 있어서 훨씬 용이하기 때문이다.

▎ 미래 먹거리 창출과 지역 혁신을 위한 노력이 필요할 때

현 정부의 혁신 성장 동력 사업은 역대 정부의 신성장 동력 정책에 비해 진일보한 측면이 있다. 우선 정책의 일관성 확보라는 측면에서 박근혜 정부의 19대 미래 성장 동력과 9대 국가 전략 프로젝트로부터 13개 혁신 성장 동력을 선정한 것은 평가할 만하다. 대상 분야를 '조기 상용화'와 '원천기술 확보'로 유형화해 맞춤형 전략을 수립한 것도 바람직한 것으로 보인다. 그리고 과학기술혁신본부를 설치해 혁신 성장 동력 사업을 총괄토록 한 것이나 조기 성과를 창출하기 위해 전략 투자 분야(데이터·블록체인·공유경제, AI, 수소경제)와 8대 선도 사업을 기획재정부 중심으로 추진하는 것도 이해할 만하다.

그러나 실행력 확보 차원에서 다기화되어 있는 사업 추진 체계를 일원화하는 것이 필요해 보인다. 과학기술정보통신부를 중심으로 추진 중인 '혁신성장동력추진계획'과 기획재정부 중심의 '혁신성장전략투자방향'이 내용은 거의 중복되면서 사업 추진 체계가 사실상 이원화되어 있다.

그리고 4차산업혁명위원회와 일자리위원회 등도 연관된 사업을 총괄하고 있다. 이렇게 총괄 조정 기구가 복잡해서는 일선 관련 부처와 해당 기업들의 업무 혼선이나 비효율성은 피할 수가 없다. 하루빨리 전담 추진 체계의 재편성이 필요하다.

또한 문재인 정부는 참여정부의 국가 균형 발전 정책과 '과학기술 중심 사회 구현'이라는 개념을 계승해, 연방제에 버금가는 지방 분권과 국가 균형 발전 정책 그리고 지역 주도의 개방형 혁신 생태계 조성을 중점적으로 추진하고 있다.

지난 1년간 조직 개편과 다양한 중장기 계획의 수립 등 국가 R&D 혁신과 지역 혁신 생태계 조성을 위한 기반 조성에 치중해 왔다. '연구자 중심 R&D 프로세스 혁신 방안'에 대한 현장 연구자들의 설문조사 결과, 27개의 질문에 대해 모두 적절하다는 응답을 받기도 했다.

그러나 '제4차 국가균형발전 5개년계획'이나 '혁신도시 종합발전계획'이 2018년 10월에야 발표된 것처럼, 정권 초기의 황금시기를 계획 수립으로 소비하는 것은 안타까운 일이다. 미국, 일본, 독일 등 과학기술 선진국들은 각각 국내 정책 환경에 맞는 국가 혁신 정책 추진 체계를 오랜 기간 지속적으로 운영함으로써 정권 교체에도 불구하고 시간과 재원 낭비를 최소화하고 있는 점을 본받아야 할 것이다.

이제 세계 최고 수준의 예산을 투입하고도 미래 먹거리 하나, 지역 특화 산업 하나도 제대로 못 만들어내고 있다는 오명에서 벗어나야 할 때다.

중소기업 중심 혁신 성장 정책으로 기조 전환

현 정부는 경제성장 패러다임을 대기업 중심에서 중소·벤처기업 중심으로 전환하는 정책 비전을 제시하고 이를 뒷받침하기 위해 중소벤처기업부를 신설해 지원 체계의 위상을 강화한 바 있다.

그러나 큰 기대를 안고 출범한 중소벤처기업부가 중소기업계에서 기대한 당초 설립 목적에 부합하는 기능을 전혀 발휘하지 못하고 있다. 부처 신설과 장관 임명의 지연으로 초기 정책 수립과 정부 내 위상 확보를 위한 황금 시기를 놓친 결과, 중소 벤처 중심의 경제성장 패러다임에 대한 정책 목표와 구체적 실현 방안을 담은 큰 그림을 제시하지 못하고 있다. 최저임금 인상 속도를 둘러싼 정부 내 논의에서도 정부 대책의 홍보에만 치중하고 자영업자들의 입장 반영에는 존재감이 미약했다.

지금이라도 모든 자원 배분과 경제 질서상 대기업 우선순위가 고착화되어 있는 현재의 패러다임을, 중소·벤처기업의 기업가 정신이 발현될 수 있는 성장 패러다임으로 전환하기 위한 종합적·장기적 비전 제시가 필요하다.

한편 지난 7월 통계청의 고용 동향에 따르면 2018년 7월의 취업자 수가 2,708만 명으로, 전년 동월 대비 5,000명 늘어나는 데 그쳤다. 고용 시장에 나오는 청년층 구직 수요를 맞추려면 월평균 일자리 증가 수가 30만 개는 되어야 한다고 알려져 있어 많은 국민들이 충격에 빠졌다. '일자리 정부'를 표방하고 일자리 창출을 위한 정책에 올인하다시피 한 정부로서도 매우 당황스러울 수밖에 없다.

이를 두고 원인 분석과 처방에 대해 상반된 의견이 여전한 가운데 소득주도 성장 중심의 정책 기조가 전환될지 여부에 대해 시장의 관심이 지대하다.

소득주도 성장론에 대한 논란에도 불구하고 빠른 시일 내 문재인 정부에서 명시적으로 소득주도 성장의 실패를 인정하기는 쉽지 않아 보인다. 이미 소득주도 성장론은 현 정부의 상징처럼 인식되고 있을 뿐 아니라 실패를 인정하는 순간 정치적으로 큰 부담으로 작용할 가능성이 있기 때문이다.

그러나 앞으로 경기 동향이나 일자리 상황 등이 계속 여의치 못할 경우 혁신 성장 정책에 대한 요구는 증대될 수밖에 없고 정부로서도 시장의 요구에 무심하지 못할 것이다. 어쩌면 2019년에는 포용적 성장이라는 문패를 달고 혁신 성장 정책에 좀 더 매진하는 정부를 보게 될지도 모르겠다.

▶▶ 김호원

05 노동과 경영이 조화를 이루는
노사관계로 체질을 개선하라

▎2018년을 강타한 최저임금 논란

2018년 상반기 우리나라의 취업자 수는 14만 2,000명 증가하는 데 그쳐서, 2017년 상반기의 36만 명을 큰 폭으로 하회했으며, 실업자 수도 114만 3,000명으로 전년 동기에 비해 2만 5,000명 정도 증가한 것으로 나타났다. 일자리를 통한 복지국가 건설이 시급한 상황에서 고용 사정이 악화되는 데 대한 우려의 목소리가 어느 때보다 높았다. 그리고 그 원인으로 최저임금의 빠른 인상을 지목하는 평론들이 줄을 이었다. 2017년 7월에 결정되어 2018년 1월부터 적용된 시간당 7,530원의 최저임금은 전년 대비 16.4%

나 오른 수치였는데, 여기에 더해 2018년 7월 최저임금위원회는 다시 10.9% 인상된 8,350원을 2019년 최저임금으로 결정했다. 영세 자영업자와 중소기업의 생존을 우려하는 목소리가 여기저기서 터져 나왔으며, 문재인 정부의 소득주도 성장 정책을 폐기해야 한다는 주장으로까지 이어졌다. 실제로 문재인 정부는 이러한 비판을 일부 받아들여 3년 만에 최저임금 1만 원을 달성한다는 공약을 포기한다고 발표하기도 했다.

그러나 보다 냉정하게 고용 상황을 진단해보면 문제가 그리 간단치 않음을 알게 된다. 우선 상반기 취업자 수 증가폭이 크게 둔화된 요인으로 인구구조의 변화를 들 수 있다. 주지하다시피 우리나라는 이미 2017년부터 15~64세 생산 가능 인구가 줄어들기 시작했으며, 그 영향은 해가 갈수록 증폭되어 나타날 것이다. 2018년 상반기는 그 영향이 가시적으로 드러난 해라고 볼 수 있는데, 예를 들어 6월 한 달에만 15~64세 인구가 8만 명이나 감소했다. 또한 제조업 경기 둔화와 건설업 부진의 영향이 컸으며, 2017년 상반기 서비스업 취업자 증가에 따른 기저효과도 작용해 취업자 수 증가폭이 적게 나타난 것으로 분석된다. 이에 따라 한국노동연구원은 "최저임금 인상은 일부 부문을 중심으로 고용 감소를 야기했을 가능성은 있으나, 올 상반기 고용 둔화의 주요 요인은 아닌 것으로 판단된다."고 발표했다.[7]

최저임금 인상의 직격탄을 맞은 것으로 거론되는 도소매업의 경우 2018년 상반기에 2만 1,000개의 임시직 일자리가 사라진 것으로 나타났는데, 사실 이 부문의 임시직 감소는 2015년 상반기 6,000명, 2016년 상반기 7만 4,000명, 2017년 상반기 6만 1,000명에 달한 바 있다. 최저임금 인상 정책이나 경기 요인이 아니라, 구조적인 요인이 작용하고 있다는 것이다. 숙박·음식점업의 경우도 일용직은 증가와 감소를 해마다 반복해왔을 뿐이다. 오히려 도소매업과 정보통신업, 금융보험업 등 서비스업에서 임시 일용직보다 근로 조건이 양호한 상용직의 일자리는 6월에만 36만 5,000개가 늘어났다. 또한 놀라운 것은 고용원 없는 자영업자는 2018년 상반기 7만 3,000명 감소했고, 고용원 있는 자영업자는 오히려 6만 명 증가했다. 최저임금으로 인해 고용이 감소했다면 있을 수 없는 현상이다. 그럼에도 불구하고 피해를 입은 일부의 목소리를 증폭해 전달하는 메커니즘으로 인해 최저임금을 둘러싼 논란은 2018년 상반기에 과잉 정치화됐다. 보다 엄밀한 계량경제학적 추정에 의하더라도 역시 최저임금이 고용에 부정적 영향을 미쳤다는 증거는 발견되지 않았다.[8]

종합적으로 보았을 때 15세 이상 인구 기준 고용률은 2018년 상반기에 전년 동기와 동일한 60.4%를 기록했다. 다만 최저임금이 일자리를 줄이고 있다는 체감적 인식, 그리고 이를 둘러싼 학자들 사이의 논쟁이 계속되고 있어 실제 효과에 대해서는 좀 더 지켜볼 필요가 있을 것이다. 5월 취업자 증가수가 7만 2,000명에 머물렀다가 6월 10만 6,000명으로 다소 회복된 후 7월에는 5,000명, 8월에는 불과 3,000명 증가에 그쳐 '고용 쇼크'로 불리기도 한 바

[도표 5-5] **자영업 고용 비중 추이**

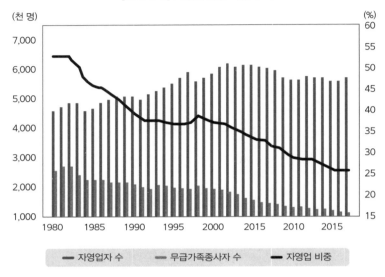

주 : 1) 자영업 고용 비중 = (자영업자+무급 가족 종사자)/취업자×100
출처: 통계청

있다. 2018년 하반기와 2019년에 고용 동향이 어떻게 나타나는가가 경제 운용과 관련한 방향타가 될 것으로 보인다.

┃ 소득주도 성장과 노동 정책의 확장

한편 이렇게 최저임금으로 인해 곤경에 빠진 경제에 근로 시간 단축을 강제하는 2018년 2월의 법제화는 불난 집에 부채질하는 격이라고 비판받았다. 사실 우리나라는 주 40시간의 정규 근로에다가 주당 12시간까지 초과 근로를 허용하고 있는데, 휴일 근로는 초과 근로 상한에서 제외한다는 노동부의 행정 해석이 있어왔다. 이에 따라 토일 8시간씩 일할 경우 최대 주당 68시간 일할 수 있는 것으로 여겨져왔으나, 법원의 잇단 판결에 의해 이 같은 해석에 제동이 걸리면서 결국 2018년 상반기에 국회 입법을 통해 세계 어느 나라에서도 발견할 수 없는 주 68시간제는 사라지게 된 것이다.

그럼에도 불구하고 관행을 교정하는 데 걸리는 시간을 감안해 2018년 7월부터는 300인 이상 대기업부터 적용하는 것으로 중소기업들에게 유예 기간을 부여했다. 사실 이러한 근로 시간 관행의 정상화는 법원 판결 동향을 보면서 이미 5년여 전부터 뜨거운 감자로 대두되어왔기 때문에 대기업의 준비 태세는 당연한 것이어야 했다. 그럼에도 불구하고 정부는 경영계의 탄원을 받아들여 근로기준법 위반에도 불구하고 2018년 말까지는 처벌을 유예하기로 방침을 발표했다.

요컨대, 2018년 상반기를 뜨겁게 달군 최저임금 인상과 그로 인한 일자리의 감소, 근로 시간 단축 법제화에 따른 충격 등은 모두 그 자체의 부정적 영향보다 부풀려져 논의되고 과잉 정치화되었다. 실제로는 OECD 어느 나라보다도 높은 자영업 비중(2016년 기준 OECD 평균 15.8%, 한국 25.4%)의 중장기적 감소 추세, 그리고 근로 시간 관행의 정상화 등 구조적 문제에 보다 집중할 필요가 있었음에도, '최저임금 때문에 자영업이 다 망한다.'는 식의 표피적 논의가 주류를 이루면서 냉정한 정책 평가와 경제 체질 개선에 대한 논의는 실종되었다. 그런데, 2020년 1월 1일부터는 50~299인의 중규모 사업장에, 2021년 7월부터는 5~49인 사업장에도 주당 52시간 상한이 적용되기 때문에 2019년부터 생산성 향상 등으로 준비 태세를 갖춰야만 한다. 역시 소득주도 성장은 혁신 성장과 함께 가야 하는데, 노-사-정 모두 어느 정도나 이에 대처하고 있는지는 불분명하다.

다시 돌아보면 최저임금의 빠른 인상 정책이 곧 소득주도 성장 정책인 것처럼 인식되고, 따라서 현업에 종사하는 이들의 아우성이 증폭되어 온 나라가 경제에 대한 걱정에 사로잡혀 있는 것으로 보인다. 그렇지만 최저임금 인상은 소득주도 성장 정책의 한 가지 수단에 불과하며, 실제로 이를 보완하기 위해 정부는 일하는 저소득 가구를 위한 근로장려금EITC을 2019년부터 확대 적용하기로 했다. 지급 대상을 166만 가구에서 334만 가구로, 지급 주기도 연간 1회에서 반기 1회로, 지급액도 1조 3,000억 원에서 약 5조 원으로 대폭 늘림에 따라 저임금 근로자들의 소득을 실질적으로 보완해줄 수 있을 것으로 기대된다. 아울러 최저임금 인상이 자영업자에 미치는 부정적 영향을 상쇄하기 위해 2019년에도 2년 연속 3조 원 내외의 일자리 안정 자금을 지출하기로 했다.

또한 사회안전망의 확충은 가처분 소득을 늘려주어 역시 소득주도 성장을 위한 기제로 작용할 수 있다. 2018년 8월 21일 노사정대표자회의 사회안전망개선위원회는 '취약계층의 소득 보장 및 사회 서비스 강화를 위한 합의문'을 발표함으로써, 한국형 실업

부조 제도를 도입하고, 노인 빈곤 대책과 사회 서비스를 강화하며, 기초생활보장 제도를 개선하는 데 뜻을 모으기도 했다. 이러한 공감대 형성이 실제 복지 확충으로 이어질지 지켜볼 일이다.

▍노사관계로 옮겨갈 노동 정책의 쟁점

더욱 중요한 것은 정부 정책 이외에 민간에서 자율적으로 노동 소득 분배율을 높일 수 있는 메커니즘을 구축하는 것이다. 그 가장 중요한 고리는 사실 노사관계에 달려 있다. 2018년 상반기 우리나라 노사관계는 표면적으로는 일단 안정된 양상을 나타냈다. 현대차 노사가 8년 만에 하기휴가 전에 임단협 교섭을 타결하는 등 산업 현장에서 심각한 갈등이 불거지진 않았다. 그렇지만 노동 존중 사회의 건설을 주요 정책 목표로 제시한 현 정부의 정책 기조에 따라 여러 제도 개선 과제들이 첩첩이 쌓여 있어서 본격적인 노사 갈등은 2018년 하반기 이후에 나타날 것으로 전망된다. 그 맛보기는 2018년 상반기에 최저임금 산입 범위를 확대한 법 개정 시에 나타났다. 최저임금 고율 인상을 무력화할 수 있는 산입 범위 확대에 항의하는 뜻으로 민주노총은 어렵사리 마련된 노사정대표자회의 참여를 거부했고 항의 집회를 이어나갔다. 그러나 노정 교섭을 비롯해 사회적 대화의 필요성을 절감하고 있기 때문에 민주노총은 조만간 노사정위원회가 확대 재편된 경제사회노동위원회에 복귀할 것으로 전망된다. 물론 과거와 마찬가지로

2019년에도 참여와 탈퇴를 반복하면서 중앙 단위의 노동 정치는 불안정한 양상이 지속될 것이지만, 과거와 같이 무조건 대화를 거부하는 양태와는 다를 것이다.

오히려 사회적 대화에 대한 이탈과 견제는 경영계에서 더욱 격렬하게 나타날 가능성이 높다. 문재인 정부의 노동 존중 사회 공약을 이행하기 위해서는 각종 노동관계법을 개정해야만 한다. 일례로 우리나라는 국제노동기구의 핵심 협약 8개 중 4개밖에 비준하고 있지 않는데, 핵심 과제인 결사의 자유 조항(87호와 98호)을 비준하기 위해서는 노동조합 및 노동관계조정법 등을 개정해야 한다. 아울러 공공 부문 비정규직의 정규직화 정책을 넘어서서 민간 부문에도 안정적으로 상시 지속적 업무의 정규직 고용 원칙을 실현하기 위해서는 근로기준법이 개정되어야 한다. 기타 빈약한 노동 인권 교육 등 노동 후진국의 지위를 벗어나기 위해, 그리고 일부 대기업 노조를 제외하면 대다수의 중소기업과 비정규직들이 거의 무권리 상태에 놓여 있었다는 점을 떠올린다면 문재인 정부의 노동 존중 사회 건설은 시대정신을 반영한 것이라고 해석할 수 있다. 그러나 최저임금을 둘러싼 지난 1년여의 과정을 살펴보면, 노동 정책은 보다 정교하게 구사될 필요가 있다.

2018년 하반기부터 2019년까지 노동 정책을 둘러싼 갈등은 산업현장의 개별 노사관계를 넘어 전사회적 이슈에 초점이 맞추어질 것이며, 경제 상황과 기득권층의 반발 등에 따라 매우 유동적으로 전개될 것으로 보인다. 더욱이 최저임금 산입 범위 논란에서 보았듯이 친노동적 이슈라고 하더라도 노동계가 세세한 부분까지 동의하긴 어렵기 때문에 노동계가 어떠한 입장을 취하는가도 2019년 거시 노사관계를 좌우하는 요인으로 작용하게 될 것이다.

▶▶ 조성재

PART 6

혁신 산업과 신성장 동력
다가올 미래를 대비하라

2017년 삼성전자가 세계 반도체 매출 1위를 기록했다. 1992년 이래 한 번도 1위를 놓치지 않았던 인텔을 밀어내고 마침내 우리나라가 반도체 강국으로 성장했다는 것을 보여주는 상징적인 사건이다. 2018년에도 반도체는 세계 시장 점유율이 20%를 넘어서고 전체 수출에서도 20% 이상을 차지하는 등 기록을 경신하며 순항하고 있다.

그러나 메모리반도체를 제외한 대부분의 산업은 지속적인 침체를 탈피하지 못하고 있으며 새로운 먹거리도 뚜렷이 부각되는 것이 없는 실정이다. 전반적으로 기술 집약도가 높은 고부가가치 산업의 부가가치 창출력도 2014년을 정점으로 약화되고 있을 뿐 아니라 전체 산업에서 고부가가치 산업이 차지하는 비중도 최근 독일과 중국에 역전되었다.

지난 20년 동안 지속적으로 하락하고 있는 한국경제의 흐름을 뒤집을 수 있는 방안은 무엇인가. 많은 전문가들은 과학기술의 혁신, 주력 기간산업의 구조 고도화, 미래 성장 산업을 위한 제도 개혁, 창의적 인재 양성을 꼽고 있다. 2019년 한국경제는 기업과 정부가 냉엄한 국제 현실을 직시하고 어떻게 이런 과제에 대응해나가는가에 달려 있다고 할 수 있다.

PART 6에서는 한국경제를 이끌고 있는 양대 축인 자동차 산업과 반도체 산업의 현황을 점검하고 미래 발전 방향에 대해 살펴본다. 그리고 아직도 우리사회에서 확실한 정책 방향을 찾지 못하고 있는 암호화폐 사례를 통해 제도 개혁의 중요성을 조명해보고 모든 산업의 근본적 경쟁력인 인재의 미스매치 문제에 대해 점검한다.

한국 자동차 산업의 2018년은 한국지엠 문제, 엘리엇의 현대자동차 지배구조 개선 요구, 미중 무역 갈등 격화 등 문자 그대로 다사다난한 한 해였다고 할 수 있다. 내우외환의 위기에 놓여 있는 한국 자동차 업계가 지속적으로 성장할 수 있는 길은 미래의 교통 시스템으로 부상하고 있는 수요자 중심의 교통 서비스 체제 Taas에 선제적으로 대응하는 것이 유일해 보인다. 정부와 관련 업계의 협력이 그 어느 때보다 절실히 요구된다 하겠다.

반도체 산업은 관련 업체들의 '초격차' 유지 노력으로 여전히 선방하고 있으나 미국의 반격과 중국의 굴기가 2019년부터 본격화될 전망이다. 이제 한국 반도체 산업은 메모리반도체산업에 대한 지나친 집중을 걱정하기보다는 시스템반도체, 반도체 장비 업체, 소규모 팹리스fabless 기업들이 고루 발전하는 진정한 반도체 산업 강국으로 나아가는 데 새로운 전략이 필요하다 할 것이다.

　암호화폐에 대한 우리 사회의 이해 부족과 그에 따른 신산업 창출 기회의 상실은 올바른 정책 방향의 정립과 선제적 제도 확립이 미래 성장 산업을 육성하는 데 얼마나 중요한지를 보여주는 대표적 사례라 할 수 있다. 디지털 시대에 있어서 정부의 역할은 불필요한 규제 개혁과 선제적 제도 확립이 최우선이 되어야 한다. 이를 위해 주요 국가들의 전향적인 대응 노력을 참고하면서 우리 현실에 부합하는 사회적 합의가 시급하다 하겠다.

　기존 산업의 구조 고도화든 미래 성장 동력의 창출이든 결국 사람이 하게 되어 있다. 과연 우리는 시대의 발전에 맞는 인재를 양성할 수 있는 체계가 갖추어져 있는가. 산업에서 요구하는 인력에 대한 맞춤 교육, 제도권 교육과 가정교육의 연계와 조화, 그것을 위한 사회 전반의 제도적 뒷받침이 어느 때보다 절실해 보인다.

▶▶ **김호원**

01 블록체인과 암호화폐,
   무엇이 혁신인가

▎ 2018년 한국의 암호화폐 시장을 회고하며

1년 전인 2017년 12월, 시카고 상품거래소CME와 시카고 옵션거래소CBOE에서 비트코인에 대한 선물 거래가 시작된다는 소식과 더불어 비트코인의 글로벌 가격은 연초대비 20배인 2만 달러를 넘어서기 시작했다. 한국은 전 세계 가상화폐 거래의 21%를 차지하며 투자 과열 현상으로 인해 발생한 소위 김치프리미엄이 40%에 육박하면서 비트코인 가격이 2,800만 원 이상까지 치솟아 올랐다.

급기야 2018년 1월, 한국의 법무부 장관이 '가상증표' 거래소에 대한 폐쇄를 언급하기 이르렀으며, 이는 바로 전 세계적인 암호화폐 시장의 폭락으로 이어졌다. 물론 당시 암호화폐 거래에 반대하는 목소리 또한 적지 않았으나, 당장 손해를 본 여러 투자자들의 거센 원성이 이어졌으며, 결국 여론에 밀려 며칠 후 청와대와 정부가 나서 법무부 장관의 거래소 폐쇄 언급을 철회해야만 했다. 하지만 현재까지도 한국의 암호화폐 거래 시장은 명확한 규제의 가이드라인 없이 은행의 가상 계좌 신규 발급이 제한되는 등 정책 방향의 모호성이 여전히 뜨거운 감자로 남아 있는 상황이다. 은행 및 금융권에 대한 간접적인 압박을 통해 암호화폐의 거래량이 줄어들면서 현재 표면적으로 김치프리미엄은 없어졌다. 그러나 당시 정부가 암호화폐와 거래에 대한 일본과 같은 사전적이고 전향적인 규제 방안 입법까지는 아니더라도, 굳이 주요 공직자를 통해 폐쇄 운운하며 과도하게 시장에 개입하는 것이 과연 옳았을까, 도리어 거래소의 협조를 구해 부정 거래에 대한 처벌과 의심스러운 계좌에 대한 거래 정지 등 운영의 묘를 통해서도 과다한 투기 현상은 조절할 수 있지 않았을까 하는 점은 여전히 아쉬움이 남는 대목이다.

비트코인, 피자 두 판이 750억 원으로

비트코인은 2008년 글로벌 금융위기가 시작되던 해, 사토시 나카모토Satoshi Nakamoto라는 필명을 쓰는 개발자가 P2P 형태의 복제 및 위변조가 현실적으로 불가능한 블록체인이라는 알고리즘을 제안해, 그 이듬해인 2009년 탄생한 암호화폐다. 비트코인의 가장 큰 특징은 통화를 발행하고 관리하는 중앙 기관이나 장치가 존재하지 않는다는 점이다. 중앙정부나 은행 대신 P2P 기반 분산 데이터베이스를 통해 감시되고, 비트코인 사용자들의 네트워크를 통해 만들어지고 거래된다. 비트코인은 또한 설계 당시부터 공급 수량이 2,100만 개만을 생성하도록 되어 있다. 그 자체가 희소성을 띄게 설계되어 있는 것이다. 비트코인의 단위인 BTC는 이더리움ETH, 리플XRP, 이오스EOS 등 여타 다른 코인들, 이른바 알트코인Alt-coin들의 교환 가치의 척도가 된다. 희소성을 띄며 교환 가치의 척도, 즉 코인 간의 결제 수단이 된다는 점에서 비트코인은 달러 같은 화폐보다는 금으로 비유되는 것이 적절하다 하겠다.

비트코인이 세상에 나온 지 1년 후인 2010년 5월 22일, 기술자들의 가상의 장난감에 지나지 않던 비트코인이 실물과 교환되는 역사적 사건이 일어난다. 1만 BTC가 피자 두 판에 장난스럽게 팔린 것이다(이 날을 피자데이라 부른다). 1만 BTC의 가격은 현재 기준으로는 750억 원이 넘는 돈이나, 당시로는 피자 두 판, 약 30달러에 교환되었다 볼 수 있다.

2011년 위키리크스, 위키피디아 등 몇몇 재단이 비트코인으로 기부를 받기 시작했고, 2012년 오프라인 가게에서 결제수단으로 활용되기 시작했으나, 본격적으로 비트코인이 화폐 또는 자산으로 주목받게 된 것은 2013년 3월 키프로스 금융위기 사태 때부터다.

러시아 부호들의 주요 조세 피난처였던 키프로스가 금융위기로 유럽연합에 구제 금융을 신청했고 유럽연합은 그 대가로 최대 40%에 달하는 세금을 걷을 것을 조건으로 달았다. 이에 새로운 조세 피난의 수단으로 비트코인이 각광받기 시작한 것이다. 비트코인은 당시 두 달 만에 가격이 두 배 이상 뛰어올라 1BTC당 100달러에 거래가 되었다.

꾸준히 가치를 상승시키던 비트코인은 2014년 위기를 맞게 된다. 일본 소재의 달러 기반 세계 2위 거래소인 마운트곡스 Mt.Gox가 해킹으로 파산하며 비트코인의 가격이 70%나 폭락한 것이다. 심지어 해킹 사태에 거래소 내부자의 공모가 있었음이 밝혀짐에 따라 비트코인은 해킹이 불가능해도 거래소의 보안 취약성이 새로운 불안 요소로 대두되게 되었다.

일본 정부는 이듬해인 2015년 의회에 특별팀을 구성해 적극적 규제 법안 입법에 나섰는데, 2016년 4월, 1년간의 입법연구 후 놀랍게도 일본 의회는 오히려(거래소 폐쇄가 아닌) 자금결제법을 개정해 암호화폐를 결제 수단으로 인정하는 전향적 태도를 밝혔다. 당시 일본 정부는 민간의 자연스러운 경제 현상인 암호화폐에 대한 정부의 무리한 시장 간섭은 곤란하다고 천명하며 자율 규제를 강조, 암호화폐 관련 예측 가능한 정책 환경 조성에 나선 것이다. 2017년 9월에 과세 지침을 발표해 암호화폐에 대한 기업 투자의 불확실성 또한 제거했다. 현재 전 세계 비트코인의 40% 정도를 일본이 보유하고 있는 것으로 알려지고 있다. 아직도 각국별로 논란이 많은 비트코인이지만, 만약 정말 미래에 금과 같은 지위를 확보하게 된다면 일본은 커다란 부의 원천을 소유하고 있는 것이다.

2017년 8월 당시 한국의 1위 거래소이자 당시 세계 최대 거래소인 빗썸Bithumb의 하루 거래량이 2조 6,000억 원에 달해 코스닥의 하루 거래량을 넘어섰다. 하지만 일본과는 반대로 2017년 9월 중국에서 새로운 코인을 공개 발행하는 ICOInitial Coin Offering에 대한 금지 조치가 나오자마자 이어 바로 한국도 ICO를 금지시켰다. 아직까지 한국과 중국은 ICO가 금지된 세계에서 몇 안 되는 국가들 중 하나다.

▎ 혁신은 암호화폐지 블록체인이 아니다

암호화폐의 가치를 이야기하기 위해선 네트워크 효과를 먼저 이해해야 한다. 네트워크 효과Network Effect란 네트워크의 규모가 커질수록 그 가치가 기하급수적으로 증가하는 현상을 의미한다. 비트코인의 내재 가치는 (디지털 시그널에 불과한) 개별 BTC가 갖는 가치에서 나오는 것이 아니라, 정부가 만든 돈이 아님에도 전 세계의 많은 사람들이 실제로 암호화폐에 투자하고 있고, 또 어떻게 이를 활용할 수 있을지 생각하고 있다는 사람들의 기대와 신뢰, 그 네트워크 자체에서 나오는 것이라 할 수 있다.

중요한 점은 한 네트워크가 네트워크 효과에 의해 점점 더 크고 견고해지면 이 네트워크의 가치에 관심을 갖는 또 다른 보완재 네트워크와 플랫폼 형성이 가능해진다는 것이다. 이를 '교차 네트워크 효과'라 하는데, 네트워크가 플랫폼으로 발전해 여러 다른 네트워크와 끊임없는 교차가 일어나면 견고한 생태계 조성을 통해 그 네트워크의 가치는 지속 가능성을 확보하게 된다.

비트코인이 2009년 탄생으로부터 어느 정도 자신만의 네트워크가 공고해질 무렵, 2014년 이더리움이 나와 블록체인 상에서 구현한 스마트계약 기능을 통해 각종 분산형 애플리케이션 개발이 가능해졌고, 이더리움의 완전히 개방된 ERC20 표준을 통해 여러 다른 암호화폐 탄생의 플랫폼으로 작용하게 된 것은 암호화폐가 자신만의 개방적이고 분산화되어 있는 독특하고 견고한 생태계를 조성해나가고 있다는 판단 근거가 된다. 비트코인이 마치 '금'처럼 코인 간의 가치 척도와 결제 수단으로 작용하고, 이더리움이 마치 은처럼 여러 '동전token'의 플랫폼으로 작용한다면, 동전이 늘어나면 늘어날수록 가상의 금과 은의 가치는 더욱 커질 것이다. 이더리움을 플랫폼으로 해 탄생되는 여러 동전들은 끊임없이 실물경제와의 접합을 시도하는데 이를 토큰 이코노미Token Economy라 부른다.

토큰은 특정 상품 또는 서비스를 구입할 때 지급결제 수단이나 송금에 활용될 수 있으며, 특정 자산에 대한 권리 표식으로도 활용할 수 있다. 즉, 설계자의 상상력에 따라 그 적용이 실물경제에서 엄청나게 늘어날 수 있는데 바로 이 점이 암호화폐가 가지는 파괴적 성격, 즉 파괴적 혁신이라 볼 수 있다.

흔히 블록체인 기술은 좋으니 육성해야 하고, 암호화폐는 투기적이고 위험하니 금지해야 한다는 단순 이분법을 주장하는 사람들이 있으나, 이는 기술과 경제에 대한 무지의 소산이라 하겠다. 블록체인 기술은 거래원장Ledger을 중앙화된 소수의 누군가가 아니라 모든 사람이 가지고 있자는 철학에서 출발한다. 직거래에서 P2P 지불을 희망하지만 이중 지불Double Spending 문제를 해결해야 하는 암호화폐, 혹은 중앙화된 관리가 불가능하고 거래 당사자들이 서로를 믿지 못하는 특정 분야가 아니면, 일반 산업계에선 중앙화된 관리가 훨씬 효율적이지 모든 거래 당사자Node가 채굴을 위한 많은 전기 에너지를 낭비해가며 수정도 불가능한 거래원장을 다들 들고 있을 이유는 전혀 없다.

블록체인과 암호화폐를 나누어 따로 생각한다는 발상 자체가 난센스이겠으나 엄밀히 따져볼 때, 블록체인은 암호화폐 운용을 위해 설계된 분산화 데이터베이스 기술일 뿐이며, 실생활과 결합되어 기존 산업계를 파괴하고 재편하는 것은 블록체인으로 구현된 암호화폐지 블록체인 기술 자체가 아니다.

▎암호화폐 앞으로 어떻게 될까?

기술의 발전 방향을 통해 사회의 변화 방향을 유추해보는 것도 재미있는 시도일 것이다. 통신에서 과거 2G 시대에 유럽식 표준인 GSM과 미국식 표준인 CDMA는 상호 호환성 없이 국가별로 따로따로 사일로Silo화되어 존재했으나, 3G 시대 W-CDMA와 CDMA2000, 그리고 4G 시대 LTE를 거치면서 하드웨어적으로 중첩해 포설된 개별 표준들의 네트워크 장비들이 관리의 편의를 위해 중앙화(네트워크 Digital Unit의 집중화를 의미)되고, 이어 네트워크 간 호환성 확보를 위해 가상화 즉, 소프트웨어화 되는 형태로 발전해나갔다는 사실에 주목해보자. 곧 도래할 5G 시대에서는 폭발적으로 늘어난 데이터 사용량을 소화하기 위해 기존 네트워크 구조에 D2D 및 애드호크ad-hoc, 메시Mesh 등 분산화된 네트워크 구조의 보완적 채용이 본격적으로 논의되고 있다.

인터넷 IDC의 경우도 개별 관리되던 서버와 스토리지가 클라우드 IDC를 통해 중앙화되고 가상화되었으며, 늘어나는 데이터량의 효율적 배분을 위해 각종 P2P와 분산 컴퓨팅Distributed Computing 기술이 보완적으로 채용되고 있다. 즉, 우리는 기술의 발전 방향에서 '개별적인 것은 중앙화되고, 중앙화된 것은 가상화되고, 가상화된 것은 분산화된다.'라는 일종의 방향성을 찾아볼 수 있다.

화폐의 발전에 이러한 방향성을 대입해보면, 과거 조개껍데기, 포목, 쌀 등 각각 개별적이고 상호 연관성 없던 화폐들이 강력한 정부의 등장과 더불어 중앙은행이 발행하는 현금으로 중앙화되었으며, 이어 각종 크레디트 카드 및 전자화폐의 발전으로 가상화되는 것을 목격했다. 분산화된 형태의 암호화폐가 기존 화폐의 대체재는 되지 못하겠으나, 보완재로서 충분히 그 존재 의의를 획득할 수 있을 것이라는 기대를 하게 하는 부분이다.

[도표 6-1] 화폐의 중앙화 → 가상화 → 분산화 과정

	현금 (중앙화)	전자화폐 (가상화)	암호화폐 (분산화)
발행 기관	중앙은행	금융 기관, 전자금융업자	없음 (DAO)
발행 규모	중앙은행 재량	법정 통화와 1:1 교환	알고리즘에 의해 사전 결정
거래 기록 및 승인	불필요	발행 기관 및 청산소	분산원장 이용 P2P 네트워크
화폐 단위	법정 통화	법정 통화와 동일	독자적인 화폐 단위 (BTC, ETH 등)
법정 통화와 교환 여부	–	발행 기관이 교환을 보장	가능하나 보장되지 않음
법정 통화와 의 교환 가격	–	고정	수요-공급에 따라 변동
사용처	모든 거래	가맹점	참가자

출처: IBK기업은행경제연구소(2017.07) 도표를 인용 및 가공

4차 산업혁명과 분산형 플랫폼 전쟁의 시작

2017년 9월 금융위원회가 모든 ICO를 금지시키겠다고 발표한 이후 실제로 이를 강제할 수 있는 법률 개정은 아직 이뤄지지 않았다. 그럼에도 국내에서 진행된 ICO는 단 한 건도 없다. 규제에 가장 민감한 암호화폐로선 ICO 준비 시 가장 중요한 부분이 암호화폐 설계의 법적 위험성에 대비하는 것이니 어쩌면 당연한 결과다. 때문에 해외에서 블록체인 연구를 위해 한국에 들어오는 기

업은 고사하고 국내 ICO 창업자들조차 스위스, 싱가포르, 일본 등 ICO가 적법한 국가를 찾아 한국을 떠나고 있다. 일자리와 세금원이 해외로 유출되고 있는 것이다.

우리나라의 창업자들이 비즈니스 플랜을 들고 이리저리 투자 설명회를 찾아다니며 간신히 초기 투자자로부터 2~3억 투자받아 창업해, 열심히 회사를 키워 실적을 보인 후, 또 간신히 벤처캐피털로부터 5~10억 투자를 받기 위해 동분서주해서, 바늘 같은 성공 확률을 뚫고 코스닥 기업공개까지 가는 데 못해도 최소 5년 이상 걸린다. 그러는 동안 외국의 창업자들은 마음이 잘 맞는 동업자들과 삼삼오오 모여 화이트페이퍼White Paper를 잘 작성하고, 텔레그램을 통해 관심 있는 투자자를 모아 ICO 하면, 사업을 시작하기도 전에 전 세계적으로 수백억 원에서 수천억 원까지 펀딩을 받을 수 있다. 심지어 투자자들은 내가 구상하는 사업의 미래 서비스 사용자이자 열렬한 홍보자다. 애당초 출발점이 다르니 경쟁이 될 리가 없다. 심지어 중국조차 신규 산업에 대해서는 네거티브 규제 입장을 명확히해 겉으로만 규제를 주장하지 실제로는 각종 지원을 통해 산업이 발전할 수 있는 길을 열어둔다.

ICO 데이터 업체인 코인스케줄Coin Schedule의 조사에 따르면 2017년 ICO 총 모집액은 40억 달러다. 이에 비해 벤처캐피털을 통한 자금 조달은 13억 달러에 그쳤다. ICO가 투자의 패턴까지 바꾸는 셈이다. 심지어 2018년은 상반기에 모집된 금액만 90억 달러에 달해 2017년 ICO 총액의 두 배를 넘겼다.

4차 산업혁명을 글로벌 플랫폼 경쟁으로 인한 기존 산업 체계의 붕괴와 재편이라 정의한다면, 기존 중앙화된 글로벌 플랫폼 경쟁에서 한국은 그나마 '라인Line' 정도 외에는 내세울 만한 글로벌 플랫폼 기업이 전무하다. 플랫폼 시장의 성격상 선두가 계속 앞서 나가는 포지티브 피드백Positive Feedback 효과에 의해 승자독식이 나타나는 시장이니 한때 한국은 이미 늦었다고 생각했었다. 그런데 글로벌 플랫폼 시장의 경쟁 양상이 중앙화 플랫폼에서 블록체인이라는 분산화 플랫폼 경쟁으로 옮겨가고 있다. 다시 시작해볼 수 있는 새로운 기회가 온 것이다.

글로벌 시장조사 업체인 IHS마킷IHS Markit의 분석 보고서에 따르면 세계 블록체인 시장 규모는 2030년 2조 달러(한화 약 2,200조 원)에 달할 것으로 예상된다. 은행, 보험 등 각종 금융 서비스 분야뿐 아니라 국가 간 통화 지급 거래, 주식, 채권, 파생상품의 거래, 각종 무역 거래분쟁의 관리, 공공 및 민간 시장의 자산 보관 및 담보 관리 등 여러 분야에 암호화폐 블록체인이라는 분산형 플랫폼이 금융 거래 비용 절감과 효율성 향상을 통해 기존 시스템을 대체해나가는 파괴적 혁신으로 작용할 것이다.

우리가 투자자 보호라는 미명하에 암호화폐에 대한 정책 방향조차 못 찾는 동안 세상은 너무 빠르게 변하고 있다. 하지만 아직 늦지 않았다. 지금부터라도 하루빨리 시작하면 된다. 물론 그러기 위해서는 예측 가능한 정책 환경 조성이 그 첫걸음이 되어야 한다.

▶▶ **최준용**

02 워라밸, 디지털 사회 전환을 위한 핵심 가치가 되다

　한국을 강타했던 4차 산업혁명과 관련된 논의는 이제 조금은 진정 국면을 맞이했다. 연일 언론을 들썩이게 했던 이세돌 구단과 알파고의 사건 또한 이미 지나간 과거의 일이 되었고, 당장 우리의 삶을 집어삼킬 것 같아 보였던 인공지능에 의한 일자리 문제도 어느덧 세간의 관심사에서 멀어진 듯하다. 하지만 재앙은 어느날 우리 삶에 갑작스레 들이닥칠 수 있으므로 이럴 때일수록 우리는 더욱 철저히 준비해야 할 필요가 있다. 시간이 우리에게 준 망각이라는 선물을 뒤로하고, 주어진 시간을 최대한 효과적으로 사용하려는 지혜와 노력이 필요하다. 지금부터 우리는 조금 더 냉정하게 그동안 우리에게 나타난 변화의 양상들을 짚어볼 것이다. 특히, 한국의 제조 산업에서 나타나고 있는 인력 수급의 미스매치 문제를 돌아보고, 이것이 한국의 미래 디지털 산업 전환을 위해 어떻게 해소되어야 하는지 생각해보기로 하자.

▌한국의 제조 산업, 왜 성장이 정체되는가?

2017년 12월 산업연구원에서는 「제조업종별 인력 수급 미스매치의 현황과 과제」라는 제목의 보고서를 발표했다. 본 보고서에는 한국의 8대 주력 제조 산업(반도체, 기계, 섬유, 자동차, 전자, 조선, 철강, 석유화학)의 기업을 대상으로 어떠한 형태의 인력 미스매치가 한국 제조 산업에서 발생하고 있는지 조사했다. 조사 결과, 몇몇 첨단산업(반도체, 자동차, 바이오)을 제외한 대부분의 제조 산업에서 고졸 이하의 학력자 비율이 상당히 높은 것으로 나타났으며, 신규 채용에 있어서도 여전히 고졸 이하의 학력 수요가 상당한 수준임을 확인할 수 있었다. 이는 2000년대 이후 한국의 고학력화 현상이 상당히 빠른 속도로 진행되어왔음에도 불구하고 여전히 우리나라의 제조 산업은 고졸 이하의 학력 수요에 의존하고 있음을 보여준다. 그 결과 2005년 82.1%로 정점을 찍었던 한국의 대학 진학률은 2017년 현재 68.9%로 계속해서 내리막길을 걷고 있으며, 이는 한국 제조 산업의 서비스화, 디지털 산업 전환의 필요성을 의미한다.

한편 바이오, 반도체, 자동차 등과 같은 첨단 기술 산업에서는

[도표 6-2] 한국 8대 제조 산업 종사자의 학력 구성 비율

(단위: %)

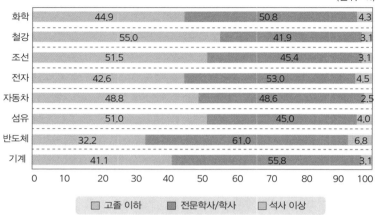

출처: 산업연구원(2017)

[도표 6-3] 한국의 대학 진학률

(단위: %)

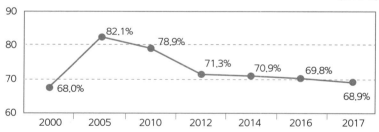

전문학사 및 학사 이상의 고학력 인력에 대한 수요도 높지만, 동시에 연구개발직에 대한 미충원율 비중도 상당히 높은 것으로 나타났다. 이는 첨단 기술 산업의 고학력 인력에 대한 미스매치 문제와 한국의 대학 교육 문제, 즉 대학 교육이 현재 한국 제조 산업

에서 필요로 하는 산업 인력 수요를 제대로 공급하고 있지 못함을 동시에 지적한다. 이러한 전문학사 및 학사 이상의 고학력 인력에 대한 미스매치 문제는 기업의 규모가 작을수록 더욱 심각한 것으로 나타났으며, 경력직의 높은 미충원 비중 또한 이러한 신규 채용에 있어서의 인력 미스매치 문제가 제대로 해소되고 있지 못함을 의미한다.

결과적으로 현재 제조 산업에서 발생하고 있는 인력 미스매치 문제는 전문학사 및 학사 이상의 노동 공급이 늘어난 데 반해, 우리의 전통 제조 산업은 여전히 고졸 이하의 노동 수요에 의존하고 있기 때문인 것으로 보인다. 그리고 대기업과 중소기업의 기술 격차 및 그로 인한 높은 임금 격차는 전문학사 및 학사 이상의 노동 공급이 이들을 필요로 하는 중소 제조 업체로 적절히 유입되는 데 장애물로 기능하고 있기 때문이다. 하지만 가장 심각한 문제는 교육이다. 한국의 대학 교육이 첨단 기술 산업에서 필요한 전문화된 인재 양성을 제대로 뒷받침하지 못함으로써 고학력 인력에 대한 미스매치 문제를 발생시키고 있으며 결국 한국 제조 산업의 성장 지연으로 이어지고 있다.

▎디지털 시대에 요구되는 능력은 자기 조직 능력과 산술 능력이다

그렇다면 한국의 미래 디지털 산업 전환을 위해 필요한 근로자의 역량은 무엇일까? 2018년 4월 OECD에서는 「디지털 시대

를 위한 기술은 무엇인가?」라는 짧은 내용의 보고서를 발표했다. 31개 국가 총 10만 4,296명 근로자를 대상으로 한 이 연구는 전체 산업을 디지털 집약적 산업과 비디지털 집약적 산업으로 나누고 각각에 종사하는 근로자들의 능력과 이들의 임금 상승에 있어 유의미한 영향을 주는 능력이 무엇인지 분석했다.

조사 결과 디지털 집약적 산업에 종사하는 근로자는 비집약적 산업에 종사하는 근로자보다 모든 영역에 걸쳐 뛰어난 능력을 가지고 있었으며([도표 6-4] 참조), 특별히 문제 해결 능력 및 ICT 기술이 상대적으로 덜 디지털 집약적인 산업의 근로자보다 높은 것으로 나타났다. 하지만 재미있는 사실은 디지털 집약적 산업 근로자의 임금 상승에 있어서 중요한 능력은 앞서 제시한 문제 해결 능력이나 ICT 기술이 아닌 자기 조직 능력과 고도의 산술 능력이었다.

[도표 6-4] 디지털 집약적 산업 vs. 비집약적 산업의 근로자가 소유한 능력 정도

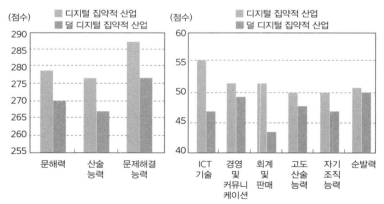

출처: OECD(2018)

다시 말해 해당 보고서는 일반적으로 디지털 시대에 중요할 것으로 예상되는 순발력과 창의성은 미래 디지털 산업의 근로자가 가져야 할 필수 역량임에는 분명하나, 사실 미래 디지털 산업 근로자의 임금 상승에 있어 그다지 유의미한 영향을 주는 변수는 아니라고 말한다. 동시에 만약 당신이 디지털 시대의 고임금 근로자가 되고 싶다면 특별히 자기 조직 능력과 고도의 산술 능력을 개발할 필요가 있음을 권고한다. 한마디로 디지털 사회에서 고임금 근로자가 되기 위해서는 자기 조직 능력과 고도의 산술 능력을 개발하기 위한 보다 전문화된 능력과 교육이 필요한데, 과연 한국의 교육이 이러한 방향으로 제대로 흘러가고 있는지 점검해볼 필요가 있다.

▍ 미래 디지털 시대, 학교 교육과 가정교육이 중요하다

한편 앞서 소개한 디지털 시대의 고임금 근로자가 되기 위한 보고서의 분석 내용에는 한 가지 커다란 함정이 있다. 해당 보고서는 임금 근로자만을 대상으로 하고 있기 때문에 임금을 지급하는 기업가 혹은 자영업자의 보수는 제대로 반영하고 있지 못하다. 하지만 디지털 시대의 주인공은 어쩌면 현재 3차 산업혁명 시대를 이끌어가던 임금 근로자가 아닌 전문 프리랜서 집단(현재의 자영업자, 개인 사업자, 1인 기업)일 가능성이 높다. 따라서 기업가 집단에 중요할 것으로 예상되는 순발력 및 창의성 교육이 잘못된 방향이라고는 말하기 어렵다.

그럼에도 불구하고 여전히 강조되어야 할 부분은 디지털 시대 고소득 근로자에게 요구되는 소양은 순발력과 창의성이 아닌 자기 조직 능력과 고도의 산술 능력이라는 점이며 이것은 전문화된 학교 교육을 통해 달성되어야 한다는 것이다.

동시에 미래 디지털 시대를 선도해나갈 기업가 정신을 함양하기 위한 순발력과 창의성 증진을 위한 교육 또한 필요한데, 과연 순발력과 창의성 증진을 위한 교육 또한 전문화된 학교 교육을 통해 달성 가능한지 의문이 든다. 그리고 끝으로 강조하고 싶은 것은 그동안 기능을 상실했던 '가정교육의 중요성'이다.

결국 '기본으로 돌아가자.'는 말을 하고 싶다. 창의성 교육은 사실 가정에서 이루어지는 것이 가장 효과적이기 때문이다. 아이들의 창의성 발달에 다양한 경험 및 상호작용이 중요하다는 것은 이미 모든 사람이 알고 있는 사실이다. 이러한 창의성 교육은 여러 명의 학생들을 동일한 공간에 모아놓고 동일한 내용을 학습시키는 학교에서보다 소수의 인원이 자유로운 환경에서 개인이 원하는 활동을 수행할 수 있는 가정에서 더욱 효과적일 수 있다. 하지만 이미 알고 있어도 실천할 수 없는 현실 또한 존재하는데 현재 장시간 근로 체계하에서 진행되고 있는 맞벌이 부부의 증가는 가정이 가정 내에서 담당해야 할 교육의 기능을 점점 상실하게 만들고 있다. 그 결과 학교는 가정이 담당해야 할 교육을 대신 담당하게 되고 정작 전문 교육 기관으로서 담당해야 할 일들에 집중하지 못하고 있다. 이는 결과적으로 학교가 우리 기업 및 산업에서 요구하는 전문화된 인재 양성을 뒷받침할 수 없는 이유가 되며, 동시에 우리 교육이 산업에서 필요한 전문적 인력 양성에 실패할 수밖에 없는 원인이라고 할 수 있다.

따라서 다소 생경한 접근 방식일 수 있으나 정부는 이러한 악순환의 고리를 잘라내기 위해 맞벌이 가정의 부부가 스스로 아이를 양육하며 동시에 경제 활동을 정상적으로 진행할 수 있는 환경, 흔히 요즘 유행하는 말로 워라밸working and life balance이 가능한 사회로 나아갈 필요가 있다. 예를 들어, 과거 외벌이 가정에 적합했던 전일제 근로 계약에서 탈피해, 맞벌이 가정에 적합한 파트타임 근로 계약을 기본 근로 계약의 형태로 설정하고, 파트타임 근무를 기본으로 하되 근로자의 선택에 따라 전일제 근무를 허용하는 방식으로 일하는 방식을 변화시킬 필요가 있다.

이 경우 부부는 불필요한 제도적 차별 없이 부부의 필요에 따라 일하는 시간을 조절할 수 있으므로 부모나 사회에 아이를 부탁할 필요도 없고, 여성은 경력 단절 없이 일을 계속할 수 있다. 사회적으로는 결혼 및 출산이 증가할 수 있으며, 결혼 및 출산율 증가는 지금 사회적으로 가장 문제시되는 고령화 문제의 근본적 해결책으로 제시될 수 있다. 외벌이 가정의 수입도 지금 당장은 반토막 나는 것 같아 보일 수 있지만, 전일제 근무 신청 및 다른 배우자의 사회 참여로 인해 더 높은 소득 창출의 기회를 달성할 수 있고 궁극적으로 일자리 나눔으로 그 어떤 정책적 접근보다 좋은 일자리의 증가를 유도할 수 있다.

하지만 그 어떠한 혜택보다도 부부가 부모나 사회의 도움 없이 스스로 아이를 양육하고 교육할 수 있다면, 그 혜택은 부모와 더 많은 상호작용을 통해 본인에게 맞는 보다 다양한 형태의 교육과 경험을 축적하게 될 미래의 우리 아이들에게 돌아갈 것이다. 사회의 기본 단위인 가정이 제 기능을 다할 수 있도록 사회가 제도적으로 뒷받침해주는 것, 그것이 우리 사회가 인간 중심의 디지털 사회 전환을 이루기 위한 첫 단추가 될 것이다.

┃ 한국의 성공적 디지털 사회 전환을 꿈꾸며

현재 한국 기업 및 산업은 여전히 과거에 묶여 있다. 동시에 디지털 사회 전환을 위한 전문적 기술을 갖춘 인력 또한 제공받지 못하고 있다. 이는 한국이 여전히 중간 관리자 집단을 양성하기 위한 교육에 집중되어 있고, 디지털 사회 전환을 위한 전문성 있는 인력 양성에 실패하고 있기 때문이다. 이러한 관점에서 최근 한국 사회를 떠들썩하게 하고 있는 '워라밸' 운동은 4차 산업혁명으로 인한 문명의 이기를 소수가 아닌 다수 인류 공통의 혜택으로 돌리기 위해 반드시 필요한 과정이자 움직임으로 보인다. 지금은 비록 여러 가지 부작용을 낳는 것으로 보여질 수 있으나 이는 한국 사회가 보다 발전적 방향으로 나아가기 위해 반드시 필요한 부분이다. 한국의 워라밸 운동은 젊은이들이 발전 가능성 있는 산업 및 기업으로 나아갈 수 있도록 시간과 공간을 열어주어야 하며, 이를 뒷받침하기 위한 많은 논의와 협력, 그리고 그 협력을 이루어나가기 위한 제도적 뒷받침들은 지금부터 차근차근 진행되어야 할 것으로 보인다.

▶▶ 임지선

03 TaaS 시대와 한국 자동차 산업의 미래

| 2018년 SUV와 수입 승용차의 인기 지속됐다

2018년 상반기 한국 자동차 판매 대수는 약 76만 대로 2017년 상반기의 78만 5,000대에 비해 3.1% 감소했다. 판매 위축의 이유로는 한국지엠 사태와 건설 경기 부진 등이 지적된다. 업체별로 보면, 신형 4세대 산타페와 신형 K3, K9을 출시한 현대와 기아는 전년 대비 각각 2.8%, 4.6% 판매가 증가했지만, 한국지엠은 -41.6%, 르노삼성은 -22.6%, 쌍용은 -3.7% 등을 기록해 특히 한국지엠과 르노삼성의 판매 부진이 눈에 띈다.

차종별로는 SUV의 강세가 선명해 전년 대비 16.7% 판매가 증가했으나, 그 외의 경형, 소형, 중형, 대형 및 상용차는 판매가 감소했는데 중형차 -23%, 상용차 -7.9%로 판매 감소폭이 큰 것으로 나타났다.

모델별 내수 순위는 1위 그랜저, 2위 산타페, 3위 카니발, 4위 쏘렌토, 5위 아반떼, 6위 소나타 등의 순으로 나타났다. 오랜 기간 판매 순위 상위권을 기록하던 소나타와 아반떼의 순위가 하락하고, 상위 5위권 중 세 모델이 SUV를 포함한 다목적형 차량인 것은 한국 자동차 시장의 현황을 잘 나타내주고 있는 내용으로 보인다. 즉, 한국 자동차 시장의 최근 흐름은 SUV의 강세와 그랜저, 제네시스 등의 고급 차량의 인기로 요약할 수 있다.

한편, 지역별로는 제주와 세종을 제외한 15개 시도 지역에서 신규 차량 등록이 감소했다. 제주는 렌터카 수요를 중심으로 증가했으며 세종시는 인구 유입이 지속적으로 증가하며 자가용 수요에 의한 등록이 증가한 것으로 파악됐다. 휘발유차와 경유차의 등록은 감소한 가운데 하이브리드 전기차 등 친환경 자동차의 등록이 증가했다. 여전히 전체 신규 등록 대수의 6%에도 미치지 못하는 상황이지만, 친환경 자동차 보급 증가 추세는 한국 자동차 시장의 또 다른 주목 포인트라고 할 수 있다.

앞서 언급한 모델별 내수 순위와 함께 한국 자동차 시장의 현황을 잘 나타내주는 또 다른 지표로 연령별 자동차 신규 등록 현황과 수입 승용차 등록 현황을 들 수 있다. 연령별로는 20~60대에서 모두 신규 등록이 감소했는데, 특히 자동차의 주된 구매층인

30대(-6.2%)와 40대(-7.8%)의 감소가 눈에 띈다. 이는 자가용 구매를 하지 않고 대중교통과 카셰어링 서비스 등을 이용하는 개인의 증가를 암시하며 2년 연속 내수 시장이 정체하는 요인의 하나로 작용한 것으로 보인다. 국내 생산 자동차의 판매 실적이 저조한 가운데 2018년 상반기 수입 승용차 신규 등록은 약 15만 1,000대로 사상 최대 점유율(19.4%)을 기록했으며 수입 승용차의 주된 구성을 이루는 독일계, 일본계, 미국계 모두 등록 대수가 증가했다.

2019년에도 SUV와 고급 수입 승용차에 대한 높은 인기는 유지될 것으로 보이며, 특히 2000시시급 SUV 시장을 놓고 수입차와 국내 생산차의 경쟁이 치열하게 전개될 것으로 예상된다. 또한 경기 부양과 환경 문제 대책을 겸해 정부가 그린카 보급 정책을 취할 가능성이 있어 친환경 자동차의 보급은 2019년에 더욱 가파르게 진행될 것으로 예상된다.

┃ 내우 극복과 외환 대비가 필요한 한국 자동차 업계

한국지엠 문제, 엘리엇의 현대자동차 지배구조 개선 요구, BMW 화재, 미중 무역 갈등 격화 등 한국 자동차 산업에 있어 2018년은 문자 그대로 다사다난한 해라고 할 수 있다.

▶ 한국지엠 문제
2017년 10월에 GM의 한국 철수를 법적으로 막아주던 거부권

효력이 만료되고 유럽, 인도, 호주 등에서 GM이 사업을 정리하면서 한국지엠도 구조조정의 대상이 될 수 있다는 지적이 나오기 시작했다. 그러던 와중에 2018년 2월 GM 본사 CEO가 한국지엠을 대상으로 필요한 조치를 취할 수 있다고 언급하며, 한국지엠 군산 공장 폐쇄를 발표했다. 이때, 공장 가동률이 한때 20%까지 하락한 바 있으며, 크루즈와 올란도는 단종되고 2,000여 명의 임직원은 구조조정의 대상이 되었다. 여러 우여곡절 끝에 4월 26일 한국지엠 정상화를 위해 산업은행이 약 8,100억 원, GM이 약 6조 8,000억 원을 투입하기로 합의하고 GM은 향후 10년 이상 한국지엠의 생산 시설을 유지하기로 했다.

이 과정에서, GM 산하의 오펠을 인수한 푸조시트로엥그룹이 2017년 11월에 유럽 내 오펠 공장 가동률을 높이기 위해 한국지엠으로부터 수입하던 물량을 유럽 공장에서 직접 생산하기로 한 것은 한국지엠에 뼈아픈 일이다. 한국지엠은 창원공장에서 스파크, 부평공장에서 트랙스를 생산해 연간 13만 대를 유럽에 수출하고 있었다. 이로 인해 한국지엠의 유럽 시장 판로가 막히게 된 셈이기 때문이다.

▶ 엘리엇의 현대자동차 지배구조 개선 요구

2018년 3월말에 현대차그룹이 순환출자구조를 해소하기 위해 현대모비스와 현대글로비스를 분할, 합병한다는 지배구조 개편안을 발표하자, 글로벌 헤지펀드 엘리엇이 현대차그룹에 보다

주주 친화적인 정책을 요구하며 지배구조 개선을 강력하게 요구하고 나섰다.

엘리엇의 주장을 요약하면 다음 네 가지로 정리할 수 있다.

① 현대차와 모비스를 합병하고 지주회사 체제로 전환할 것

② 모든 자사주를 소각할 것

[도표 6-5] **현대차그룹의 지배구조 개선안**

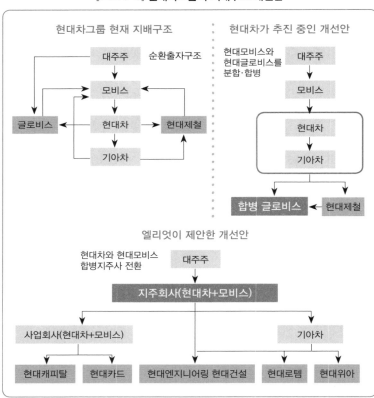

출처: 「조선비즈」 2018.04.25일자 온라인판 일부 변형

③ 배당 지급률을 늘릴 것

④ 다국적 사외 이사 3인 추가할 것

네 가지 요구사항 중 ②~④번에 대해서 현대차그룹 측은 수용 가능성의 뜻을 밝혔지만 첫 번째는 공정거래법의 금산분리 원칙에 따라 현대차가 수용하기 어려운 것이었다. 만약 엘리엇의 주장을 받아들이면 현대카드, 현대캐피탈, HMC증권 등을 현대차그룹에서 분리해야 하는데 이는 자동차 할부 판매에 직접적인 영향을 줄 수 있다.

한때 주주총회에서의 표 대결로 갈 것으로도 보였으나, 5월 29일로 예정되었던 주주총회는 결국 취소되었다. 엘리엇과 외국인 주주뿐만 아니라 국민연금공단과 투자자문 계약을 맺은 한국 기업지배구조원 등 국내의 투자자문사들도 현대차그룹 안에 대해 반대 의견을 제시했기 때문이다.

엘리엇의 요구의 배경에 대해서는 단기적으로 합병 등을 이슈화해 주가 상승을 유도해 단기 차익을 노리는 것이라는 견해가 일반적이다. 하지만 이는 엘리엇이 한국 최대 기업 중 하나인 현대차그룹의 약점을 정확하게 찌른 것이라고도 볼 수 있다. 현대차그룹이 한국경제의 핵심 축을 구성하는 기업이라는 것에는 의심의 여지가 없다. 차세대 기술 혁신을 놓고 치열하게 전개되고 있는 글로벌 자동차 업계에서 뒤처지는 일이 없도록, 빠른 시일 내에 R&D 등에 대한 현대차그룹의 최고의사결정이 원활하게 진행되길 희망한다.

▶ 미국의 무역확장법 232조

한편 한국 자동차 산업에 심대한 영향을 미칠 수 있는 외부 요인으로 미국의 무역확장법Trade Expansion Act 232조를 들 수 있다. 이 법이 제정된 것은 1962년 미국과 소련의 긴장이 최고조에 달한 때로 법 제정 목적에 미국의 경제성장 촉진뿐만 아니라 미국의 안보를 위해 '공산주의 경제의 침투를 막는다.'라는 표현이 들어 있다. 또한 당시 상황을 반영해 미국 의회는 대통령에게 직접 관세를 매길 수 있도록 절대적인 권한을 부여했다. 미국 트럼프 대통령은 상무부 장관에게 수입 자동차 및 자동차 부품이 미국의 국가 안보에 미치는 영향을 조사하라고 지시했는데, 무역확장법 232조를 근거로 한국계, 독일계, 일본계 자동차에 최대 25%의 관세를 부과할 수 있을 것이라는 예측이 나오고 있다.

문제는 이 법이 미국 내에서 생산되는 외국계 자동차 제품에도 적용될 가능성이 있다는 점이다. 상무부는 공지를 통해 미국 내에서 자동차를 생산하는 브랜드 중에서도 대주주가 미국계인 순수 자국 브랜드와 외국계인 기업을 구분해 국가 안보에 대한 영향이 어떻게 달라지는지 알고 싶다고 명시했기 때문이다. 한국계 기업 중에서는 현대자동차의 앨라배마 공장HMMA과 기아자동차의 조지아 공장KMMG이 가동 중에 있으며 두 공장의 합산 연간 생산 대수는 60만 대 수준이다.

한국의 자동차 산업은 무역 의존도가 높은 한국경제의 특징을 그대로 가지고 있다. 내수 시장은 연간 170만 대 수준이지만 기업의 생산 능력은 현대차 190만 대, 기아차 170만대, 한국지엠 90만 대, 르노삼성 30만 대, 쌍용차 20만 대 등 총 500만 대 수준으로 알려져 있다. 따라서 330만 대 수준의 수출량을 확보하기 위해 각 기업들은 큰 노력을 기울이고 있으며, 특히 미국과 중국에서의 판매 상황에 신경을 쓸 수밖에 없다. 최근 신흥국의 구매력이 약해진 상황을 고려해볼 때, 미국 시장에 대한 한국 자동차 기업들의 의존도는 높아진 상태라 할 수 있다. 만약 무역확장법 232조가 적용된다면 한국 자동차 기업들이 받게 될 타격은 심대할 것으로 예상된다.

▌수요자 중심의 교통 서비스 체제 투자가 살 길

영국의 신기술 전문 연구 기관 리싱크X는 「리싱킹 교통 2020-2030Rethinking Transportation 2020-2030」이란 보고서를 통해 2030년에는 미국 자가용의 80%가 감소할 것이라고 전망했다. 보고서는 그 이유에 대해, 2030년에는 교통의 95%가 온디맨드on demand 방식으로 이루어져, 마치 카카오택시를 부르는 것처럼 휴대폰 앱을 통해 자율주행 자동차를 불러 이동 및 수송이 가능하기 때문으로 설명했다. 이렇게 애플리케이션을 통해 이동 서비스를 주문하고 그것에 대응해 자율주행 교통 수단이 찾아오는 형태의 교통 환경을 TaaSTransport as a Service라고 부른다.

리싱크X는 TaaS가 일반화 되면 이 서비스를 활용하는 것이 비용과 편의성의 측면에서 차량을 보유하는 것보다 훨씬 유리하기 때문에 대부분의 사람들이 더 이상 차량을 구매하지 않을 것이라고 주장한다. 또한 운행이 완료된 자동차는 다음 서비스 제공을 위해 바로 이동하기 때문에 대도시 자동차 운전자를 크게 괴롭히는 요인 중 하나인 주차장 확보의 문제에서도 자유로워질 수 있다고 한다.

또한 이 보고서는 TaaS 시장 형성 초기에는 내연기관 자동차를 사용하는 서비스 제공 업체가 있을지 모르지만 시간이 지날수록 무인 자율주행 전기차를 활용하는 기업이 경쟁에서 승리할 것

[도표 6-6] 차량 소유와 TaaS 활용 간 장단점 비교

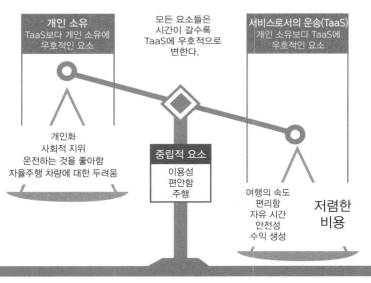

출처: 리싱크X의 자료를 TECH M 홈페이지에서 인용
(http://techm.kr/bbs/board.php?bo_table=article&wr_id=3948)

으로 예측하고 있다. 그 이유는 전기자동차가 내연기관 자동차에 비해 수명이 길고, 유지 보수 및 에너지, 금융 등 제반 비용이 저렴하기 때문이다. 즉, 사용자의 입장에서는 자동차를 보유한 것보다 TaaS를 활용하는 것이 이동에 드는 비용이 훨씬 저렴하고, 서비스 공급 기업의 입장에서는 운전자가 있는 내연기관 자동차에 비해 자율주행 전기자동차가 비용 측면에서 훨씬 유리하므로 교통의 미래상은 온디맨드 서비스와 자율주행 전기자동차가 결합하는 방향으로 진행된다고 할 수 있다.

만약 이와 같은 예측이 현실화하거나, 혹은 예측치의 30~40% 수준이라도 실제 자동차 구매가 줄어든다면 치명적인 타격을 받는 자동차 생산업체가 나타날 것이다. 그뿐만 아니라 자동차와 관련된 보험, 할부 등의 금융 상품과 부품 산업, 애프터서비스 등 자동차 산업의 모든 가치사슬은 일대 변혁의 시기를 맞이하게 될 것이다.

이러한 TaaS에 대해 가장 적극적으로 대응하고 있는 기업으로 일본의 소프트뱅크를 들 수 있다. 소프트뱅크의 손정의 회장은 디디추싱Didi Chuxing, 우버, 리프트, 그랩 등의 교통 서비스 플랫폼 기업들에 대한 투자를 통해 전 세계적인 교통 네트워크를 구축하고 있다. 그의 목표는 2030년까지 1조 개의 ARM칩을 각종 센서에 포함시키는 것이라고 한다. ARM칩은 저전력 고효율의 성능을 가진 모바일 애플리케이션 중앙연산 처리 장치의 대명사 격인 제품으로 스마폰을 비롯한 고성능 모바일 기기의 핵심 부품이다.

손 회장은 이를 바탕으로 인공지능의 기능을 진화시켜, 교통 분야에 있어서는 완전한 자율주행을 바탕으로 TaaS 환경을 실행할 수 있게끔 만들고자 한다. 만약 그의 구상이 실현된다면, 교통 분야에서 발생하는 핵심 부가가치의 수혜자는 온디맨드 서비스를 제공하는 우버, 디디추싱과 같은 플랫폼 기업과 무인 전기자동차 등의 모바일 기기에 핵심 제품을 제공하고 글로벌 네트워크를 운영하는 소프트뱅크가 될 것이다. 이렇게 다른 분야의 플랫폼 기업들과 연계를 통해 업계를 선도해가는 전략을 손 회장은 '무리群 전략'이라고 부른다. 손정의 회장이 무리 전략이라는 새로운 용어를 사용하며 많은 플랫폼 기업들과 연계하는 것은 정보통신과 교통의 융합이 가져올 변혁의 양상이 한 기업이 동원할 수 있는 자원 및 정보 수준으로는 감당하기 어렵다고 판단했기 때문으로 보인다. 또한 현지 소비자와의 접점을 가지는 기업과의 제휴는 시장에서 발생하는 문제와 시장 독점 문제 등에 대한 대응에 있어서도 유리하게 작용할 것으로 보인다. IT 업계의 글로벌 공룡 기업인 구글 역시 GM, 리프트lyft 등과 연계해 TaaS를 대비하고 있는 것으로 알려져 있다. 한국의 자동차 및 IT 업계에서도 이와 같은 글로벌 선도 기업의 움직임에 주목할 필요가 있을 것이다.

1990년대 말에서 2000년대 초반에 걸쳐 정보통신 혁명이라고 부를 수 있을 만큼 커다란 통신 기술의 변화가 있었다. 새로운 디지털 기술 경제 패러다임이 출현하고 이와 관련된 수요가 빠른 속도로 증가해 세계적으로 IT관련 거대 시장이 출현한 것이다. 이

시기 일본경제는 장기 불황에 시달리고 있었으며 일본 기업의 생산성은 정체되어 있었다. 일본의 주요 기업들은 기존 기술 및 방식에 안주하고 적절한 수요 시장을 창출하지 못한 채 IT 혁명이라는 기회의 창에 발 빠르게 대응하지 못한 것으로 평가된다. 이와 관련해 일본의 통신 산업을 주도하던 NTT가 기존의 ISDN망 개발과 설치에 들어간 막대한 비용을 회수하기 위해 ADSL과 광통신망과 같은 보다 발전된 기술로의 이전을 의도적으로 지연시켰다고 지적하는 전문가들이 다수 있었다.

한편, 1997년 IMF 금융위기에 처했던 한국은 IT 산업을 집중 육성하는 정책을 실시했고 그 결과 세계적인 IT 수요에 힘입어 궤멸적인 국가 경제 위기상황에서 빠르게 벗어날 수 있었다. 아날로그에서 디지털로 기술 경제의 패러다임이 전환되는 시기에 열린 기회의 창을 잘 활용해 빠른 경제 회복과 IT 분야의 세계적 경쟁력을 갖추게 된 것이라고 할 수 있다. 이와 관련해 잘 알려진 일화가 있다. 손정의와 빌 게이츠가 당선 직후의 당시 김대중 대통령에게 고속인터넷 통신망 집중 투자를 권유한 것이다.

빅데이터, AI 등을 바탕으로 다시 한번 새로운 단계로 도약하는 IT 분야와의 융합을 통해 교통은 일대 혁신의 시기를 눈앞에 두고 있다. 이러한 구조적인 변화의 흐름에 맞추어 한국 정부는 2022년까지 초연결 지능화, 스마트 공장, 스마트 팜, 핀테크, 에너지 신산업, 스마트시티, 드론, 자율주행차의 8대 핵심 선도 사업에 30조 원 이상 투자할 계획임을 발표했다. 뒤이어 기재부가 공개한 세부 계획에서 "혁신 성장을 가속화하고 경제 체질 개선과 혁신을 촉발하기 위해 플랫폼 경제 구현을 추진하기로 함."이라는 부분이 눈에 띈다.

다소 늦은 감은 있지만 한국 정부가 플랫폼 경제 구현을 위해 나서기로 한 것은 크게 환영할 일이다. 수도권의 높은 소득 수준과 IT 인프라, 그리고 한국 자동차 업계의 글로벌 경쟁력 등을 고려하면 앞으로의 노력 여하에 따라 얼마든지 TaaS 분야에서 한국 기업들이 두각을 나타낼 가능성이 있는 것으로 보인다. 업계 일각에서는 한국 자동차 산업을 주도하는 기업인 현대자동차에, 10조 원에 구매한 글로벌비즈니스센터 부지를 손절매하고 그 자금을 R&D 비용으로 전환할 것을 제안하고 있다. 소프트뱅크는 10조 원으로 우버의 최대주주가 되었으며 차량 공유 글로벌 네트워크의 핵심 기업으로 도약했다. 한국 정부와 자동차 업계는 긴밀한 협력을 통해 서둘러 TaaS라는 교통 환경 혁신의 시기를 대비해야 할 것으로 보인다.

〈자료: 국토교통부, 한국자동차산업협회, 각종 보고서 및 인터넷 자료 종합〉

▶▶ 우경봉

04 순풍에 돛을 단 반도체 산업, 남은 과제는?

| 한국의 수출을 견인하는 반도체 산업

삼성전자가 2017년 세계 반도체 매출 1위를 기록했다. 1992년 이래 장기간 1위를 놓치지 않았던 인텔을 밀어내고 1위를 차지한 것이다. 반도체가 미국에서 최초로 개발되었고 여전히 반도체 산업 전반에서 미국이 강세를 보이고 있는 상황에서 우리 기업이 세계 매출 1위를 기록한 것은 커다란 의미가 있으며, 우리나라가 반도체 강국으로 성장했다는 것을 보여주는 상징적인 사건이다.

2018년에도 반도체를 생산하고 있는 삼성전자를 비롯한 SK하이닉스의 경영 실적은 기록을 경신하며 순항하고 있다. 2017년 우리나라 전체 수출액은 5,737억 달러인데 이 중 반도체 수출액은 979억 달러로 약 17%를 차지하고 있다. 2018년 월간 수출액을 확인해보면 반도체 비중이 매월 20%를 넘어서고 있으며, 지난 3월 최초로 단일 품목 수출액 100억 달러를 넘어선 이후 7월까지 4차례에 걸쳐서 100억 달러 초과 수출을 달성하고 있다. 반도체 산업은 우리 수출에 막대한 영향을 끼치고 있으며, 한국의 수출을 견인하고 있다고 해도 과언이 아니다.

세계 시장에서의 우리 반도체 위상도 높아지고 있다. 2000년대 초반에는 세계 반도체 시장에서 우리나라 제품의 시장 점유율

[도표 6-7] **우리나라 무역에서 반도체가 차지하는 비중**

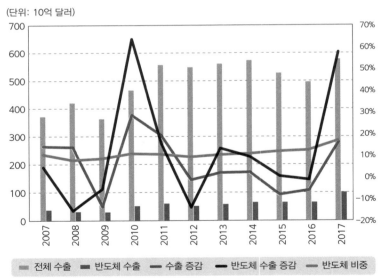

출처: 한국무역협회, 산업통상자원부

[도표 6-8] 세계 반도체 생산 및 수출에서 한국이 차지하는 비중 변화

(단위: %)

	2007	2008	2009	2010	2011	2012	2013	2014	2015	2016	2017
생산	10.9	9.3	11.2	13.4	12.9	13.5	15.2	16.2	16.4	16.0	20.9
수출	7.2	6.3	6.8	8.2	8.3	8.6	8.7	9.2	9.4	9.1	22.7

출처: IHS, Gartner, UN Comtrade

이 10%에 불과했으나 2013년에는 15.5%로 일본을 추월해 세계 2
위로 성장했으며 지금도 이를 유지하고 있다. 게다가 최근에는 메
모리반도체 호황으로 인해 세계 시장 점유율이 20%를 넘어서게
되었고 수출도 20% 이상을 차지하며 한국의 이미지가 반도체 강
국으로 자리 잡게 된 것이다.

| 치킨게임에서 이긴 한국, 수요 폭증의 수혜자

반도체는 크게 메모리반도체와 비메모리반도체(시스템반도체)로
구별되며, 메모리반도체의 주요 용도는 이름에서 보이는 것과 같
이 정보의 저장이다. 시스템반도체는 IT 제품에 필요한 계산·분석
등 각종 기능을 하나의 칩에 통합한 것으로 가장 대표적인 것은
인텔의 PC용 CPU(중앙 연산 장치)이며, 퀄컴의 스마트폰·태블릿용
AP(응용 프로세서) 등이 있다.

우리가 일상생활에서 사용하는 전자제품 중에서 반도체가 사
용되지 않은 제품을 찾기가 어려울 정도로 반도체는 다양한 기능

을 수행하며 반드시 필요한 부품으로 활용되고 있다. 그중에서 우리나라가 세계 시장에서 큰 점유율을 차지하고 있는 것은 메모리반도체인 D램D RAM과 낸드플래시다. D램 역시 미국에서 최초로 개발되었으며, 산업 주도권이 미국에서 일본을 거쳐 우리나라로 오게 된 역사가 있다.

메모리반도체는 시스템반도체에 비해 가격이 저렴하며, 전체 반도체 시장에서 차지하는 비중이 약 25%에 불과하다. 반면 대규모 투자가 필요한 장치 산업이며, 미세공정 전환을 통한 원가 절감을 위해 지속적인 R&D 투자가 필요하기 때문에 최초로 메모리반도체를 개발한 미국 기업들은 1980년대 메모리반도체를 포기하고 고부가가치를 창출할 수 있는 시스템반도체 분야를 선택했다. 물론 단순히 고부가가치 창출을 목표로 시스템반도체에 집중한 것이 아니라 일본 기업과의 경쟁에서 미국이 뒤처졌기 때문이다. 일본 기업은 IT 제품 강국으로 자사 전자제품의 원가 절감을 위해서 메모리반도체를 생산하기 시작해 세계 시장을 석권했다. 하지만 일본의 장기 불황과 함께 그룹 본사가 경영난에 부딪히게 되자 반도체 사업부를 구조조정하기 시작하며 경쟁력이 약화되었다. 각 기업들의 반도체 사업부를 합쳐서 엘피다라는 반도체 전문 생산 기업을 만들었으나 지분을 가진 다수 기업들의 의견 조율에 어려움을 겪으며 경영이 난항을 겪다가 결국은 파산했다. 한국은 이러한 상황에서도 꾸준히 투자를 지속해 2017년 기준 세계 메모리반도체 시장 점유율 57%를 기록하며 세계 최대의 메모리반도체 공급 국가가 된다. 우리 기업의 이러한 쾌거는 하루아침에 이루어진 것이 아니다. 메모리반도체 산업은 2000년대까지만 해도 한국과 일본, 타이완이 치열한 경쟁을 벌이고 있었으며, 일부 유럽 업체까지 가세해 공급 과잉 현상을 겪게 되었다. 게다가 메모리반도체의 가장 큰 수요 시장인 PC와 스마트폰 시장이 포화상태에 이르자 수익률은 급격히 나빠지게 되었고 경쟁 업체들이 하나둘씩 무너지기 시작한 것이다. 이러한 과정을 거치면서도 삼성전자와 SK하이닉스는 선제적인 설비 투자를 멈추지 않았고 미세공정 전환 등 기술 개발을 지속했기 때문에 살아남을 수 있었다.

　　메모리반도체 산업에 순풍이 불기 시작한 것은 2016 다보스 포럼에서 등장한 4차 산업혁명의 영향이 크다. 보다 구체적으로 말하자면 4차 산업혁명을 주도하고 있는 신산업의 등장으로 인해 메모리반도체 시장이 급격하게 확대된 것이다. 전자상거래의 발달과 IoT(사물인터넷), 빅데이터, 클라우드 등 첨단산업의 진전으로 인해 대용량의 정보를 빠르게 처리하고 안전하게 저장해야 할 필요성이 부각되면서 메모리반도체 수요가 급격하게 늘어난 것이다. 메모리반도체 수요가 PC, 스마트폰 등 개인 소비자 시장에서 전자상거래, IoT 등을 위한 기업 소비자로 옮겨감에 따라 소비량이 폭발적으로 증가했다. 하지만 지난 치킨게임에서 살아남은 메모리반도체 공급업체는 삼성전자와 SK하이닉스, 마이크론 정도였기에 시장에서 공급 부족 현상이 발생하게 된다. 메모리반도체 공급 부족 현상으로 인해 2016년 하반기부터 단가가 급격하게 상승하기 시작해 2017년에도 지속되었으며, 2018년에도 메모리반도체 가격은 계속해서 상승세를 보이고 있다. 반도체의 경우 신제품이 출시되면 높은 가격을 유지하다가 수율이 향상되고 보급이 확대됨에 따라 점차 가격이 하락하는 것이 일반적인데 공급 부족 현상이 지속됨에 따라 물량을 확보하기 위한 수요 기업들의 경쟁으로 오히려 가격이 높아지고 있는 것이다.

최근 PC와 스마트폰에서 운용되는 소프트웨어가 고사양을 요구함에 따라 포화 상태의 PC, 스마트폰 시장에서 교체 수요가 발생하는 것도 메모리반도체 수요 확대에 기여하고 있다. 이와 같이 기존의 시장도 소비를 회복하고 있으며, 신산업이 계속적으로 발달하고 있기 때문에 반도체 소비 시장은 꾸준히 성장할 것으로 전망되고 있다.

되돌아온 인텔과 중국의 반도체 굴기

현재 삼성전자와 SK하이닉스는 지난한 치킨게임에서 살아남은 승자로서 반도체 호황의 수혜를 누리고 있다. 하지만 반도체 호황은 경쟁자들을 자극해 우리 기업들이 여유롭게 수혜를 누릴 수 있도록 가만히 두지 않는다.

일찌감치 메모리반도체의 수익성이 낮다고 판단해 철수를 감행했던 인텔이 메모리반도체 산업에 재참여를 선언했다. 인텔은 메모리반도체와 시스템반도체(PC용 CPU)를 함께 공급하다가 수익률이 높은 시스템반도체를 선택했고 1992년 이래 세계 반도체 시장에서 매출 1위를 유지하고 있었다. 하지만 2017년 세계 매출 1위 자리를 메모리반도체 기업인 삼성전자에게 내주게 된 것이다. PC 시장의 포화상태는 메모리반도체 시장에만 영향을 준 것이 아니라 인텔에게도 큰 영향을 주었으며, 메모리반도체 시장이 성장함에 따라 인텔은 자신들이 철수했던 메모리반도체 시장에 재참여를 선언한 것이다. 인텔은 2016년 차세대 메모리 기술(3D 크로스 포인트)을 활용해 비휘발성 메모리반도체로 새로운 시장을 개척할 것이라고 밝혔다. 이는 낸드 타입 플래시메모리와 D램의 중간 형태로 SSD에 사용되는 D램을 대체하는 제품으로 현재 메모리반도체의 강력한 경쟁 제품이 될 가능성이 크다.

중국은 2017년 기준 세계 전자제품의 약 40%를 생산하고 있으며, 이를 위해 세계 반도체의 약 60%를 소비하고 있는 최대 반도체 소비국이다. 중국의 산업 발전과 함께 반도체 수요가 급격하게 증가했고, 단일 품목으로 원유보다 반도체의 수입이 더 큰 비중을 차지하고 있다. 하지만 반도체 자급률은 25%에 머물고 있으며, 특히 메모리반도체는 전량을 수입에 의존하고 있다. 중국의 전체 무역수지 흑자 규모가 약 5,000억 달러를 기록하고 있는데 반도체 단일 품목 무역수지 적자 규모가 2,000억 달러로 중국 무역수지에 커다란 영향을 미치게 되자 중국 정부는 반도체 산업을 집중 육성하기로 결정했다. 중국 정부는 2000년 이후 반도체 산업을 국가 중점 육성 산업으로 결정하고 관련 정책을 잇달아 제정하고 있으며, 특히 2015년에는 '중국 제조 2025 전략'을 발표하면서 반도체 자급률을 2025년까지 70%로 높이기 위한 구체적이고 체계적인 방안을 제시하고 있다. 중국 정부는 반도체 원천기술 확보를 위한 대규모 국제 M&A를 지원하는 한편, 대규모 반도체 투자펀드를 조성해 칭화유니그룹과 푸젠진화반도체 등이 메모리반도체를 생산할 수 있도록 지원을 아끼지 않고 있다. 중국 정부의 이러한 노력의 결과 2018년 하반기부터 중국 기업이 낸드플래시를 양산할 예정이며, 2019년에는 메모리반도체도 생산을 개시할 예정이다. 시진핑 중국 국가주석은 "반도체는 산업의 쌀을 넘어 인간의 심장과도 같다."고 강조하며 2019년을 중국 반도체 굴기의 원년으로 삼고 직접 진두지휘하고 있다.

┃ 메모리 강국에서 진정한 반도체 강국으로

반도체가 우리나라를 대표하는 산업으로 두각을 나타내기 시작한 것은 이미 오래전 이야기다. 최근에는 반도체가 우리 수출에서 차지하는 비중이 20%를 넘어서면서 하나의 산업에 의존도가 지나치게 높다는 우려의 목소리도 들려오고 있다. 하지만 내막을 들여다보면 메모리반도체 하나의 품목으로 이러한 결과를 이끌어내고 있음을 알 수 있다. 메모리반도체에 비해 부가가치가 높은 시스템반도체 분야에서는 우리나라가 크게 두각을 내지 못하고 있으며, 반도체 설계 전문 기업인 팹리스의 경우에는 중국보다 뒤처져 있는 상황이다. 이는 우리나라에서 반도체를 처음에 생산하기 시작하면서 선택과 집중을 통해 메모리반도체를 집중적으로 육성했기 때문이다. 메모리반도체를 선택한 우리의 판단은 틀리지 않았고 치열한 경쟁에서 살아남아 지금은 4차 산업혁명과 함께 주목을 받으며 반도체 호황의 수혜를 누리고 있다. 삼성전자와 SK하이닉스는 매분기 최고의 영업이익률을 달성하며 신기록을 경신하고 있는 상황이다.

하지만 반도체 산업 전체적으로 볼 때 일부 기업을 제외하고는 4차 산업혁명의 반도체 수혜를 누리지 못하고 있는 실정이다. 대기업이 호황기에 설비 투자를 확대하고 있어 반도체 장비 업체들의 실적이 개선되고 있으나 주요 핵심 장비는 여전히 수입에 의존하고 있다. 게다가 소규모 팹리스 기업들은 자신들이 설계한 반도체 시제품을 국내에서 생산할 곳이 없어 타이완이나 중국에서 생산을 하고 있다.

지금까지의 메모리반도체 산업 집중 육성 전략은 성공했으므로 이제는 다음 단계에 진입해야 할 때다. 메모리반도체 제조 업체에 집중되어 있는 수익 구조를 개선해 반도체 장비 업체와 협력 업체들의 수익이 높아지게 되면 양질의 장비와 서비스가 개발될 것이다. 또한 시스템반도체의 경우 기존의 시장 지배자들의 영향력이 막강하기 때문에 시장에 진입하기가 어렵기도 하지만 새로운 수요 시장은 다양하고 많은 소비자가 존재하고 있다. 게다가 다품종 소량 생산이 적합하기 때문에 규모의 경제 실현이 어려워

대기업의 참여가 쉽게 이루어지지 않는 측면도 있다. 오히려 기술력을 가진 중소기업들이 참여하기 유리한 상황이므로 시스템반도체 산업 육성을 통해 중소기업의 경쟁력을 강화시킬 수 있도록 해야 할 것이다. 반도체 전문 인력 양성 또한 중요한 문제다. 반도체 관련학과의 석박사 과정을 수료한 고급 인력이 매년 줄어들고 있다. 이는 향후 산업의 발전을 저해하는 요인이 되므로 인력 확충을 위한 투자를 확대해야 한다.

메모리반도체와 더불어 반도체 장비 산업 등 관련 서비스가 발달하고 메모리반도체 산업 성공 경험을 살려 시스템반도체 산업이 활성화되면 우리나라 수출에서 반도체를 포함한 관련 산업이 차지하는 비중은 30~40% 이상으로도 올라갈 수 있을 것이다. 하나의 산업이 전체 수출에서 차지하는 비중이 높아서 염려하기보다는 반도체 산업 전체를 조화롭게 발달시킴으로써 진정한 반도체 산업 강국으로 나아가야 할 것이다.

▶▶ 김양팽

중국 및 해외 경제
새로운 파트너를 찾아라

2018년 중국경제의 핫이슈는 미중 무역 분쟁과 금융 시장 개방이라 할 수 있다. 그동안 중국은 금융 시장 개방에 대해 매우 신중한 태도를 보여왔으나 2018년 들어 은행 및 기타 금융 기관에 대한 외국 자본 지분 제한 철폐 내지 완화, 중국 A주의 외국인 투자 개방 확대, 원유 선물 시장과 철광석 선물 시장의 대외 개방과 같은 적극적인 개방 행보를 보이고 있다. 이는 한편으로는 중국 금융업의 경쟁력 제고를 위해 필요하기도 했지만 다른 한편으로는 미국의 개방 압박에 대응하기 위한 선제적인 조치로도 볼 수 있다. 글로벌 분업 체제하에서 중국이라는 제조 기지에 의존할 수밖에 없는 미국이 요구하는 것은 명목상은 경상수지 불균형 해소지만 본질은 중국의 금융 시장 개방에 있는 것이다.

다시 말해 그동안 금융 혁신을 통해 핀테크와 같은 분야에서 어느 정도 성과를 거둔 중국이 자체적인 수요와 미국의 개방 압박에 대한 선제적인 대응으로 금융 시장 개방에 적극 나선 것이다. 동시에 금융 리스크 방지를 위한 금융 감독 체제 개편에도 나섰다. 기존의 '1행 3회(인민은행과 금감위, 보감위, 증감위)' 체제에서 '1위 1행 2회(금안위, 인민은행, 은보감회, 증감회)' 체제로 전환해 금안위 총괄하에 효율적으로 리스크를 방지하고 실물경제를 육성하겠다는 것이다. 과거 중국 금융의 키워드는 줄곧 '금융 혁신'이었으나 2018년 처음으로 '금융 리스크 방지'로 전환했다.

한편 2012년 이후 중속 성장 시대로 접어든 중국이 '혁신'을 신성장 동력으로 내세우면서 중국의 벤처 생태계가 성숙 단계에 이르고 있다. 전 세계 유니콘 기업의 약 30%가량이 이제 중국에서 나오고 있으며, 아이디어만 있으면 바로 창업으로 이어지는 나라가 중국이다. 거대한 내수 시장과 제조업 기반에 정부의 규제 완화와 정책적 지원이 뒷받침되고 있으며, 여기에 공룡 기업과 스타트업 간 상생하는 벤처 생태계가 이미 구축된 것이다. 미국과의 무역 분쟁으로 자체 기술 없이는 호되게 당함을 절실히 깨달은 중국은 향후 첨단 분야 기술 혁신에 주력할 것이다. 스타트업에서 유니콘 기업으로, 유니콘 기업에서 상장기업으로 성장하는 제2의 BATJ, 샤오미, 화웨이가 지속적으로 나올 것이라는 얘기다.

성공한 여러 혁신 기업 중 2019년 한국 산업에 큰 영향을 미칠 기업이 바로 샤오미다. 샤오미는 어느덧 중국 제조업 브랜드의 상징이 되었다. 중국이 원래 가지고 있던 장점(내수시장과 제조업 기반)을 잘 활용하는 한편, 새로운 유통 채널인 전자상거래를 적극 수용했으며, 미국의 애플처럼 소프트웨어를 비즈니스의 핵심으로 삼아 스마트폰 분야에서 선전했다. 뿐만 아니라 최근에는 그 중요성이 커지고 있는 벤처 생태계까지 끌어안으면서 홈 IoT 가전 부문 생태계를 주도할 기업으로 부상하고 있다. 이와 같은 파괴적인 비즈니스 모델을 가진 기업이 이웃 나라 중국에서 등장했다는 것은 2019년 한국 산업계에 큰 숙제가 아닐 수 없다.

이처럼 중국의 성장 전략이 내수 주도와 혁신으로 바뀌는 동안 한국 기업들은 글로벌 가치사슬 관리에서 중국을 대체할 국가를 모색하게 되었다. 그 결과 한국경제의 대외 경제 구조의 변화 중 지난 몇 년간 가장 큰 변화는 베트남과 인도의 부상이다. 베트남은 중국과 함께 한국의 사실상 2대 흑자국으로 부상했으며, 2018년 처음으로 베트남에 대한 투자 금액이 중국을 넘어서면서 미국에 이어 2위를 기록하고 있다. 인도의 경우 한국 기업의 진출이 이제 시작 단계라는 점에서 베트남에 이어 한국에는 매우 중요한 앞으로 20~30년간의 핵심 시장이 될 가능성이 높다. 이처럼 확대일로에 있는 베트남, 인도와의 경제 관계에 최근 정부가 추진하고 있는 신남방정책이 실질적으로 시행될 경우 협력 관계 확대의 촉매제로 작용할 수 있을 것이다.

▶▶ 김부용

01 2019년의 중국, 금융 리스크를 해소할 수 있을 것인가

▎금융 '난상'의 해결을 위한 금융 감독 체제 개혁의 필요성

2018년 중국 금융의 키워드는 '금융 리스크' 방지로서 처음으로 과거에 줄곧 지향해 왔던 '금융 혁신'을 대체했다. 지난 몇 년간 4차 산업의 육성을 필두로 하는 인터넷 금융을 통한 중국의 금융 혁신은 가히 괄목할 만한 성장을 해 전 세계의 주목을 받아왔다. 특히 지급결제 분야에서 여러 편리함과 혜택을 가져다주었기에 중국은 줄곧 이 분야의 혁신을 주도해왔다.

하지만 금융 혁신으로 인한 편리함을 많은 사람들이 누리고 있는 반면, 혁신과 성장을 빌미로 규제의 허점을 파고들어 전체 금융 시스템 리스크로 이어질 만한 여러 난상亂像이 도처에 나타나게 되었다. 이러한 난상은 인터넷 금융의 발전과 더불어 여러 불법 금융 기관, 불법 금융 활동 등의 형태로 만연하게 되었다. 특히 2017년 이전에는 하루에 수천 개의 불법 인터넷 금융 기관이 등장, 시장의 대출 사기 급증, 무허가 민간 금융 업체 난립 등등 심각한 불안정성을 보여주었다. 그리고 산업 자본과 금융 자본의 결탁으로 무장한 거대 금융 지주회사들이 막대한 지분 참여로 여러 금융 기관을 직접 지배해 은행, 보험, 증권사의 영업허가증을 모두 소유할 수 있었기에 금융 감독을 쉽게 회피했고, WMPs(자산관리상품) 등 고금리 금융 상품 개발로 인한 비효율적 투자와 자산 버블 등의 현상들이 비일비재하게 나타나 전체 금융안정성에 직접적으로 악영향을 끼쳤다.

이러한 난상들이 나타나고 있는 원인은 주로 그동안 2003년에 확립되고 15년간이나 이어져 온 1행 3회, 즉 중앙은행인 인민은행, 금감위, 보감위, 증감위로 분업화된 관리 감독 시스템이 근래에 들어 빠르게 발전하고 있는 혼업混業 경영 및 신금융 혁신 태세를 따라가지 못하고 있기 때문이다. 여기저기서 관리 감독 공백이 나타나고 있는 것이다. 금융 시스템 전반을 통합 관리 감독하는, 즉 여러 금융업종을 포괄해 리스크를 적시에 파악할 수 있는 기관의 부재로 인한 관리 감독 공백과 분업화된 관리 감독 규정의 불일치 등을 이용해 기관들이 무분별한 확장 경영을 하고 있다. 이는 고위험 상품들이 폭발적으로 시장에 쏟아져나오게 만들었으며 레버리지 증가 및 혁신을 빌미로 신 금융 상품 발행을 증가시키고 있다. 과거 시스템으로는 현재 및 향후 리스크를 효과적으로 대응하기 어려운 국면에 진입하게 된 것이다.

특히 근래에 들어서는 2011년 원저우 중소기업 위기 사태, 2013년 신용 경색, 2015년 증시 파동, 2016년 디레버리징으로 인한 채권 사태, 2018년 안방보험 사태 등 국부적인 리스크가 1~2년에 한 번씩 나타나는 양상을 띠고 있다.

중국 정부도 이러한 문제점을 인지하고 지속적으로 관리 감독 체제를 개선해왔지만, 확실한 효과를 거두지 못했기에 보다 효율적인 체제 구축을 위한 탐색을 지속해왔다. 이러한 과정 속에서 그동안 유지했던 금융 관리 감독에는 새로운 환경에 적극 대응하는 데 여러 한계점이 존재함을 파악했고, 중국 당국은 이를 극복하고자 정부 차원에서 대대적인 금융 감독 체제 개혁에 나섰다.

▎ 전례 없는 막강한 금융 감독 체제를 새로이 구축

2017년 11월 8일 국무원 금융안전발전위원회(금안위) 신설을 시작으로 2018년 3월 13일 전국인민대표대회(전인대) 제5차 전체 회의에서 기존 중국 은행업감독관리위원회(은감회)와 중국 보험업감독관리위원회(보감회)를 중국 은행보험감독관리위원회(은보감회)로 통합시켰으며, 중국 증권감독관리위원회(증감회)는 그대로 유지하는 등 금융 감독 체제 개혁 방안을 전격 통과시킴으로써 기존

1행 3회에서 '1위 1행 2회' 체제로 전환, 리스크 방지 및 실물경제 육성을 목표로 한 새로운 관리 감독의 시대를 열었다.

새롭게 등장한 '1위 1행 2회' 체제는 중앙은행인 인민은행 위에 국무원 직속 기관인 금안위를 신설해 리스크에 대한 대처를 총괄할 수 있게 함으로써 현존하는 문제점을 해결할 뿐만 아니라, 향후 나날이 복잡해지고 예측이 불투명해지는 금융 환경 속에서 불거지는 리스크에 대한 총괄 주체를 명확히 하고 신속한 대응을 가능케 하는 체제를 구축했다는 점이 특징이다. 중국 금안위는 공식적인 출범 후 2018년 7월 2일에 첫 회의를 가졌고, 이때 리스크

[도표 7-1] **중국의 '1위 1행 2회' 금융 감독 체제의 구성**

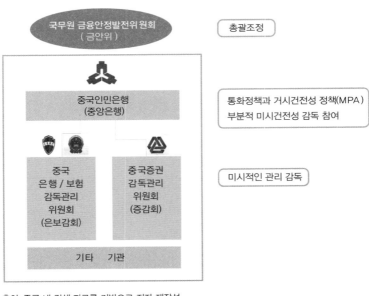

출처: 중국 내 검색 자료를 기반으로 저자 재작성

해소 방지 난관 돌파 3년 행동 방안을 제시했다. 그리고 전체 중국 금융 개혁개방 추진 방향성에 대해 화폐 정책의 안정적 중립 유지, 금융 시장의 합리적 유동성 확보, 감독·관리 업무의 순서와 강도의 조절, 자원 분배에서 시장 메커니즘의 결정적 역할 발휘 등 등 주요 업무를 제시했다.

추가적으로 눈여겨볼 사항은 인사 부문이다. 이강易綱 인민은행 행장, 궈수칭郭樹淸 은보감회 주석과 류스위劉士余 증감회 주석으로 이루어진 '신삼두마차' 체제에서 궈수칭 은보감회 주석이 인민은행의 당서기와 부행장을 겸직하고 있다. 이는 은행과 보험업 간 혼업 경영의 폭발적인 증가로 그동안 문제시되어왔던 부처 간의 소통, 중복 감사, 그리고 정보 공유의 필요성이 크게 대두되는 상황에서 비효율적인 부분을 대폭 개선하고 일괄된 금융 관리 감독 기준을 적용하는 데 매우 유리할 것으로 예상된다. 그리고 중국 금안위는 중국 국무원 류허劉鶴 부총리가 수장격인 주임을 맡았고, 이강 인민은행 행장은 부주임 직함을 맡게 되어 중국 국무원 산하의 직접적인 통제도 한층 강화되었다고 볼 수 있다.

▍ 관리 감독 방식의 다변화로 금융 리스크 최소화에 총력전

금융 리스크의 해소를 위해 가장 주목되는 점은 전체적인 금융 흐름을 분석하는 관통식穿透式 관리 감독 시스템의 구축이다. 각 금융 분야를 연결·관통해 관리 공백을 메움과 동시에 중복 관리를 제거하는 것으로 보다 효율적으로 금융 흐름을 한눈에 파악해 금융 시스템 리스크를 사전에 방지할 수 있도록 하는 것이 바로 관통식 관리 감독 시스템이다. 이를 위한 우선과제는 종합 금융 통계 시스템의 구축이다. 중국 당국은 인민은행이 직접 데이터 통합과 종합 통계 시스템 구축 작업을 담당하고, 전체 금융 산업을 관통하는 보다 세밀화되고 완전한 금융 정보를 실시간으로 모니터링할 수 있도록 해주는 시스템을 제공할 예정이라고 밝혔다.

은행/보험 업무의 중복 또는 교차 부분이 많고, 관리 감독 대상도 모두 금융 기관인 점, 관리 감독 규정 중 중복된 부분이 많은 점, 대형 금융 기관이 주로 은행/보업에 집중되어 있고 상호 혼업 경영이 증가하는 현실에서 기존 체제로는 관리 감독이 어렵다. 그렇기에 은감회와 보감회의 합병은 시스템 리스크로 이어질 가능성을 막아 효율적인 관리 감독을 하기 위한 것으로 보여진다.

또한 보험업의 주업무인 보험 보장 외에 무분별한 확장 및 기타 다각화된 자산 투자가 기하급수적으로 늘어나면서 안방보험 사태와 같은 현상을 막기 위한 것으로도 풀이된다.

증감회를 그대로 유지한 것은 은행/보험과 달리 관리 감독 대상이 주로 상장기업과 투자자로 되어 있어 은행/보험과 통합이 이루어지기 어려운 면이 있기 때문인 것으로 분석된다. 또한 IPO 등록제 추진, 증권법 개정, 19차 당대표대회에서 강조한 직접 금융 융자 육성을 통한 리스크 분산, 실물경제 발전 지원을 위한 신경제 분야 유니콘 기업(기업 가치 10억 달러 이상, 설립 10년 이하의 비상장 스타트업)의 빠르고 순조로운 A증시 상장 지원[1] 등의 정책으로 현재 이미 약 20억 달러 규모의 50개 관련 기업체들의 순차적인 A증시 상장이 추진되고 있다.

슈퍼 중앙은행으로의 회귀, 인민은행의 역할이 강화된 것도 또 하나의 중요한 특징이다. 기존 은감회, 증감회에서 담당하던 은행/보험 법률 법규의 제정과 거시건전성 관리 제도 기능을 인민은행으로 이관, 인민은행이 통화 정책과 거시건전성을 쌍지주双支柱로 삼아 통화 안정성과 금융 안전을 추구하고, 은보감회가 주초柱础 역할을 해 금융 기관에 대한 구체적인 관리 감독을 하는 쌍지주-주초의 관리 감독 체제를 갖추게 되었다. 또, 중앙은행이 부분적으로 미시건전성에 참여할 수 있는 장치를 둠으로써 중앙은행의 손발을 훨씬 자유롭게 해 시스템 리스크를 조기에 발견, 방지할 수 있도록 했다. 또한, 신설된 금안위 사무실이 물리적으로 인민은행 건물 내에 존재하고 있어 인민은행과의 협업이 용이하다는 평가다.

이번 체제의 설계는 영국의 쌍봉형 관리 감독을 많이 참고했고 이를 중국 실정에 맞춰 부분적인 기능을 조정했다고 한다. 증권 감독 기능이 분리된 점은 영국보다 미국 모델을 참고했다는 분석이다.

이번 체제 개편으로 중국 내 은행들은 더욱 엄격해진 관리 감독하에 무분별한 업무 확장으로 인한 리스크를 낮추고, 변동성을 줄임으로써 장기적으로는 건전성을 높여 경쟁력을 제고할 것으

[도표 7-2] 쌍지주—주초 관리 감독 모델

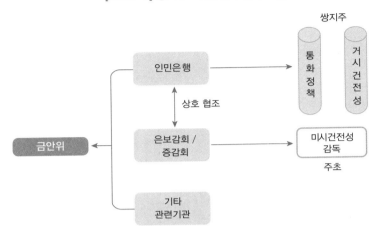

출처: 궈신증권(国信证券) 보고서를 기반으로 재작성

로 예상된다. 증권 업체들은 본연의 업무인 투자 및 고객 서비스에 집중하고, 간접 금융 융자 비율이 높은 중국 현상황에서 직접 금융 융자 비율을 대폭 늘려 금융 리스크를 분산시키는 긍정적인 역할을 할 것으로도 기대된다. 하이테크 금융 기업의 경우 라이선스를 받지 못한 기업들은 엄격해진 관리 감독의 간섭을 받을 것으로 예상되나 라이선스를 이미 갖추고 있고, 상당한 기술력과 고객 수, 자산 규모를 확보한 하이테크 금융 기업들의 경우에는 앞으로 대폭 성장과 혁신적인 서비스를 등장시킬 것으로 예상된다.

중국 금융 감독 체제의 변화로 인한 인터넷 금융 등 핀테크 산업에도 새로운 관리 감독 방식을 적용한 점도 주목할 만하다. 중앙은행인 중국 인민은행은 산하에 망은网银이라는 핀테크 지급결제 수단 관련 전용 플랫폼을 구축해 2018년 4월 1일부터 모든 거래를 반드시 중앙은행 청산 결제 시스템을 거치도록 해 전체 고객의 거래 내역을 파악할 수 있도록 만들었다. 그리고 상업은행과 마찬가지로 모든 인터넷 금융 기관들은 2019년 1월 14일 전까지 반드시 인민은행에서 지정한 '지급준비금' 전용 계좌에 지급준비금을 예치하도록 요구했다. 이러한 조치로 향후 1~2년이라는 시간을 거쳐서 인터넷 금융에 대한 금융 리스크를 줄이고, 금융 관리 감독 체제를 보다 건전한 방향으로 전환 및 모색하게 될 것으로 전망된다.

▎한국 금융 관리, 어떻게 해야 할까?

이번 중국의 금융 관리 체제의 변화는 한국에도 여러 가지 시사점을 준다.

첫째, 중국 금안위의 설립으로 위기 시 총괄 주체가 명확해 빠른 태스크포스 구성 및 신속하고 효과적인 대응이 가능해진 점을 참고할 필요가 있을 것이다. 한국의 경우 2017년 말부터 2018년 초에 이어진 암호화폐 사태 당시 총괄 주체가 명확하지 않아 초기 대응이 늦어지고 태스크포스 총괄 기관이 여러 번 바뀌는 등 우왕좌왕한 모습을 보인 적이 있었듯이 금융 시스템이 날로 복잡해지고 각종 금융 혁신이 빠르게 일어나고 있는 만큼 향후 어디에서 어느 순간에 어떤 리스크가 나타날지 모르기에 케이스별로 주체를 정하기보다 금안위 같은 금융 리스크 총괄 관리 주체를 사전에 정한다면 리스크 발생 시 신속하고 일사불란하게 자원을 동원해 진두지휘를 할 수 있을 것으로 보인다.

둘째, 최근 시진핑 주석의 중국 금융 시장 추가 개방이 약속된 만큼 한국 기업의 중국 진출이 확대될 것으로 예상된다. 이미 진출해 있는 금융 기업들도 보다 강화된 규제를 적용받으면서 고통을 호소하고 있는 만큼[2] 중국 금융 규제 시스템에 대한 보다 적시적이고 깊이 있는 연구가 필요할 것으로 보인다. 양국 인적 교류나 세미나, 연구 활동을 통해 보다 활발한 연구가 이루어지기를 기대한다.

셋째, 4차 산업혁명 시대 명실공히 중국 금융 혁신이 미국이나 영국과 같은 선진국보다 더 발 빠르게 진행되고 있어 중국의 관리 감독 경험 및 시행착오에 대한 연구 분석이 필요해 보인다. 특히 문재인 정부가 2018년 1월 혁신 기업에 대한 '선 허용 후 규제' 발표로 금융 혁신에 대한 규제 완화를 본격적으로 검토, 8월에 인터넷 전문 은행의 은산분리 규제에 대한 완화 정책을 거론한 것만큼 중국의 시행착오를 충분히 참고하고 관련 정책을 제정할 필요가 있을 것으로 보인다.

넷째, 한국도 중국처럼 QR코드 방식을 도입하는 핀테크 지급 결제와 관련된 인터넷 금융 기관이 계속 늘어나고 있는 만큼, 정부 차원에서 리스크 방지를 위해 중국처럼 지급준비금 제도 도입을 검토할 필요성이 제기된다.

다섯째, 미중 무역전쟁으로 인해 중국 유니콘 기업의 미국상장이 어려워졌다. 한국 금융 시장이 이들 유니콘 기업에 매력적으로 어필할 수 있는 환경을 조성해 향후 발전 가능성이 많은 이들 유니콘 기업들을 유치함으로써 한국의 미래 국제 금융 시장에서의 위상을 한층 높일 필요가 있어 보인다.

마지막으로 2018년 8월 23일에 중국 은행보험관리감독위원회에서는 처음으로 외국계 은행들도 중국계 은행과 중국계 금융자산관리공사의 지분을 100%까지 허용하는 새로운 파격적인 규제 정책을 내놓았다. 이는 향후 한국계 은행들의 구조조정이 필요한 중국계 중소 은행에 대한 다양한 지분 참여로 중국 시장 진출 가능성이 또다시 커졌다고 볼 수 있다. 그만큼 새로운 금융 감독 규제에 대한 보다 면밀한 검토가 필요해 보인다.

▶▶ 김욱

02 중국의 스타트업은 어떻게 유니콘 기업이 되었나

┃ 눈부신 속도로 성장하는 중국의 유니콘 기업

중국의 창업 생태계가 성숙 단계로 접어들면서 유니콘 기업들의 성장도 눈부시다. 미국의 벤처캐피털 전문 조사 기관인 CB 인사이트CB Insights의 '글로벌 유니콘 기업 순위'에 따르면, 2018년 8월 기준 전체 유니콘 기업 263개 가운데 미국 기업이 123개로 1위를 차지하고 중국이 76개로 그 뒤를 잇고 있다. 유니콘 기업의 약 30%가량이 이제 중국에서 나온다는 얘기다. 불과 4년 전만 해도 전 세계 유니콘 기업 중 75%가 미국 기업, 25%는 유럽 기업, 중국은 2개사에 그치던 것과 비교하면 그야말로 상전벽해다.

2012년 이후 중속 성장 시대로 접어든 중국이 '혁신'을 신성장 동력으로 내세우면서, 이제 유니콘 기업 수에 있어서도 명실상부한 G2가 된 것이다.

10위권에 든 중국 유니콘 기업으로는 자동차·교통 분야의 디디추싱, 전자상거래 분야의 메이퇀뎬핑美团点评, 디지털 미디어·AI 분야의 진르터우탸오今日头条, 핀테크 분야의 루진수어陆金所(Lu. com) 이상 4개다.

중국의 스타트업은 성장 속도가 빨라 창업에서 유니콘 기업으로 성장하기까지의 기간이 세계에서 가장 짧은 것으로 알려져 있

[도표 7-3] **국가별 유니콘 기업 수**

(2018년 8월 기준)

국가	기업 수 (비중)
미국	123개 (46.8%)
중국	76개 (28.9%)
영국	15개 (5.7%)
인도	11개 (4.2%)
독일	6개 (2.3%)
이스라엘	4개 (1.5%)
한국	3개 (1.1%)
스위스, 프랑스	각 2개 (0.8%)
일본, 캐나다, 스웨덴, 네덜란드, 포르투갈, 호주, 싱가포르, 홍콩, 필리핀, 브라질, 나이지리아, 남아프리카공화국, 룩셈부르크, 말타, 아랍에미리트, 에스토니아, 콜롬비아	각 1개 (0.4%)

자료: 'CB 인사이트'에서 정리(검색일: 2018년 8월 24일)

다. 2017년 9월 보스턴컨설팅그룹의 보고서에 따르면 스타트업이 유니콘 기업으로 성장하는 기간이 미국은 평균 7년이지만 중국은 평균 4년밖에 걸리지 않는다고 한다.

업종 면에서도 초기에는 전자상거래 업체가 대부분이었지만 점차 핀테크, 스마트 하드웨어, 자동차·교통, 헬스케어, 엔터테인먼트, 교육, AI, 빅데이터, 클라우드 컴퓨팅 등으로 다양해지고 있다. 특히 최근 첨단 분야 스타트업들의 활약이 두드러지고 있는 점이 눈에 띈다.

이 같은 중국 스타트업의 빠른 성장세는 거대한 내수 시장을 기반으로 탄탄한 제조업 기반, 다양한 자금 조달 채널, 정부의 규제 완화와 정책적 지원, 원활한 인력 수급, 잘 갖춰진 창업 공간과 인큐베이터 등 요인들이 복합적으로 작용한 결과다. 이 중 특히 주목할 점은 거대 민간 기업과 스타트업 간의 선순환적 상생 모델 및 정부의 창업 환경 개선과 스타트업 지원 정책이다.

▎공룡 기업과 스타트업 간의 상생 모델이 중국의 창업 생태계 이끈다

초기 스타트업은 대개 자금력이 부족하다. 중국의 창업 생태계 성숙과 유니콘 기업들의 성장 이면에는 바로 BAT(바이두, 알리바바, 텐센트), 징둥, 화웨이와 같은 이미 성공한 거대 기업들의 스타트업에 대한 자금 조달이 결정적인 역할을 했다고 볼 수 있다.

중국 ICT 기업들은 스타트업 투자에 매우 적극적인 바, 중국 기업 전문 조사 기관 '후룬연구원'에 따르면 BAT가 투자에 참여한 현지 유니콘 기업은 전체의 3분의 1 이상에 달한다고 한다. 스타트업이 어느 정도 성장하면 BAT가 거액의 투자를 하는데, 이로 인해서 중국에는 'BAT 생태계'라는 말이 생겨날 정도다.

특히 알리바바의 경우 AI 분야에서 적극적인 투자 행보를 보이고 있는 바, 2014년부터 AI 스타트업 쾅스커지旷视科技(Face++)와 협력해오고 있으며, 2017년 11월에는 설립 3년 차 미만인 AI 스타트업 상탕커지商汤科技, Sense Time에 2억 달러를 투자한 데 이어 2018년 4월 또 6억 달러를 투자해 주목받았다. 이들은 중국 안면인식 분야 선두주자로 꼽힌다.

스마트폰 강자 화웨이의 경우 2015년부터 5G와 사물인터넷 기술 기반의 스마트시티 사업에 공을 들이고 있는데 통신 장비가 주력 분야이다 보니 가령 도시 치안이나 안전 개선, 교통 체증 등과 같은 솔루션을 마련할 수 있는 장비 제조 기술은 갖고 있지 않았다. 이에 화웨이는 기존에 협력 체계를 맺어놓은 하드웨어 업체들과 함께 스마트시티 사업에 진출함으로써, 대기업이 신시장에 진출하고 벤처기업들이 판로 개척을 뒷받침하는 동반 성장 모델을 구축했다.[3]

이러한 사례는 거대 공룡 기업이 이끄는 중국의 창업 생태계를 잘 보여주고 있다. 이들 대기업 외에 메이퇀뎬핑, 진르터우탸오 등 유니콘 기업들이 또다시 스타트업에 투자하는 선순환이 이루어진다. 이러한 투자와 인수를 통해 치열하게 경쟁하고 성장하는 상생의 창업 생태계가 중국에서 이미 형성된 것이다.

중국 스타트업의 빠른 성장으로 글로벌 대기업들도 중국에 눈을 돌리고 있다. 사실 중국에서 현지 스타트업 및 유니콘 기업에 가장 활발하게 투자하는 기업은 메이퇀뎬핑의 대주주이자 미국 실리콘밸리 벤처캐피털 세콰이어Sequoia Capital다. 이 회사는 2005년 세콰이어 차이나를 설립해 그간 500개가 넘는 중국 기업에 투자했으며, 2018년 상반기 기준 중국 42개 유니콘 기업에 투자하고 있는 것으로 알려지고 있다. AI, 블록체인, 전자상거래에서부터 하드웨어, 교육, 부동산에 이르기까지 혁신의 싹이 보이는 기업이면 업종을 가리지 않고 투자하고 있다.

거대 공룡 기업 혹은 성장한 유니콘 기업들은 스타트업의 자금줄 역할 외에 기획, 전략 수립, 마케팅, 자재와 부품 조달, 기술 지원 등 인큐베이팅에도 적극적이다. 텐센트는 2011년부터 오픈 플랫폼인 '중촹공간众创空间'을 만들기 시작해 2018년 1월 현재 중국의 28개 도시에 34개의 창업 공간을 만들어 창업가들을 지원해오고 있다. 텐센트의 창업 공간은 현재 협력 파트너가 1,300만 명을 넘고 있으며 2,500만 개의 신규 일자리를 창출하는 성과를 얻었다. 마찬가지로 알리바바와 바이두도 중촹공간을 운영하고 있으며 이들 BAT 운영의 개방 플랫폼 외에 레노보의 렌샹즈싱联想之星도 대표적인 대기업 창업 공간이다. 이들 민간 대기업 주도의 혁신형 창업 공간은 정부 및 대학 주도의 창업 공간과 함께 스타트업 기업이 유니콘 기업으로 성장하도록 엑셀러레이터 역할을 톡톡히 하고 있다.

정부의 제도적 환경 개선과 지원책은 든든한 뒷받침

중국의 창업 생태계가 성숙한 것은 창업을 활성화하기 위한 중국 정부의 제도적 환경 개선과 지원 정책 덕분이다. 2015년, 리커창 총리는 새로운 성장 동력을 창출하고 취업난을 해결하기 위해 '대중창업, 만중혁신'이란 슬로건을 내걸고 전폭적인 지원에 나섰다. 이러한 지원책으로는 기업 등록 절차 간소화, 해외 우수 인력에 대한 행정 및 금융 서비스 지원, 중소기업에 대한 세제 혜택, 창업 기업의 투자·융자 채널 다양화, 창업 지원 공간 설립 등으로 다양하다. 이 중 특히 중소기업에 대한 세금 감면 정책과 자본 접근성 강화 정책 면에서 2018년 들어 큰 진전을 보였다.

2018년 4월 중국 국무원은 창업과 혁신을 장려하고 영세·기술 기업의 발전을 촉진하기 위해 일곱 가지 감세 조치를 내놓았다.[4] 2018년 1월 1일부터 3년간 10%의 기업 소득세 혜택을 받는 영세 기업의 과세표준 상한선을 기존의 50만 위안에서 100만 위안으로 상향 조정했으며, 기술 선진형 서비스 기업의 소득세를 15%로 감면해주는 정책을 2018년부터는 중국 전역으로 확대했다. 기업의 R&D 투자를 촉진하기 위해 당기 비용으로 처리할 수 있는 연구개발용 설비의 상한액을 100만 위안에서 500만 위안으로 인상했다. 또한 기업의 해외 위탁 연구개발 비용도 추가 공제를 허용했다. 하이테크 기업과 과학기술형 중소기업의 이월결손금 공제 연한도 기존의 5년에서 10년으로 연장했다. 한편 현재 8개의 전면 혁신 시범구와 쑤저우 산업단지에서 시범적으로 추진하고 있는 창업투자기업과 엔젤투자자에게 투자액의 70%에 대해 과세소득을 공제해주는 조치를 중국 전역으로 확대했다.

창업 기업의 융자 채널 다양화와 관련해 2018년 가장 핫한 이슈로 떠오른 것은 혁신 기업의 CDR(중국예탁증서) 발행을 통한 중국 A주 상장 허용이다. 2018년 6월 중국 증권감독관리위원회는 CDR 발행 및 관리 방법을 발표해 조건에 부합하는 혁신 기업의 CDR 발행을 허용했으며, 샤오미가 첫 번째 CDR 발행 기업이 될 전망이다. CDR은 ADR(미국예탁증서)처럼 해외에서 상장한 기업의 주식을 중국 본토 증시에서 거래할 수 있도록 허용하는 제도다. 이같은 중국 정부의 움직임은 유수 혁신 기업의 투자 수익을 국내로 돌려 자국 내 금융 시장과 경제를 활성화시키기 위한 것이다.

지원 분야와 관련해 2019년 중국 정부는 AI, 신에너지 자동차와 자율주행차, 가상현실, 빅데이터, 클라우드 컴퓨팅 등 미래 산업에 초점을 둘 것으로 전망된다. 이들 업종은 4차 산업혁명의 핵심 분야이자 '중국 제조 2025'의 핵심 영역이기도 하다. 최근 중국 정부는 신에너지 자동차 신규 보조금 정책 시행에 들어갔으며, 자동차 제조 경험이 없는 벤처기업도 신에너지 자동차 시장에 진입할 수 있도록 규제를 완화했다. 또한 인공지능 산업 클러스터 구축을 가속화하고 BAT를 앞세워 AI 투자를 확대하는 등 AI 강국 건설에 박차를 가하고 있다. 이에 대응하고자 미국도 인텔, 구글 등 ICT 기업을 앞세워 AI 스타트업에 대한 투자를 확대하면서 최근 양국 간에는 무역전쟁보다 뜨거운 AI 선점 경쟁이 한창이다.

▌한국도 규제 완화를 통해 혁신 국가로 발돋움해야

하루에 1만 5,000개가 넘는 기업이 생겨나는 나라, 3.5일에 하나씩 유니콘 기업이 탄생하는 나라, 아이디어만 있으면 창업으로 이어지는 나라, 이 모든 것을 가능케 하는 창업 생태계가 갖춰진 곳이 바로 중국이다. 이런 역동성이라면 글로벌 창업의 메카가 '실리콘밸리'에서 '중관춘'으로 옮겨가는 것은 시간문제로 보인다. 4년 사이에 세계 2위 유니콘 대국으로 우뚝 선 중국에 비해 한국의 유니콘 기업은 달랑 3개(쿠팡, 옐로모바일, L&P 코스메틱)로 매우 저조하다. 물론 미국이나 중국에 비해 내수 시장이 협소한 이유도 있지만 창업 생태계가 활성화되고 유니콘 기업이 많이 나오기 위해서는 법과 제도의 개선이 시급해 보인다. 중국의 경우 '선 허용, 후 보완'의 네거티브 방식으로 규제를 대폭 완화하고 있지만 한국은 포지티브 규제에 억눌려 혁신이 뒤처지고 있는 것이 사실이다.

정부의 대기업 옥죄기와 대기업의 중소기업 외면 내지 짓누르기, 조금만 적자가 나도 부실기업이라고 손가락질 받는 사회적 분위기, 창업에 대한 청년들의 낮은 열기, 정치 논리가 적용되는 창업 지원 정책 등 이대로라면 10년 후 한국의 산업 경쟁력이 좌표의 어느 쯤에나 위치할지 우려스러울 따름이다.

▶▶ 김부용

03 새로운 중국 제조업의 상징, 샤오미

┃ 왜 샤오미인가?

중국 기업들이 글로벌 무대에서 한국 산업의 강력한 경쟁상대로 등장하면서 이들의 전략과 경쟁력의 원천을 이해하는 것이 중요해졌다. 이 글에서는 2019년 우리 산업에 큰 영향을 미칠 것으로 예상되는 중국 기업 하나를 예로 들어 분석하고자 한다. 스마트폰뿐만 아니라 다른 IT 하드웨어, 가전 영역에서 급속도로 성장하고 있는 기업 샤오미가 그 분석 대상이다.

사실 샤오미보다 매출 규모도 크고 설립도 오래된 중국 기업들은 많다. 스마트폰 부문에서는 화웨이, 보보가오(Oppo, Vivo 브랜드의 모회사), 가전 부문에서는 하이얼, 그리, 메이디 등이 그들이다.
특히 화웨이는 하이엔드 스마트폰 부문에서의 경쟁력 상승이 눈
에 띄는 기업이다. 화웨이는 이미 스마트폰 출하량 전 세계 3위 기
업이며, 2019년에도 한국의 스마트폰 기업들과 치열한 경쟁을 할
것이다.

하지만 화웨이 이상으로 샤오미를 주목해야 한다. 왜냐하면
샤오미의 비즈니스 모델 자체가 혁신적이어서 앞으로 스마트폰
및 가전 업계에게 깊은 영향을 미칠 것으로 보기 때문이다.

샤오미는 2010년 중국의 소프트웨어 개발자이자 벤처 투자자인
레이쥔雷軍이 세웠다. 불과 8년 만인 2018년에는 매출액이 240억 달

[도표 7-4] **세계 스마트폰 시장 점유율 추이**

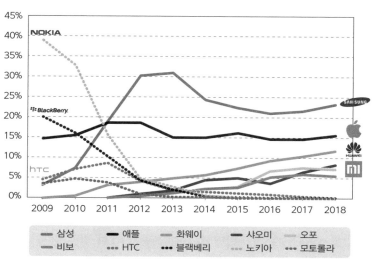

출처: IDC, 모건 스탠리 리서치

러에 이를 것으로 추정된다. 2018년 상반기 기준으로, 중국 스마트폰 시장에서 4위, 인도 스마트폰 시장에서 1위가 되었으며 TV 세트 부문에서도 2018년 말 기준 중국과 인도 시장에서 각각 4위, 3위에 올라설 것으로 보인다.

매출 성장세도 주목을 요하지만, 샤오미가 정말 두려운 것은 이 기업의 독특한 비즈니스 모델 때문이다. 잘 알려져 있다시피 이 회사의 가성비는 경쟁사 제품 대비 압도적이다. 동일한 품질을 가진 타사 제품 대비 가격이 50% 이상 저렴한 경우가 많다. 만약 현재의 가성비 수준이 유지된다면 이 회사 제품의 점유율은 더욱 올라갈 것이다.

관건은 이 가성비가 지속 가능한 것인가 하는 점인데, 일부 분석가들은 이 가성비가 회사의 마진을 희생(박리다매)하는 것이므로 지속 가능하지 않다고 본다. 하지만 샤오미의 높은 가성비에는 다른 배경들이 숨어 있다.

▎ 샤오미의 가성비가 높은 비결

첫째, 샤오미는 중국이라는 강력한 제조업 기반을 손쉽게 이용할 수 있기 때문이다. 중국은 세계적으로 경쟁력 있는 제조업 서플라이체인을 가지고 있다. 가격뿐만 아니라 제품화 속도 측면에서 압도적이다. IT 하드웨어 제조업 설비가 몰려 있는 광둥성에서는 제품 아이디어만 있으면 단기간에 제품을 현실화할 수 있다. 참고로 샤오미가 스마트폰 하청을 맡기는 기업은 바로 애플의 아이폰 하청 제조하는 것으로 유명한 홍하이 정밀이다. 그 외 샤오미가 출시하는 로봇청소기, 공기청정기 등 다양한 가전제품 역시 대형 하청업체들이 맡아서 제조한다. 만약 샤오미가 제품 제조 부문까지 신경 써야 했다면 이렇게 단기간에 성장할 수 없었을 것이다.

최근 공장 노동자 인건비가 많이 오르면서 중국이 조립 부문 원가 경쟁력을 잃고 있다는 평가가 많다. 하지만 중국의 연구개발/엔지니어링 부문의 노동 원가 경쟁력은 여전히 높다. 정확한 통계를 구하기는 어렵지만, 업계 관계자들에 따르면 중국의 연구개발/엔지니어링 인력들을 활용하면 제품가를 10% 이상 낮출 수 있다고 한다.

둘째, 샤오미는 전통 유통 채널을 버리는 대신 신유통 채널 internet commerce의 장점을 집중적으로 수용한 덕분에 유통 비용을 크게 줄일 수 있었다. 통상 일반적인 IT 하드웨어 브랜드 회사들은 유통 채널을 유지하는 데 많은 비용을 써야 한다. JP모건 증권에 따르면, 보통 가전제품 판매 가격 대비 유통 채널에 지불되는 비용은 25% 수준이다. 반면 샤오미가 지출하는 유통 비용은 판매가의 5~10%에 불과하다. 샤오미가 유통 채널 비용을 크게 낮출 수 있는 이유는, 이커머스 등 가성비 높은 유통 채널을 집중적으로 공략했기 때문이다. 이 회사 판매량의 70%는 티몰, 아마존, 페이티엠과 같은 이커머스 채널이나 자사가 직접 운용하는 플래그십 스토어를 통해 팔린다.

유통 비용을 낮추는 노력은 너무나 당연한 얘기다. 그런데 왜 다른 전통적인 브랜드 회사들은 샤오미처럼 하지 못하는 것일까? 이는 과거 수십 년간 쌓아온 오프라인 유통 채널과의 관계 및 레거시Legacy가 발목을 잡고 있기 때문이다. 이를테면 동일한 제품이 온라인에서 유통될 때의 가격은 오프라인 체인점에서 유통될 때의 가격보다 크게 낮을 수밖에 없는데, 이러한 가격 차이가 지속되면 오프라인 유통 파트너사 판매에 부정적인 영향이 크다. 이들 유통 파트너사들을 고려해줘야 하는 브랜드 회사 입장에서는 온라인 판매 가격을 쉽게 낮추지 못한다. 이렇게 되면 소비자 입장에서는 굳이 이 제품을 온라인에서 살 유인이 적어진다. 극단적으로 말하면, 이커머스와 같은 신채널 유통을 적극 활용하기 위해서는 전통적인 오프라인 유통 채널과 단절하는 결정을 해야 한다. 하지만 현실 속에는 경영진이 이러한 결단을 내리기는 어렵다. 왜냐하면 이 경우 단기적으로 매출 급락이 불가피하며 기존 이해당사자들을 설득하기도 쉽지 않기 때문이다.

이런 배경 때문에 오프라인 유통에 대한 레거시가 없는 샤오미가 유통 비용을 경쟁사 대비 20%가량 절약할 수 있는 것이다. 돌이켜보면 2000년대 초반 삼성전자와 LG전자의 가전제품들이 미국에서 급성장했던 배경도 한국 기업들이 미국의 가전 유통 채널을 장악하고 있던 홈디포Home depot, 베스트바이Bestbuy 등의 채널을 뚫는 데 큰 성공을 거두었기 때문이었다. 그런데 온라인 채널이 주도하는 시대에 들어서니 과거의 성과가 부담이 되고 있다.

셋째, 샤오미는 하드웨어 판매가 주업이지만 소프트웨어로부터도 돈을 버는 특이한 비즈니스 모델을 가지고 있기 때문이다. 이는 다른 IT 하드웨어 업체 및 가전 업체와 크게 다른 부분이다(유일한 예외가 있다면 애플이다). 2018년 샤오미 소프트웨어 부문이 매출 총이익에 기여하는 바가 45%에 달하는 것으로 분석된다. 반면 다른 경쟁 기업들의 경우 소프트웨어의 이익 기여도는 없거나 한 자릿수에 불과하다. 이것은 어떤 의미가 있을까?

샤오미는 하드웨어에 연동되어 있는 소프트웨어를 통해 수익을 꾸준히 올릴 수 있기 때문에 하드웨어는 싸게 팔아도 된다는 이야기다. 반면 다른 기업들에는 하드웨어 판매 수입이 유일한 수익원이므로, 하드웨어를 판매할 때 반드시 이윤을 남겨야 한다. 일반적으로 매출총이익률(매출에서 매출 원가를 제외한 이익률)이 20% 정도는 되어야 브랜드 회사가 최종적으로 순이익을 남길 수 있다고 한다. 그래서 하드웨어 중심의 회사들은 스마트폰 가격을 많이 낮출 수 없는 것이다. 반면 샤오미는 소프트웨어로도 수익을 올릴 있으니 매출총이익률을 낮게 가져가도 된다. 2018년 샤오미의 하드웨어 매출총이익률은 9%가량으로 추정된다. 이 측면에서 또 사오미와 다른 업체 간 가격 차이가 10% 이상이 난다.

여기서 한 가지 궁금한 것은 샤오미는 하드웨어 업체임에도 불구하고, 어떻게 소프트웨어 판매 비중이 높은 걸까? 이는 이 회사가 '소프트웨어 DNA'를 가지고 있기 때문이다. 샤오미의 창업자인 레이쥔은 중국 소프트웨어 개발 1세대다. 스물아홉 살에 당시 중국 주요 소프트웨어 회사인 킹소프트의 CEO를 역임했다. 레이쥔은 그 이후에도 소프트웨어 관련한 창업을 하거나 관련 벤처기업에 투자해왔다. 이와 같은 배경 덕분에 샤오미는 경쟁력 있는 모바일 소프트웨어를 만들고 모바일 앱 생태계를 활성화하는 데 성공했다. 샤오미폰은 다른 스마트폰과는 달리 자체적으로 개발한 OS인 MIUI를 기반으로 각종 모바일 부가서비스를 제공하고 그로부터 수익을 얻고 있다.

그렇다면 왜 다른 스마트폰 브랜드는 소프트웨어 매출이 높지 않은가? 삼성이나 노키아, LG 등 내로라하는 스마트폰 브랜드 역시 자체 소프트웨어 생태계를 구축하려고 노력했다. 그러나 사용자 편의성, 개발자 편의성 측면에서 애플의 IOS, 구글의 안드로이드 OS에 완전히 밀리면서 소프트웨어 부문을 포기할 수밖에 없었다. 결국 이들은 자사 스마트폰에 구글의 안드로이드 OS를 채택했고 소비자 및 개발자들은 구글의 앱 생태계에 익숙해져버렸다. 삼성 갤럭시폰에도 여전히 앱스토어가 있으며 다양한 앱들이 있다. 하지만 사용자들은 이걸 안 쓰고 구글의 앱스토어를 사용한다. 구글 앱스토어로부터 발생하는 수익은 구글이 통제한다. 소프트웨어 능력 혹은 소프트웨어 생태계 형성 능력이 얼마나 중요한지를 알 수 있는 대목이다.

물론 샤오미는 중국이라는 특수한 환경으로부터 도움받은 바도 크다. 중국 정부의 규제로 구글의 소프트웨어 서비스가 중국 내에서 금지되었던 덕분에 샤오미는 구글과 경쟁할 필요 없이 자체 OS인 MIUI를 바탕으로 자체 앱 생태계를 건설할 수 있었다. 샤오미 스마트폰이 더 많이 팔릴수록 샤오미 생태계가 더욱 활성화될 것이며 더 많은 서비스 매출이 발생할 것이다. 여기에 샤오미가 다른 어느 회사보다 스마트폰을 저렴하게 팔 수 있는 유인이 있는 것이다.

결론적으로 위와 같은 배경들 때문에 샤오미의 높은 가성비는 지속 가능해 보인다. 가성비가 좋아서 제품이 많이 팔리면 규모의 경제가 생기고, 규모의 경제 덕분에 가성비가 더욱 좋아질 것이다. 선순환이 지속된다면 스마트폰 시장에서 샤오미의 시장 점유율은 올라갈 가능성이 높다.

▎파괴적 혁신자, 샤오미

하지만 샤오미의 지속 가능한 가성비가 더욱 파괴적으로 적용될 부문이라고 생각하는 부문은 따로 있다. 바로 홈 IoT 생태계 부문이다.

잘 알려져 있다시피 홈 IoT는 가전 부문에서 새로운 사업 기회로 각광을 받아왔다. 마케팅 비용을 많이 지출하는 가전업체 입장에서, IoT는 고객의 장기 충성도를 높이는 강력한 수단이 될 수 있다. 어느 가정이 특정 회사의 홈 IoT 생태계를 받아들이면 향후 가전제품도 가능하면 그 회사로부터 구매를 하게 될 것이다. 하지만 이상과는 달리, 홈 IoT의 실제 실행 속도는 매우 더디다. 그 이유는 스마트폰 산업과는 달리 가전 쪽에서는 홈 IoT 생태계를 주도하는 기업이 아직 나타나지 않았기 때문이다.

돌이켜보면 스마트폰 시장에서는 애플과 구글이 주도해서 스마트폰 생태계를 만들어냈다. 이들 앱 생태계 아래에서 메신저앱, 뉴스앱, 비디오스트림앱 등 각종 유용한 애플리케이션이 개발되면서 스마트폰의 사용 가치가 크게 높아졌다. 하지만 홈 IoT에서는 주도 기업이 아직 보이지 않는다. 왜 그럴까? 이는 기존의 대형 가전 브랜드들이 내부 모순에 빠져 있기 때문이다.

IoT를 실현하기 위해서는 모든 가전을 IoT가 가능한 제품으로 바꿔야 한다. 스마트폰 시대가 열렸던 것은 대부분의 사람들이 피쳐폰을 버리고 스마트폰으로 옮겼기 때문이었다. 마찬가지로 홈 IoT를 이루기 위해서는 가정마다 기존의 가전제품을 버리고 IoT가 가능한 제품으로 빠르게 옮겨가야 한다. 하지만 이게 현실적으로 가능하지 않다. 스마트폰과는 달리 가전제품의 사용연수가 5~10년으로 훨씬 길고 제품마다 교체 주기도 다르기 때문이다. 이러한 어려운 조건에도 불구하고 IoT 생태계를 만들어내려면 어떻게 해야 할까? 즉, 소비자들이 '멀쩡한' 가전제품을 버리고 IoT 가능 제품으로 갈아타게 유도하려면 어떻게 해야 할까? 바로 제품 가격을 크게 낮춰야 한다.

문제는 전통적인 가전 브랜드 회사 대부분은 저가 전략을 수용할 의지가 전혀 없다는 점이다. 이들은 저가 전략을 쓰면 자신들의 브랜드 가치가 망가진다고 생각한다. 일본이나 한국 가전 회사들이 내놓은 IoT 기능을 가진 신형 제품들을 보자. IoT 기능은 프리미엄급 기능으로 간주되어서 가격이 오히려 비싸졌다. 이러니 소비자들이 IoT 제품을 살 유인이 없는 것이다.

만약 가전업체들이 모여서 IoT 제품을 연동할 수 있는 공통의 OS 및 플랫폼을 구축하면 어떨까? 매우 훌륭한 시나리오이지만 현실성은 떨어진다. 기업 간 견제가 너무 심하기 때문에 IoT 연합 플랫폼 시나리오는 불가능에 가깝다. 그래서 지금 가전업체들은 깊은 딜레마에 빠져 있다. 홈 IoT 시장 선점의 중요성은 알겠으나 막상 쓸 수 있는 전략이 없다.

이러한 배경 때문에 샤오미의 비즈니스 전략이 두드러지는 것이다. 샤오미는 가성비와 소프트웨어에 자신감이 있기 때문에 IoT가 가능한 가전제품을 매우 저렴한 가격에 출시할 준비가 되어 있

[도표 7-5] **샤오미의 중국 내 TV 시장 점유율 추이**

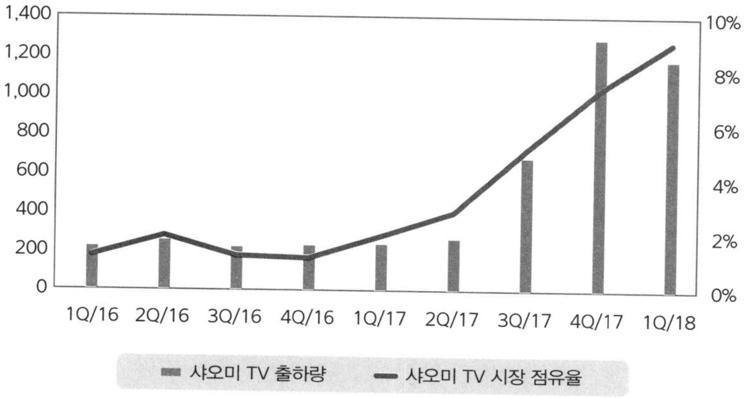

■ 샤오미 TV 출하량　— 샤오미 TV 시장 점유율

출처: JP모건

다. 2018년 현재 샤오미는 TV, 에어컨, 로봇청소기, 정수기, 공기청정기, AI 스피커, 냉장고, 가스레인지, 오븐 등 가전제품을 경쟁사 동급 대비 30~60% 정도 되는 가격에 내놓고 있다. 샤오미 정수기와 로봇청소기는 2018년 현재 중국 시장에서 1위와 3위를 차지하고 있다.

여기서 흥미로운 점은 샤오미가 단시간에 다양한 가전제품군을 출시하고 있는데 그 배경이 무엇이냐는 것이다. 사실 가전제품 중 샤오미가 직접 만드는 것은 거의 없다. 대부분은 샤오미가 투자한 벤처에서 개발된 제품들이다. 이를테면 샤오미 정수기를 만드는 주체는 샤오미가 지분 투자한 비오미Viomi라는 벤처기업이다. 이 회사는 중국 삼대 가전 회사인 메이디에서 연구개발원장 및 공장장을 역임했던 첸샤오핑이 세웠다. 샤오미는 그동안 비오미 등 200개 이상의 벤처기업에 투자해왔는데 이들로부터 좋은 제품을 공급받은 덕분에 단기간에 광범위한 가전제품군을 확보하는 데 성공했다.

만약 전통 가전 브랜드들이 적극적으로 대응하지 않는다면 어느 순간 샤오미가 홈 IoT 가전 생태계를 주도하는 일이 일어날 수 있다. 한국의 가전 업체들이 긴장을 해야 하는 이유다.

샤오미는 어느덧 중국 제조업 브랜드의 상징이 되었다. 중국이 원래 가지고 있던 장점(제조업 기반)을 잘 활용하는 한편, 미국의 애플처럼 소프트웨어를 비즈니스의 핵심으로 삼았으며, 새로운 유통 채널을 적극 수용했고, 그 중요성이 커지고 있는 벤처 생태계까지 끌어안았다.

　물론 샤오미가 완벽한 기업은 아니다. 2016년에 경험했던 것처럼 관리상의 문제로 성장세가 크게 주춤할 수도 있으며, 지식재산권 침해 문제로 선진국 시장 진출에 어려움을 겪을 수도 있다. 하지만 이와 같은 혁신적인 비즈니스 모델을 가진 기업이 이웃 나라에서 등장했다는 것은 2019년 우리 산업계에 큰 숙제가 아닐 수 없다.

▶▶ 이필상

04 한국의 신남방정책,
베트남과 인도가 몰려온다

| 한국의 중요 무역 파트너 베트남과 인도

신新남방정책의 주요 대상국인 베트남과 인도의 경제적 중요성이 급격히 상승하고 있다.

베트남이 중국과 함께 한국의 사실상 2대 흑자국으로 부상한 것이다. 2017년 베트남에 대한 한국의 무역 흑자 규모는 316억 달러로 443억 달러인 중국의 71%에 육박한다. 중계무역지인 홍콩을 제외하면 사실상 한국의 2대 무역 흑자국이 된 것이다. 이는 미국에 대한 흑자의 두 배에 달하는 규모다.

아래 한국의 무역 흑자국 10대 국가의 순위 변화를 살펴보면,

베트남은 10년 전인 2007년은 6위에 불과했고, 중국에 비해 4분의 1에도 못 미쳤던 상황이었다. 이러한 베트남의 지난 10년 동안의 급부상은 한국 기업들의 글로벌 가치사슬 관리에서 베트남이 중국을 대체하면서 이루어진 것으로 볼 수 있다. 그 결과 한국 경제의 대외 경제 구조의 변화 중 지난 10년간 가장 큰 변화는 베트남의 부상으로 볼 수 있으며, 이러한 추세는 최근에도 빠르게 확대되고 있는 것으로 보인다. 2017년 대對베트남 무역 흑자는 2016년의 201억 달러에 비해서도 57%가 증가했다. 2016년 대비

[도표 7-6] **한국의 무역 흑자국 순위 추이**

(단위: 백만 달러)

	2017년			2007년			1997년	
순위	국가	흑자 금액	순위	국가	흑자 금액	순위	국가	흑자 금액
1	중국	44,260	1	중국	18,957	1	홍콩	10,822
2	홍콩	37,233	2	홍콩	16,512	2	중국	3,456
3	베트남	31,577	3	미국	8,547	3	싱가포르	3,380
4	미국	17,860	4	멕시코	6,469	4	타이완	2,191
5	인도	10,108	5	싱가포르	5,090	5	필리핀	1,889
6	호주	7,738	6	베트남	4,368	6	라이베리아	1,555
7	필리핀	6,891	7	터키	3,806	7	파나마	1,478
8	마셜제도	6,839	8	영국	3,289	8	베트남	1,365
9	멕시코	6,525	9	폴란드	3,208	9	폴란드	1,135
10	터키	5,373	10	스페인	3,069	10	멕시코	1,127

출처: 무역협회 통계자료(http://stat.kita.net/stat/world/major/KoreaStats06.screen)

2017년 중국에 대한 무역 흑자는 18% 증가했고, 미국에 대한 무역 흑자는 23%가 감소했다. 이러한 추세대로라면 단순한 전망을 해볼 경우 2019년 이후는 베트남이 한국의 무역 흑자 1위국으로도 부상할 수 있을 것으로도 예상할 수 있다.

한편 베트남의 부상에 이어 지난 10여 년간 한국의 대외 경제 구조에서 중요한 변화는 인도의 부상이라고 할 수 있다. 인도에 대한 한국의 무역 흑자는 2017년 사상 처음으로 100억 달러를 넘어서면서 한국의 5대 흑자국에 진입했고 홍콩을 제외할 경우 중국, 베트남, 미국에 이어 4대 무역 흑자국이 된 것이다. 10년 전에는 10대 흑자 국가에도 포함되지 못하다가 최근 10년 사이에 급부상하고 있는 것이다. 2017년 인도에 대한 무역 흑자 규모는 2016년 대비 36%가 증가했다. 이러한 추세대로라면 단순 선형 추계를 할 경우 2019년에는 홍콩을 제외할 경우 미국을 제치고 베트남, 중국과 함께 3대 무역 흑자국으로 부상할 것으로 전망된다. 인도의 부상은 거대한 인도 내수 시장을 점유한 한국 글로벌 기업의 해외 직접 투자 확대에 기인한 것으로 보인다. 또한 인도 시장에 대한 한국 기업의 진출은 이제 시작 단계라는 점에서 베트남에 이어 한국에는 매우 중요한 앞으로 20~30년간의 핵심 시장이 될 가능성이 높다. 물론 한국 기업과 정부의 역할과 노력의 결과에 따라 그 가능성이 현실이 될 것인지 희망으로 끝날 것인지 여부가 달렸다.

한편 필리핀에 대한 무역 흑자 또한 빠르게 증가하고 있다.

2017년 대對필리핀 무역 흑자는 2016년 대비 70%가 증가한 69억 달러에 달하며, 2018년 상반기까지의 무역 흑자가 49억 달러를 기록해 2019년 이후 필리핀 또한 무역 흑자 규모가 100억 달러 이상으로 증가할 것으로 전망된다. 이처럼 동남아와 남아시아 국가들은 한국에는 부상하는 시장으로 그 중요성이 기존의 중국, 미국, 일본 등의 주요 시장을 대체 또는 보완할 수 있는 핵심 시장으로 볼 수 있다.

┃ 베트남, 한국의 최대 무역 흑자국 될까?

그러면 실제로 2019년 이후 베트남과 인도가 한국의 1위, 3위의 무역 흑자국으로 부상할 가능성에 대해 좀 더 살펴보면, 그 가능성이 매우 높은 것으로 판단된다. 우선 베트남의 경우 대부분의 한국 수출의 증가는 한국 기업의 베트남 진출, 즉 해외 직접 투자의 확대로 인해 한국 기업의 글로벌 가치사슬 관리에 베트남이 급속도로 편입, 확대되고 있기 때문이다.

[도표 7-7]에서 확인되고 있는 바와 같이 2018년 1분기의 베트남에 대한 해외 투자(유량 기준)는 10억 7,900만 달러로 전년 동기 대비 124.8%가 늘어난 반면, 중국은 9.6%가 늘어난 6억 6,100만 달러에 불과해 이미 중국에 대한 투자 금액을 넘어섰다. 아직 미국에 대한 투자 금액에는 못 미치고 있으나, 아시아에서는 투자 금액 기준으로 이미 최대 투자국으로 부상한 것을 확인할 수

있다.

　이러한 2018년 베트남 투자의 경우, 기존의 주된 업종인 제조업 투자 증가는 1억 6,000만 달러에 불과하고, 부동산업, 금융보험업 투자가 각각 2억 5,000만 달러 및 1억 달러로 다양한 산업에서 전방위적으로 투자가 확대되는 것을 확인할 수 있다.

　한편 금액 기준으로는 2018년 처음으로 베트남에 대한 투자 금액이 중국을 넘어서면서 미국에 이어 2위를 기록하고 있지만, 투자 신고 건수로는 베트남에 대한 투자 신고 건수가 2016년 이후 2018년까지 3년 연속으로 중국과 미국을 모두 제치고 1위로 올라온 상황이다. 사실상 중견·중소기업들까지 베트남 러시가 본격화되고 있는 상황으로 판단할 수 있다. 이는 과거 중국 진출 러시에 이어 한국 기업의 해외 진출 확대의 새로운 국면을 제시해주고 있

[도표 7-7] 아시아 주요 국가별 해외 직접 투자 현황

(단위: 백만 달러)

구분	2015	2016	2017	2017. 1분기	2018. 1분기	
베트남	1,608	2,370	1,955	480	1,079	(124.8%)
중국	2,969	3,368	2,969	603	661	(9.6%)
인도	364	340	514	65	337	(422.2%)
싱가포르	1,458	1,175	1,022	345	263	(−23.7%)
일본	809	320	832	185	188	(1.8%)
미국	7,043	13,555	15,287	7,614	1,854	(−75.6%)

자료 : 수출입은행 해외경제연구소(2018) 2018년 1분기 해외 투자 동향 분석

는 것으로 판단된다. 이러한 해외 투자의 증가는 글로벌 가치사슬 관리의 관점에서 보면 곧바로 베트남에 대한 한국의 수출 증가로 이어지고 있으며, 결국 베트남이 중국을 제치고 무역 흑자 1위국 으로 부상하는 것은 앞의 단순 추계에서처럼 2019년에도 충분히 달성 가능할 것이다.

한편 흑자가 아닌 수출액 규모 면에서는 베트남은 [도표 7-8]에서 보이는 바와 같이 아직 중국과 미국에 이어 3위를 기록 하고 있는 상황이며, 대중국 수출에 비해 절반에도 못 미치는 상 황이다. 그러나 이러한 베트남 러시는 현재 성장 단계인 것으로 판단되어, 향후 수년 안에 수출 규모면에서도 미국을 제치고 2위 수출 대상국이 될 가능성은 충분한 것으로 판단된다. 이는 베트 남이 문화적으로나 입지적으로 한국 기업들에 다른 동남아 국가 나 전 세계 시장으로 진출하는 교두보 역할을 제공하고 있기 때 문이다.

또한 9,600만의 베트남 내수 시장은 이미 한국 내수 시장 을 확보하고 있는 기업들에는 두 시장을 합쳐서 고려할 경우 1억 4,600만의 거대한 소비 시장을 대상으로 사업을 진행할 수 있는 기회를 제공한다. 이는 1억 2,000만의 일본 내수 시장을 훨씬 넘 어서는 규모의 경제를 제공하고 있어 한국 기업에 향후 지속적으 로 많은 기회를 제공할 수 있을 것으로 기대된다.

그러면 이러한 베트남 러시로 인해 기존의 중국에 대한 한국 기업의 제조업 투자가 어느 정도 대체될 수 있을지, 또는 한국 제

[도표 7-8] 국가별 수출액 순위 추이

(단위: 백만 USD)

2018년 (10위권에 아세안, 인도 포함 4개국)
– 2018년 1분기 기준

중국 $79,234
기타 $88,814
미국 $34,457
멕시코 $5,290
싱가포르 $5,681
필리핀 $5,828
인도 $7,586
대만 $8,458
일본 $15,243
베트남 $23,554
홍콩 $23,040
2018

1위	중국	6위	타이완
2위	미국	7위	인도
3위	베트남	8위	필리핀
4위	홍콩	9위	싱가포르
5위	일본	10위	멕시코

2017년 (아세안, 인도 포함 3국)

중국 $142,120
기타 $176,881
미국 $68,610
멕시코 $10,933
싱가포르 $11,652
대만 $14,898
인도 $15,056
호주 $19,862
일본 $26,816
베트남 $47,754
홍콩 $39,112
2017

1위	중국	6위	호주
2위	미국	7위	인도
3위	베트남	8위	타이완
4위	홍콩	9위	싱가포르
5위	일본	10위	멕시코

2007년 (1개국)

중국 $81,985
기타 $139,755
미국 $45,766
영국 $6,870
멕시코 $7,482
러시아 $8,088
독일 $11,543
싱가포르 $11,949
일본 $26,370
홍콩 $18,654
대만 $13,027
2007

1위	중국	6위	싱가포르
2위	미국	7위	독일
3위	일본	8위	러시아
4위	홍콩	9위	멕시코
5위	타이완	10위	영국

1977년 (3개국)

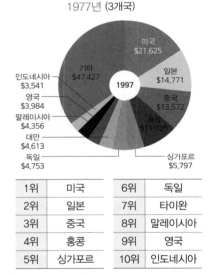

미국 $21,625
기타 $47,427
일본 $14,771
인도네시아 $3,541
영국 $3,984
말레이시아 $4,356
대만 $4,613
독일 $4,753
중국 $13,572
홍콩 $11,725
싱가포르 $5,797
1997

1위	미국	6위	독일
2위	일본	7위	타이완
3위	중국	8위	말레이시아
4위	홍콩	9위	영국
5위	싱가포르	10위	인도네시아

출처: 무역협회 통계자료(http://stat.kita.net/stat/world/major/KoreaStats06.screen)

조업은 이제 중국에서 철수해야 하는지 등에 대한 의문이 제기될 수 있다. 개인적인 의견으로는 중국 내수 소비를 목적으로 하는 한국 기업의 투자는 여러 가지 이유로 지속될 가능성과 필요성이 높다. 특히 중국의 싼 인건비의 우위 보다는 부품, 원자재, 기술 인력 등의 소싱에서 중국이 갖고 있는 우위를 활용하는 클러스터 기반의 대중국 투자는 앞으로도 지속될 것으로 판단된다. 따라서 한국 기업은 이러한 중국의 이점과 베트남의 인력, 시장, 사회·문화적 측면의 우위를 복합적으로 활용하는 전략이 필요할 것이다.

▎인도, 베트남에 이은 한국의 최적 동반 성장국

인도에 대한 무역 흑자 또한 향후 지속적으로 증가할 것으로 기대된다. 아직 인도는 베트남에 비해 경제적 협력 관계가 본격적으로 확대 과정에 들어섰다고는 할 수 없는 상황이지만, 2018년과 2019년이 협력 관계의 성장 기어가 본격적이 가속기어로 변화되는 시점이 될 것으로 전망된다. 이미 2018년은 2017년에 이어 그 속도가 빨라지고, 2019년도에도 그 속도는 더욱 빨라질 것으로 전망된다. 앞의 [도표 7-7]에서도 나타나는 바와 같이 2018년 1분기의 대인도 해외 투자는 전년대비 422%의 증가율을 나타내고 있는 것이 이를 확인해주고 있다.

인도는 전 세계 경제에서 넥스트 차이나로 주목받고 있다. 세계은행에 따르면 향후 10년 후에는 인도 인구가 중국을 제치고 세계 1위가 될 것으로 전망하고 있다. 인도 모디 정부는 중국과 마찬가지로 세계 여러 나라들의 투자 유치를 통한 산업화를 추진하고 있는 상황이지만, 중국과 달리 자국 기업 중심주의가 크지 않아 한국 등 외국 기업들에는 인도 내수 시장에서의 경쟁력을 갖출 경우 지속적인 점유율 확대와 유지가 가능한 국가라는 측면에서 중국 이상의 잠재력을 보유한 국가라 할 수 있다. 이러한 잠재력을 이미 현실화해서 보여주고 있는 한국 기업이 1990년대 중반에 진출한 삼성전자, 현대자동차, LG전자다. 이들 한국의 글로벌 대기업은 인도 내수 시장에서의 점유율이 매우 높은 상황이며, 이들 기업의 추가 투자 확대와 연관 기업이나 다른 업종의 기업들의 진출 러시가 곧 본격화될 것으로 기대된다. 또한 2019년 이후에는 이러한 기대가 현실화될 가능성이 높은 것으로 전망된다.

▎ 신남방정책의 실질적 역할이 협력 확대의 촉매로 작용할 필요

이처럼 확대일로에 있는 베트남, 인도와의 경제 관계에 최근 정부가 추진하고 있는 신남방정책은 계획된 정책들이 실질적 성과를 가지고 잘 추진될 경우 협력관계 확대의 촉매로 작용할 가능성이 높아 보인다. 이러한 가능성이 현실이 되기 위해서는 신남방정책에서 제시되는 소위 3P 전략이라고 하는 사람People, 상생번영Prosperity, 평화Peace 전략의 구체적인 실행 정책이 확대되는 기업의 투자에 실질적인 도움이 되는 방향으로 추진되는 것이 필요할 것이다. 이러한 신남방정책의 도움과 기업 진출이 순조롭게 확대될 경우 2019년은 베트남, 인도 등이 미국, 중국, 일본을 능가하는 한국의 경제파트너로 부상하는 해가 될 수 있을 것이다.

▶▶ 정무섭

PART 1

1 영국 통계청, https://www.ons.gov.uk/economy

2 *BBC News* (2018년 8월 13일자), "Firms 'struggling to recruit as EU workers stay away'" 참조, https://www.bbc.co.uk/news/business-45162132 검색: 2018년 9월 1일

PART 2

1 '신보호주의'에 대한 보다 자세한 설명은 박지형, 「신보호주의와 세계무역체제」, 『국제지역연구』 26권 2호, 2017 참조.

2 대략 지금껏 대중국 통상 분쟁으로 밝혀진 미국의 '신' 통상 어젠다는 1) 무역 불균형 해소 2) 지식재산권 보호 강화(기업에 대한 기술 이전 강요 금지), 3) 국가 주도 특정 산업 육성 및 보조금 철회 또는 축소, 4) 환율 조작 금지 등 비시장적 관행을 포괄적으로 제재하는 내용을 기초로 하되, 미국과 상대국의 양자 외교 및 교역관계에 따라 미국에게 유리한 내용으로 구체화할 것으로 예상된다.

3 Shin, W., & Ahn, D., "Trade Gains from Legal Rulings in the WTO Dispute Settlement System", *World Trade Review*, 1-31, 2018.

4 최근 WTO분쟁 통계에 의하면 글로벌 금융위기 이후 대(對)미국을 상대로 제소한 WTO 통상 분쟁 국가의 60% 이상이 중국을 포함한 신흥 개발도상국이다(중국, 인도, 멕시코, 브라질 순).

5 Shin, W., & Ahn, D., "Firm's Responsive Behaviours in WTO Trade Disputes: Countervailing Cases on Korean DRAMs", *Journal of World Trade*, 51(4), pp.605-644, 2017.

6 신원규 외, 「무역협정 내 개발협력 기제에 대한 연구: 한국의 대개발도상국 개발·통상협력 연계 전략을 중심으로」, KDI 국제개발협력센터, KDI 기타보고서, 2018.

7 본 자료는 2018년 4월 IMF 자료를 기준으로 새롭게 분석했다.

PART
4

1 석유환산 톤(Ton Oil Equivalent)을 의미함.

2 남북교류협력지원협회. 『북한 주요 광물자원』(2017). p. 151

3 최설, 「경제난 이후 북한 지방경제 변화 연구 평안남도 순천시 사례」(2017) 석사학위 논문. 북한대학원대학교. p. 61

4 우리나라의 현 원유 정제 설비 능력은 하루 평균 약 306만 배럴.

5 이용률(실제 발전량/발전 용량×365×24)은 이론 발전 가능량 대비 실제 발전량의 비율임.

6 한국광물자원공사가 지분 50%를 보유하고 있는 남북 합작 사업으로 5·24 조치 이후 중단됨.

7 남북 제2차 경공업 및 지하자원 개발 협력에 관한 합의서(07.5)에 의해 남측이 경공업 원자재 8,000만 달러어치를 제공하고, 그 대가로 3개 광산의 개발권, 생산물 처분권을 확보, 개발을 추진했으나 5·24 조치로 중단됨.

8 북한은 북미 제네바 협약의 대가로 경수로 원전 건설과 중유 공급을 요구한 바 있으며, 6자회담 2·13 합의 때에도 중유 100만 톤에 해당하는 경제 및 에너지 지원을 요구한 바 있음.

9 공식 수입은 교역 통계로 확인되며, 밀수는 유엔 안보리 대북 제재 결의안 2397호가 정제유 공급을 50만 배럴로 제한하면서 북한 정제유 전체 공급의 90%를 제한하는 효과가 있다고 밝힌 바 있어 이를 통해 추정한 결과다.

10 한국은행 경제정보시스템 (http://ecos.bok.or.kr/)

11 대표적으로는 황의각, 『북한경제론: 남북한경제의 현황과 비교』, 나남, 1992.

12 대표적으로는 Kim, Byung-Yeon, Suk Jin Kim, Keun Lee, "Assessing the Economic Performance of North Korea, 1954-1989: Estimates and Growth Accounting Analysis", *Journal of Comparative Economics* 35, pp.564-582, 2007.

13 1945~1970년 기간 동안 북한이 받은 원조는 총 20억 달러였다. 공산권경제연구실,

『북한무역론』, 경남대학극동문제연구소, 1979, p.377. 한편 같은 기간 남한이 받은 원조액에 대해서는 김두얼, 『한국경제사의 재해석』, 해남, 2017a; 「북한의 철도 건설, 1900~2015: 산업화와 장기경제침체에 대한 함의」, 『경제사학』, 2017b 참조.

14 "도시에만 공장을 집중시켰다가는 일단 유사시에 그것들을 옮기기도 힘들고 적의 공습이나 당하면 한꺼번에 다 마사질 수 있습니다. 그러나 온 나라 방방곡곡에다 지방산업 공장들을 건설해 놓으면 전시에 도시의 중앙공업이 마사져도 능히 먹고 입는 문제를 풀 수 있습니다." 김일성, "군의 역할을 강화하며 지방공업과 농촌경리를 더욱 발전시켜 인민생활을 훨씬 높이자"(지방당 및 경제일군창성련석회의에서 한 결론)(1962.8.8.), 『김일성 저작집』 16, pp.241-291, 조선로동당출판사, 1982, pp.254.

15 "식료 공장, 직물 공장, 종이 공장 같은 것을 도시에만 건설하고 온 나라 방방곡곡에서 원료들을 가져다 기름을 짜고 천을 만들어 다시 소비지에 공급하자면 얼마나 힘들겠습니까? 가령 평양에서 장을 만들어 산간벽지에까지 가져다주려면 콩을 실어다가 장을 만들고 그것을 다시 실어다주자니 결국 2중으로 수송을 해야 합니다. 그러나 지방에서 나는 원료를 가지고 직접 현지에서 여러 가지 제품을 만들어 그곳 인민들에게 공급하면 이런 수송을 할 필요가 없습니다." 김일성(1982), pp.252.

PART 5

1 Mian, A, A. Sufi, and E. Verner(2017), "Household Debt and Business Cycles Worldwide," *The Quarterly Journal of Economics*, 132, 4, 1755-1817.

2 Lombardi, M., M. Mohanty, and I. Shim(2017), "The Real Effects of Household Debt in the Short and Long Run," *BIS Working Paper*, No. 607.

3 Kim, Se-Jik and Hyun Song Shin(2013), "Financing Growth without Banks: Korean Housing Repo Contract," SNU and Princeton University.

4 김세직, 고제헌(2018), 「한국의 전세 금융과 가계부채 규모」, 『경제논집』.

5 위의 2와 동일.

6 김세직, "한국경제: 금융위기와 경기부양," 『서울대 경제학자 8인이 말하는 한국경제』(2017), 2장.

7 한국노동연구원, KLI 고용노동브리프 제84호(2018-06).

8 홍민기, 「2018년 최저임금 인상의 고용효과」, 한국노동연구원, 월간 『노동리뷰』, 2018년 5월호(통권 158호)

1 생명과학, 클라우드 컴퓨팅, 인공지능, 고급 제조업 등 4개 분야 하이테크 기업들이 신청 즉시 줄 설 필요 없이 심사해 2, 3개월 안에 A증시에 상장 가능하도록 '쾌속통로'를 마련하는 등의 정책으로 현재 이미 약 20억 달러 규모의 50개 관련 기업체들의 순차적인 A증시 상장이 추진되고 있다.

2 「헤럴드 경제」(2018년 4월 11일자) "중국서 '매' 맞는 韓 은행들… '귀수칭 쇼크'" 참조, http://news.heraldcorp.com/view.php?ud= 20180411000334 검색: 2018년 5월 7일

3 「서울경제」(2018년 8월 17일자), "[4.미래 생태계 조성 질주하는 中]대기업, 5만 개 창업 지원·사내 벤처 200개…유니콘 탯줄된 '혁신의 낙수'".

4 보다 자세한 내용은 김부용(2018.7.3.), 「중국 세금 감면 정책과 중소기업 지원이 한국 기업들에게 미치는 영향」, CSF(중국전문가포럼) 전문가오피니언, 대외경제정책연구원을 참조.

저자 소개

경제추격연구소 집필진(대표편저자 7인 포함 총 34인)

이근_ 경제추격연구소장

현 서울대학교 경제학부 교수이자 경제추격연구소장이다. 캘리포니아 주립대학교(버클리)에서 경제학 박사를 취득했고, 서울대학교 중국연구소장, 경제연구소 및 국제슘페터학회장, UN본부 개발정책위원을 역임했다. 2014년에 비서구권 대학 소속 교수로는 최초로 슘페터(Schumpeter)상을 수상했다. 주요 저서로는 『경제추격론의 재창조』(2014)가 있다. 기술혁신 분야 최고 학술지인 「리서치 폴리시Research Policy」의 공동편집장이며, 세계경제포럼(WEF)의 Council 멤버다.

류덕현

현 중앙대학교 경제학부 교수이자 동 대학교 경제연구소 소장으로 활동하고 있다. 미국 라이스대학교에서 경제학 박사 학위를 취득했고, 한국조세연구원(KIPF)의 전문연구위원 및 세수추계팀장을 역임했다. 2012년 한국재정학상을 수상했으며 한국재정학회 및 경제추격연구소의 이사로 활동하고 있다. 거시재정정책 및 시계열 응용 계량경제학 방법론 연구를 주로 하고 있다.

송홍선

현 자본시장연구원 선임연구위원. 서울대학교에서 기업 지배구조 논문으로 경제학 박사를 취득했으며, 자본시장연구원 펀드연금실장, 예금보험공사 연구위원, 존스홉킨스대학교 방문학자를 역임했다. 자산 시장, 연금 제도, 고령화, 기업 지배구조, 금융 규제를 연구하고 있으며, 저서로 『스튜어드십 코드와 기관투자자 주주권 행사』 『인구구조 변화와 주식시장』 『연금사회와 자산운용산업 미래』 등이 있다.

최영기

현 한림대학교 경영학부 객원교수이자 서울대학교 경제연구소 객원연구원이다. 경제사회발전노사정위원회 상임위원, 한국노동연구원 7대, 8대 원장, 한국고용노사관계학회 회장을 역임했다. 미국 텍사스 대학교(오스틴)에서 경제학 박사 학위를 취득하고 1988년 이후 한국노동연구원에서 노사관계와 고용정책 연구활동에 매진했으며, 1996년 이후 정부의 노동개혁정책을 지원하기 위하여 청와대 비서실과 노사정위원회 등에 파견근무하며 정책 개발에 참여한 바 있다.

김주형

현 서울대학교 경제학부 객원교수이자 LG경제연구원 고문이다. 위스콘신 대학교(매디슨)에서 경제학 박사를 취득하였고, LG투자증권 리서치센터장, LG경제연구원 원장 등을 역임했다. 디지털 혁신이 산업과 경제에 끼친, 그리고 끼칠 영향에 대한 연구를 하고 있다.

김호원

현 서울대학교 산학협력 중점교수이자 경제추격연구소 이사장이다. 23회 행정고시 합격 후 산업자원부와 국무총리실에서 산업정책국장, 미래생활산업본부장, 규제개혁실장, 국정운영2실장을 거쳐 제22대 특허청장을 역임했다. 퇴직 후에는 국가지식재산위원회 위원, 경제자유구역위원회 부위원장, 국회예산정책처 자문위원, 벤처정책자문단 자문위원 등으로 활동 중이며, '한국의 새로운 자본주의 모델'을 화두로 신산업 정책의 방향과 방법론 등에 대해 연구하고 있다.

김부용

현 인천대학교 동북아국제통상학부 조교수. 중국 베이징대학 정치학과 졸업. 서울대학교에서 경제학 박사 학위를 취득한 후 대외경제정책연구원에서 6년간 중국 연구를 수행했다. 주요 연구 분야는 중국경제, 한·중 경제 관계, 기술추격 등이다.

김경술_에너지경제연구원 북방에너지협력팀 선임연구위원

　　　　관심 분야: 남북 에너지협력, 동북아 에너지협력

김두얼_명지대학교 경제학과 교수

　　　　관심 분야: 경제사, 제도경제학 및 법경제학

김병연_서울대학교 경제학부 교수

　　　　관심 분야: 북한경제, 체제이행 경제

김석진_통일연구원 연구위원

　　　　관심 분야: 북한경제와 남북 경협

저자 소개

김세직_서울대학교 경제학부 교수

　　　관심 분야: 거시, 경제성장, 화폐 및 금융

김소영_서울대학교 경제학부 교수

　　　관심 분야: 국제 금융, 거시 경제, 화폐 금융

김양팽_KIET 산업연구원 산업경쟁력연구본부 신산업연구실 연구원

　　　관심 분야: 반도체 산업, 신산업

김 욱_건국대학교 글로벌비즈니스학과 부교수

　　　관심 분야: 동북아 지역 경제 및 금융 산업 비교 연구

김형우_미국 어번 대학교 경제학과 교수

　　　관심 분야: 재정 정책, 통화 정책, 환율, 시계열 분석

박규호_한신대학교 경영학과 교수

　　　관심 분야: 한국 기업의 혁신 실태와 혁신 방식, 생태계와 비즈니스 모델 혁신

박재환_영국 미들섹스 대학교 경영학과 부교수

　　　관심 분야: 전환기의 기술 사회 변화

박지형_서울대학교 경제학부 교수

　　　관심 분야: 국제무역 및 통상

송원진_경제추격연구소 기획조정실장

　　　관심 분야: 중국경제, 기업 전략, 마케팅, 프랜차이즈, 유통

신원규_KDI 국제개발협력센터 개발연구실 전문위원

　　　관심 분야: 국제경제 및 개발 정책, 세계경제 질서하 분쟁과 협력

오광진_「조선비즈」 베이징 특파원, 경제학 박사

　　　관심 분야: 중국경제, 금융

우경봉_한국방송통신대학교 무역학과 부교수

　　　관심 분야: 이산선택분석, 전략론

이강국_일본 리쓰메이칸 대학교 경제학부 교수

　　　관심 분야: 금융 세계화와 경제 발전 그리고 불평등에 관한 연구

이정우_한국장학재단 이사장, 경북대학교 경제통상학부 명예교수

　　　관심 분야: 불평등, 경제민주주의, 비교경제론

이필상_미래에셋자산운용(홍콩) 아시아리서치본부장

　　　관심 분야: 아시아 기업들의 경쟁력 변화

임지선_육군사관학교 경제법학과 조교수

　　　관심 분야: 기술혁신, 성장, 고용, 제도, 4차 산업혁명, 일자리

장종회_「매일경제신문사」 중소기업부장

　　　관심 분야: 대 · 중소기업 격차, 지역 간 경제력 격차 축소 전략

정무섭_동아대학교 국제무역학과 부교수

　　　관심 분야: 인도 베트남 등 넥스트차이나 신흥국, FDI, 글로벌 가치사슬

정지현_대외경제정책연구원(KIEP) 베이징사무소 소장

　　　관심 분야: 중국경제

조성재_한국노동연구원 노사관계연구본부장

　　　관심 분야: 자동차 · 전자 · 조선 · 의류 산업과 기업 경영, 노동 문제 연구

주성하_「동아일보」 국제부 기자

　　　관심 분야: 북한경제 및 사회

최준용_뉴마진캐피탈코리아 대표이사, 경제학 박사

　　　관심 분야: 플랫폼경제, 공유경제, 기술혁신, 한 · 중금융협력

홍석철_서울대학교 경제학부 교수

　　　관심 분야: 서양 경제사, 보건의료 경제학

KI신서 7839

2019 한국경제 대전망

1판 1쇄 인쇄 2018년 10월 23일
1판 1쇄 발행 2018년 11월 5일

지은이 이근, 류덕현 외 경제추격연구소
펴낸이 김영곤 박선영   **펴낸이** ㈜북이십일 21세기북스
콘텐츠개발1팀장 이남경   **책임편집** 김은찬
마케팅본부장 이은정
마케팅1팀 최성환 나은경 송치헌
마케팅2팀 배상현 신혜진
마케팅3팀 한충희 최명열 김수현
홍보기획팀 이혜연 최수아 박혜림 문소라 전효은 염진아 김선아
표지디자인 디자인 마망   **본문디자인** 두리반
제작팀 이영민

출판등록 2000년 5월 6일 제406-2003-061호
주소 (우 10881) 경기도 파주시 회동길 201(문발동)
대표전화 031-955-2100   **팩스** 031-955-2151   **이메일** book21@book21.co.kr

(주)북이십일 경계를 허무는 콘텐츠 리더

21세기북스 채널에서 도서 정보와 다양한 영상자료, 이벤트를 만나세요!
페이스북 facebook.com/21cbooks   블로그 b.book21.com
인스타그램 instagram.com/book_twentyone   홈페이지 www.book21.com
서울대 가지 않아도 들을 수 있는 명강의! 〈서가명강〉
네이버 오디오클립, 팟빵, 팟캐스트에서 '서가명강'을 검색해보세요!

ⓒ 이근, 류덕현 외 경제추격연구소, 2018

ISBN 978-89-509-7786-3 03320